数学变式的策略与实践

主　编　尹承利　范正和　李　寒

中国原子能出版社
China Atomic Energy Press

图书在版编目（CIP）数据

数学变式的策略与实践 / 尹承利，范正和，李寒主编
. -- 北京 : 中国原子能出版社，2020.7
ISBN 978-7-5221-0674-8

Ⅰ. ①数… Ⅱ. ①尹… ②范… ③李… Ⅲ. ①中学数学课—教学研究 Ⅳ. ①G633.602

中国版本图书馆CIP数据核字(2020)第114863号

内容简介

本书属于数学变式方面的教材，由数学变式之策略和数学变式之实践两部分组成。第一篇数学变式之策略分9讲，第1讲主要是从数学变式的含义和认识的层面进行简要阐述，其他几讲主要是从数学变式的方法、策略进行讲解。第二篇数学变式之实践分8讲，按知识点切块，从典型题目切入进行变式，变式题与例题共有一个清晰的主题，并体现层次性、梯度性及可比性，螺旋式地层层提升，以有利于学生将一个个孤立的小知识点串或片断联系起来，形成良好的认知结构，进而利于学生记忆与知识的迁移，从而使学生加深对概念定理的理解和对数学思想方法融会贯通，达到由例及类、触类旁通的目的。对高中学生的数学学习和核心素养的形成具有参考价值。

数学变式的策略与实践

出版发行	中国原子能出版社（北京市海淀区阜成路43号　100048）
策划编辑	高树超
责任编辑	高树超
装帧设计	河北优盛文化传播有限公司
责任校对	冯莲凤
责任印制	潘玉玲
印　　刷	定州启航印刷有限公司
开　　本	787 mm×1092 mm　1/16
印　　张	13
字　　数	282千字
版　　次	2020年7月第1版　　2020年7月第1次印刷
书　　号	ISBN 978-7-5221-0674-8
定　　价	60.00元

发行电话：010-68452845
版权所有　侵权必究

编 委 会

主　编： 尹承利　范正和　李　寒

副主编： 温伙其　朱文平　王福强　周宜波
陈晓敏　蒋　敏　付增民　汤丽萍
王记林　杨祥明　邓　兵　杨国选
张　娜　陈常礼　欧阳才学

编　委： 杨少豪　陈　昀　杨　飞　汪亚洲
苏文玉　陈　曦　李从清　柯其华
万　涛　尹大贵　康翔军　王　鹏
邵红能

《数学变式的策略与实践》编委会成员简介

主　编

尹承利

山东省泰安英雄山中学数学高级教师，市教学能手，区教学优秀教师、骨干教师，数学奥林匹克优秀辅导员，教育部主管的国家级中文核心期刊(2000版)《高中数理化》编审。因教学成绩突出，曾获区政府记功奖励；数次获得教学质量奖。长期以来致力于中学数学的教学、教研和高考命题的研究工作，曾多次获得省、市优秀论文评比一等奖，主编或参编著作20余部。在《中小学数学》《数学通讯》《中学数学》《中学数学月刊》《中学数学教学》《中学教研(数学)》《中学数学杂志》《高中数学教与学》《中学数学研究(江西)》《中学数学研究(广东)》《高中数理化》《数理天地》《教学考试》《中学生数理化》《中学生理科应试》《数理化学习》《理科考试研究》《数理化解题研究》《试题研究》《高中生之友》《起跑线》《成功密码》《学周刊》等期刊及《数学周报》《中学生学习报》《学习方法报》等共30余家国家及省级杂志、报纸上发表教育教学论文1 000余篇，长期为国内大型教育、教学研究公司命制单元测试卷、联考卷、模拟卷、全国大联考卷及押题卷等千余套，多次为“希望杯”全国数学邀请赛命题并获命题一、二、三等奖，进入“希望杯”数学人才库。

范正和

山东省泰山中学数学高级教师，泰山名师，市学科带头人，市高中教学管理先进个人，因教学成绩突出，多次获得教学质量奖。长期以来致力于中学数学的教学、教研和高考命题的研究工作，主持的省级重点教研课题“新课程理念下教学模式和教学方法的开发与研究”荣获省教育厅颁发的山东省教育科研优秀成果二等奖，多次获得省、市优秀论文评比一等奖。主编、参编著作10余部，在《山东教育》《教学月刊》《教学考试》《数理化学习》《理科考试研究》《中学生数理化》《数学周报》等报刊上发表教育、教学论文20余篇。

李　寒

贵州省贵阳市第一中学数学高级教师，市级骨干教师，数学竞赛优秀教练员，所带班级曾获得市优秀班级荣誉称号。在市中小学电子白板教学应用比赛中获高中组一等奖，参加全国“醍摩豆杯”智慧课堂创新团队竞赛获冠军，荣获智慧课堂创新奖二等奖。曾在贵州电视台《高考直通车》和《高考公益讲堂》栏目中做高考复习备考讲座，在《数学通讯》《数理天地》《高中数理化》《理科考试研究》《数学学习与研究》《文理导航》《教育学》等刊物上发表论文10余篇，多篇论文获省市奖项。

副主编

温伙其

广东省广州市第十六中学高级教师，市骨干教师、优秀班主任，区教坛新秀；获区政府嘉奖两次、记三等功一次。

朱文平

重庆市铜梁一中中学数学高级教师，重庆市骨干教师，铜梁区骨干教师、优秀教师；多次获省、区教学奖励和论文评比一、二等奖。

王福强

山东省利津县高级中学高级教师，市十佳班主任、市优秀班主任，国家三级心理咨询师，县教学能手、优秀班主任；多次获县委县府嘉奖，并记三等功。

周宜波

四川省南充市白塔中学一级教师，市级骨干教师；多次被评为优秀教师、优秀班主任、先进工作者。

陈晓敏

山东省利津县高级中学一级教师，县教学能手，多次被评为优秀女教师、先进工作者。

蒋　敏

四川省南充龙门中学高级教师，数学教研组组长，南充市优秀教师、教研先进个人，省、市“一师一优课、一课一名师”高中数学评委。

付增民

浙江省永康市第一中学教师，市优秀教师、优秀班主任，县教学能手、优秀教师，校先进工作者、十大新闻人物；曾获省优质课二等奖，省课件一等奖，市教学能力大赛一等奖。

汤丽萍

四川省南充高级中学教师，市教科所教研员，区骨干教师；科研课题获市一等奖，获全国现场课教学比赛一等奖、市优质课一等奖。

王记林

山西省洪洞县山焦中学高级教师，省骨干教师、模范教师，市名师、百优教师，县优秀教师、模范教师。

杨祥明

山东省临沂市兰山区数学教研员，曾获省优质课一等奖，沂蒙名师，市教学能手、市职工创新能手、羲之卓越教师、优秀教师。

邓　兵

四川省仪陇中学一级教师，市数学会会员，县优秀教师、优秀班主任；获市教学竞赛一等奖、有效课堂教学展评课一等奖，高考教学质量奖。

杨国选

四川省南充高级中学教师，数学奥林匹克竞赛一级教练；获优质课展评全国一等奖，省优质课一等奖，市说课一等奖。

张　娜

山东省泰安英雄山中学一级教师，区优秀教师，区优秀党员；多次获市级、区级创新课、优质课一等奖，在国家学术期刊上发表多篇论文，在国际期刊发表一篇论文并被 SCI 检索。

陈常礼

山东省日照实验高级中学一级教师，多次被评为市教学先进个人，区优秀高三班主任、优秀教师。

欧阳才学

湖南省宁远县第一中学教师，正高级教师，湖南省学科精英教师，永州市名师、学科带头人，多次荣获市县优秀教师、优秀班主任。

编　委

杨少豪

四川省成都市四川师范大学附属第一中学龙泉校区教师，市优秀班主任，曾获区教学公开课一等奖。

杨　飞

河北省献县第一中学数学一级教师，多次获得“高考优秀辅导教师”“优秀教师”称号，受到政府嘉奖。主编或参编书籍近10部，发表论文20多篇。2015年获全国教育科学“十二五”规划教育部重点课题优秀教科研成果一等奖，2018年主持教育部“十三五”科研规划重点课题，获优秀教科研成果一等奖。

苏文玉

四川省成都市石室中学高级教师，中国数学会会员，市名师工作室成员，数学竞赛主教练。

陈　昀

四川省南充高级中学高级教师，省优秀教师，中国数学学会会员，市教育系统学科带头人。

汪亚洲

湖北小池滨江高级中学一级教师，获黄冈市青年教师优质课大赛一等奖，在省级期刊、报纸上发表论文多篇；《中学数学》杂志特约编委，2019年5月《中学生数理化》封面人物。

陈　曦

四川省双流棠湖中学教师，双流区优秀教师，全国科联体年会展示课获一等奖。

李从清

四川省营山中学校高级教师，南充市优秀教师、骨干教师。

柯其华

陕西省商洛市商州区商丹高新学校一级教师，曾获陕西省中小学（中职）微课暨信息化教学创新大赛市一等奖，商州区教学能手，县教书育人和提高普通高中教育质量先进个人。

万　涛

四川省内江市第六中学数学教师，国家和省数学会会员，优秀奥赛教练员。

尹大贵

四川省成都市大弯中学校高中一级教师，市优秀班主任，区骨干教师、优秀教师。

康翔军

四川省南充市第五中学校教师，市学科中心教研组成员，区名师工作室成员，区级骨干教师。

王　鹏

湖南省永州市新田德恒实验学校数学教师，教坛新秀。

邵红能

上海市城市科技学校数学一级教师，科普作家。

序　言

新修订的《普通高中数学课程标准（2017 年版）》（以下简称《新课标》）中强调，在突出数学素养，在数学课程逐渐展开的过程中，促进学生数学核心素养的形成和发展。那么，什么是数学核心素养呢？《新课标》做了这样的描述：学科核心素养是学生在接受相应学段的教育过程中，逐步形成的适应个人终身发展和社会发展需要的必备品格与关键能力。数学核心素养包括数学抽象、逻辑推理、数学建模、直观想象、数学运算和数据分析等，这些数学核心素养既有独立性，又相互交融，形成了一个有机的整体。

如何利用数学内容促进学生数学核心素养的形成和发展是高中数学研究的重要课题，也是《新课标》的要求。于是，数学变式应运而生。就数学教师而言，数学变式是促进其专业发展、自我提升的引擎；就学生而言，数学变式是促进其数学思维能力发展的有效途径；就高考而言，数学高考命题注重回归本源，为数不少的高考试题与课本题或往年高考真题有着密切的联系，这些题往往是由课本题或往年高考真题变式、延伸而来的。由此说来。数学变式势在必行。

当前，数学变式的研究活动在中学数学界开展得如火如荼，本书的作者参与其中，进行了积极的思考和探索，并以历年高考试题、各地模拟题及课本中的例题、习题为依托，编著了《数学变式的策略与实践》一书。

本书作者长期致力于高中数学的教学、教研和数学变式的研究工作，并将许多最新研究成果和多年对数学变式的思考、探索和积淀融入本书，使本书从理论到实践，在较深的层面对数学变式进行了很好的诠释，因此《数学变式的策略与实践》一书的出版对高中数学的教与学两方面必将起到积极的促进作用。

对数学变式的研究是一项长期而艰巨的工作。鉴于作者理论和实践水平的有限，《数学变式的策略与实践》一书还有一些不够深刻和不够完美的地方，有待进一步充实和完善。但瑕不掩瑜，本书助力高中数学教师的教学和专业发展、助力高中生的数学水平和数学核心素养提高的效果，是令人期待的。

总之，促进学生数学核心素养的形成和发展不应成为我们追求“时尚”的代名词，也不应是一句空洞的口号，而应该扎扎实实地落实在数学教学和学习中，成为数学教学和学习不断进取和追求的至高境界和目标。

促进数学核心素养的形成和发展，我们永远在路上……

尹承利

2020 年 7 月于岱下

目　录

第一篇　数学变式之策略

第一讲　数学变式 策略概述

一、对数学变式的认识

（一）数学变式的含义

数学变式包括有关知识结构的概念性变式和活动经验的过程性变式。变式是学生获取知识、提升数学思维能力的重要途径之一。

（二）数学变式的作用

运用变式问题进行教学可以多角度、全方位地折射出该问题所在学科部分或全部的内涵。通过数学变式，引导学生发现事物的本质属性，成为学习活动促进者；通过数学变式，创设有利于学生发展、独立探究的学习情境，让学生自己去发现，去创造，使学习成为一个积极主动的索取过程；通过数学变式，启发学生进行联想，使学生发现各种变式的实质联系，探索一般规律通过数学变式可使问题逐渐深化，还可使学生思维的抽象程度提高；通过数学变式，能有意识地引导学生从“变”的现象中发现“不变”的本质，从“不变”中探求规律，逐步培养学生灵活多变的思维品质，提高其数学核心素养。

二、数学变式的做法

数学变式无外乎数学知识（概念、定理、公式等）的变式和数学问题的变式，因此教师应做好这两方面的工作。

（一）数学知识的变式

数学知识包括概念、定理、公式等，数学知识的变式可从知识的引入、理解、证明、变形、巩固等多个方面进行变式。

【例 1】学习双曲线定义，进行理解的变式探讨。

双曲线定义：平面内与两个定点 F_1,F_2 的距离差的绝对值是常数（小于 $|F_1F_2|$）的点的轨迹叫作双曲线。

定义中的关键词是“绝对值”“常数”“小于 $|F_1F_2|$”，为使学生有比较深刻的认识和理解，可做如下变式探讨。

【变式 1】将定义中的“小于 $|F_1F_2|$”换为“等于 $|F_1F_2|$”，其余不变，点的轨迹是什么？

【变式 2】将定义中的“小于 $|F_1F_2|$”换为“大于 $|F_1F_2|$”，其余不变，点的轨迹是什么？

【变式 3】将定义中的“绝对值”去掉，其余不变，点的轨迹是什么？

【变式 4】令“常数”等于零，其余不变，点的轨迹是什么？

【变式 5】将“小于 $|F_1F_2|$”去掉，其余不变，点的轨迹是什么？

上述变式澄清了学生的模糊认识，加深了学生对双曲线定义的理解，从而使学生在审题时不被“形”迷惑，让学生发现问题的本质。

【例 2】正弦定理 $\dfrac{a}{\sin A}=\dfrac{b}{\sin B}=\dfrac{c}{\sin C}=2R$（$R$ 是 $\triangle ABC$ 外接圆半径）反映了任意三角形中三条边与对应角的正弦之间的关系，描述了任意三角形中边与角的一种数量关系。为使学生加深理解和灵活运用，给出下面的变形变式。

【变式 1】$a=2R\sin A,b=2R\sin B,c=2R\sin C$。

【变式 2】$\sin A=\dfrac{a}{2R},\sin B=\dfrac{b}{2R},\sin C=\dfrac{c}{2R}$。

【变式 3】$a=\dfrac{b\sin A}{\sin B}=\dfrac{c\sin A}{\sin C}$，$b=\dfrac{c\sin B}{\sin C}=\dfrac{a\sin B}{\sin A}$，$c=\dfrac{a\sin C}{\sin A}=\dfrac{b\sin C}{\sin B}$。

【变式 4】$a:b:c=\sin A:\sin B:\sin C$。

【变式 5】$\dfrac{a+b+c}{\sin A+\sin B+\sin C}=\dfrac{a}{\sin A}=\dfrac{b}{\sin B}=\dfrac{c}{\sin C}=2R$。

利用这些变形变式能实现同一个三角形中边与角的互化，从而有利于问题的转化与解决。

【例 3】学习抛物线的定义后，可练习下面的巩固变式题组。

【变式 1】抛物线 $y^2=8x$ 上的点 $(4,-4\sqrt{2})$ 到焦点的距离等于______。

【变式 2】抛物线 $y^2=8x$ 上点到焦点的距离等于 6 的点的坐标是______。

【变式 3】动点 P 到点 $F(2，0)$ 的距离比它到直线 $x+3=0$ 的距离小 1，则动点 P 的轨迹方程为__________。

【变式 4】过抛物线$y^2=8x$的焦点作直线与抛物线交于 A、B 两点，且线段 AB 中点 M 的横坐标是 6，则 $|AB|$=______。

【变式 5】已知 F 是抛物线$y^2=8x$的焦点，A、B 是该抛物线上的两点，$|AF|+|BF|=12$，则线段 AB 的中点到 y 轴的距离为______。

【变式 6】已知 A，B 为抛物线$y^2=8x$上的动点，$|AB|=6$，则 AB 的中点 P 到 y 轴距离的最小值为______。

这样一组巩固变式题组加深了学生对抛物线定义的理解和应用，强化了学生运用知识解决问题的能力，达到了灵活多变的效果。

（二）数学问题的变式

在问题解决的教学过程中，当学生获得一系列基本解法后，应通过改变题目的条件、探求题目的结论、情境等多种途径，强化对知识和方法的理解，对问题进行多方面、多角度、多层次的思考。

【例 4】（人教版 A 版选修 2-1 第 55 页 2.3.1 中的探究题）如下图所示，点A,B的坐标分别是$(-5,0),(5,0)$，直线AM,BM相交于点M，且它们的斜率之积是$\frac{4}{9}$，试求点M的轨迹方程，并由点M的轨迹方程判断轨迹的形状。

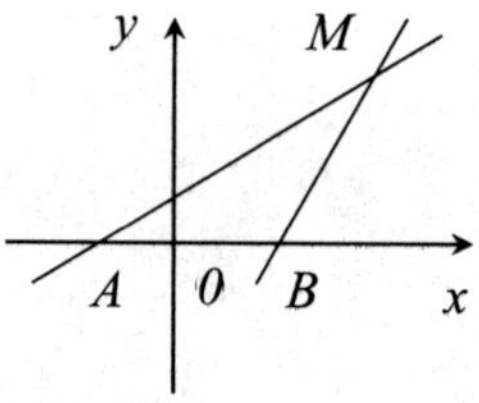

【解析】设点M的坐标为$(x，y)$，依题意得$\frac{y}{x+5}\cdot\frac{y}{x-5}=\frac{4}{9}(x\neq\pm5)$。

整理得$\frac{x^2}{25}-\frac{y^2}{\frac{100}{9}}=1(x\neq\pm5)$。

显然，点M的轨迹是除去A,B两点的双曲线。

【变式 1】将上题中的$\frac{4}{9}$改为$-\frac{4}{9}$，则是人教版 A 版选修 2-1 第 41 页 2.2.1 中的例 3，求得

的轨迹方程为$\frac{x^2}{25}+\frac{y^2}{\frac{100}{9}}=1(x\neq\pm5)$，轨迹是除去$A,B$两点的椭圆。

【变式 2】将A,B的坐标分别改为$(-a,0),(a,0)$，将$\frac{4}{9}$改为$\frac{b^2}{a^2}$，结果如何呢?

所求的轨迹是除去A,B两点的双曲线，其方程为$\frac{x^2}{a^2}-\frac{y^2}{b^2}=1(x\neq\pm a)$。

【变式 3】将A,B的坐标分别改为$(-a,0),(a,0)$，将$\frac{4}{9}$改为$-\frac{b^2}{a^2}(a^2\neq b^2)$，结果如何呢?

所求的轨迹是除去A,B两点的椭圆，其方程为$\frac{x^2}{a^2}+\frac{y^2}{b^2}=1(x\neq\pm a)$。

【变式 4】将A,B的坐标分别改为$(-a,0),(a,0)$，将$\frac{4}{9}$改为$m(m\neq0)$，结果如何呢?

所求的轨迹方程为$\frac{x^2}{a^2}-\frac{y^2}{ma^2}=1(x\neq\pm a)$。

通过上述的变式探究，可以归纳出以下规律：平面内的动点到定点$A(-a,0),B(a,0)$的斜率乘积等于常数$m(m\neq0,m\neq-1)$的点的轨迹是椭圆或双曲线。当常数$m<0$且$m\neq-1$时，轨迹是除去两个定点A,B的椭圆；当常数$m>0$时，轨迹是除去两个定点A,B的双曲线；当$m=-1$时，其轨迹是除去A,B两点的圆。

第二讲　函数考题　解变应用

【例 1】(2018·文数全国Ⅲ卷)已知函数$f(x)=\ln(\sqrt{1+x^2}-x)+1$，$f\left(a\right)=4$，则$f\left(-a\right)=$_____。

【解法 1】运用对数运算法则整体处理。

由$f(x)=\ln(\sqrt{1+x^2}-x)+1$，可知

$f(x)+f(-x)=\ln(\sqrt{1+x^2}-x)+1+\ln(\sqrt{1+x^2}+x)+1=\ln[(\sqrt{1+x^2})^2-x^2]+2=\ln 1+2=2$，

所以，$f(a)+f(-a)=2$。

故当$f(a)=4$时，$f(-a)=-2$。

【解法 2】构造函数，利用函数的奇偶性求解。

令$g(x)=f(x)-1=\ln(\sqrt{1+x^2}-x)$，

因为$g(-x)=\ln(\sqrt{x^2+1}-x)=\ln\dfrac{(\sqrt{x^2+1}-x)(\sqrt{x^2+1}+x)}{\sqrt{x^2+1}-x}=\ln\dfrac{1}{\sqrt{x^2+1}-x}=-g(x)$，

所以，$g(x)$是奇函数。

所以有$f(a)+f(-a)=g(a)+1+g(-a)+1=2$。

故当$f(a)=4$时，$f(-a)=-2$。

【点评】本题是函数奇偶性的一个经典应用，要观察到函数的某一部分是具有奇偶性的，而另外一部分是常数，因此要灵活运用奇偶性。本题主要难点在于判断函数$g(x)=\ln(\sqrt{1+x^2}-x)$的奇偶性。判断奇偶性时运用了分子有理化的技巧，在求解根式差的有关问题时，我们把变形技巧“$\sqrt{x_1}-\sqrt{x_2}=\dfrac{(\sqrt{x_1}-\sqrt{x_2})(\sqrt{x_1}+\sqrt{x_2})}{\sqrt{x_1}+\sqrt{x_2}}=\dfrac{x_1-x_2}{\sqrt{x_1}+\sqrt{x_2}}$”称为“分子有理化”。所谓分子有理化就是化去分子中的根号，它是代数恒等变换的一种重要手段，在解决许多数学问题时有着重要的作用。利用分子有理化我们可以证得一般结论如下。

【结论 1】函数$f(x)=\log_a(\sqrt{x^2+1}+x)(a>0,且a\neq 1)$和$f(x)=\log_a(\sqrt{x^2+1}-x)(a>0,且a\neq 1)$都是奇函数。

【结论 2】已知函数 $f(x)=\log_a(\sqrt{x^2+1}+x)(a>0,且a\neq 1)$ 或 $f(x)=\log_a(\sqrt{x^2+1}-x)(a>0,且a\neq 1)$，则$f(x)+f(-x)=0$。

更一般地，有结论如下。

【结论 3】函数 $y=\log_a(\sqrt{\phi^2(x)+1}+\phi(x))(a>0,且a\neq 1)$ 和 $y=\log_a(\sqrt{\phi^2(x)+1}-\phi(x))$ $(a>0,且a\neq 1)$ 都是奇函数。

【例 2】(2015 · 理数全国Ⅰ卷)若函数$f(x)=x\ln(x+\sqrt{a+x^2})$为偶函数，则 $a=$______。

【解析】由题知$y=\ln(x+\sqrt{a+x^2})$为奇函数，所以

$\ln(x+\sqrt{a+x^2})+\ln(-x+\sqrt{a+x^2})=\ln(a+x^2-x^2)=\ln a=0$。

解得 $a=1$。

【变式 1】判断函数$f(x)=\log_a(\sqrt{\sin^2 x+1}+\sin x)(a>0,且a\neq 1)$的奇偶性。

【解析】函数$f(x)$的定义域为$(-\infty,+\infty)$。因为

$$
\begin{aligned}
f(-x)&=\log_a[\sqrt{\sin^2(-x)+1}+\sin(-x)]=\log_a(\sqrt{\sin^2 x+1}-\sin x)\\
&=\log_a\frac{(\sqrt{\sin^2 x+1}-\sin x)(\sqrt{\sin^2 x+1}+\sin x)}{\sqrt{\sin^2 x+1}+\sin x}=\log_a\frac{1}{\sqrt{\sin^2 x+1}+\sin x}\\
&=-\log_a(\sqrt{\sin^2 x+1}+\sin x)=-f(x)
\end{aligned}
$$

所以，$f(x)$是奇函数。

【变式 2】若函数$f(x)=\log_a(\sqrt{x^2+m}+x)(a>0,且a\neq 1)$是奇函数，则 $m=$______。

【解析】函数$f(x)$的定义域为$(-\infty,+\infty)$。

因为函数$f(x)=\log_a(\sqrt{x^2+m}+x)(a>0,且a\neq 1)$是奇函数，所以

$f(-x)+f(x)=\log_a(\sqrt{x^2+m}-x)+\log_a(\sqrt{x^2+m}+x)=\log_a m=0$。

所以$m=1$。

【变式 3】若函数$f(x)=\ln(\sqrt{1+x^2}-x)+1$的最大值为$M$，最小值为$m$，则$M+m=$______。

【解析】令$g(x)=f(x)-1=\ln(\sqrt{1+x^2}-x)$，则$g(x)$是奇函数。

所以，$M-1+m-1=0$，$M+m=2$。

第三讲　三角最值　探解探变

【例】（2018·理数全国Ⅰ卷）已知函数$f(x)=2\sin x+\sin 2x$，则$f(x)$的最小值是______。

【解析】因为

$f(-x)=2\sin(-x)+\sin(-2x)=-2\sin x-\sin 2x=-(2\sin x+\sin 2x)=-f(x)$，

所以，$f(x)$是奇函数。

又$f(x)=f(x+2\pi)$，所以$f(x)$的周期为2π，因此只需研究$f(x)$在$(-\pi,\pi]$上的函数最值的情况。

【解法1】（导数法）

$f'(x)=2\cos x+2\cos 2x=2(2\cos^2 x+\cos x-1)=2(2\cos x-1)(\cos x+1)$，

令$f'(x)=0$，则$f(x)$在$(-\pi,\pi]$上的极值点为$x=-\frac{\pi}{3},\frac{\pi}{3},\pi$。

因为$f(-\frac{\pi}{3})=-f(\frac{\pi}{3})=-\frac{3\sqrt{3}}{2}$，$f(\pi)=0$，所以$f(x)_{\min}=-\frac{3\sqrt{3}}{2}$。

【解法2】（均值不等式法1）

$f(x)=2\sin x+\sin 2x=2\sin x+2\sin x\cos x=2\sin x(1+\cos x)$，

考虑到$f(x)$为奇函数，可以求$f(x)$最大值，将$f(x)$平方得

$$f^2(x)=4\sin^2 x(1+\cos x)^2=4(1-\cos x)(1+\cos x)^3=\frac{4}{3}(3-3\cos x)(1+\cos x)^3$$

$$=\frac{4}{3}(3-3\cos x)(1+\cos x)(1+\cos x)(1+\cos x)$$

$$\leqslant\frac{4}{3}[\frac{(3-3\cos x)+(1+\cos x)+(1+\cos x)+(1+\cos x)}{4}]^4=\frac{4}{3}\times(\frac{6}{4})^4=\frac{27}{4},$$

当且仅当$3-3\cos x=1+\cos x$，即$\cos x=\frac{1}{2}$时，$f^2(x)$取最大值，所以$f(x)_{\min}=-\frac{3\sqrt{3}}{2}$。

【解法3】（均值不等式法2）

$f(x)=2\sin x+\sin 2x=2\sin x+2\sin x\cos x=2\sin x(1+\cos x)=4\sin x\cdot\cos^2\frac{x}{2}=8\sin\frac{x}{2}\cdot\cos^3\frac{x}{2}$，

考虑到$f(x)$为奇函数，可以求$f(x)$最大值，将$f(x)$平方得

$$f^2(x)=64\sin^2\frac{x}{2}\cdot\cos^6\frac{x}{2}=\frac{64}{3}(3\sin^2\frac{x}{2})(\cos^2\frac{x}{2})(\cos^2\frac{x}{2})(\cos^2\frac{x}{2})$$

$$\leqslant\frac{64}{3}(\frac{3\sin^2\frac{x}{2}+\cos^2\frac{x}{2}+\cos^2\frac{x}{2}+\cos^2\frac{x}{2}}{4})^4=\frac{64}{3}\times(\frac{3}{4})^4=\frac{27}{4},$$

当且仅当$3\sin^2\frac{x}{2}=\cos^2\frac{x}{2}$，即$\tan^2\frac{x}{2}=\frac{1}{3}$时，$f^2(x)$取最大值，所以$f(x)_{\min}=-\frac{3\sqrt{3}}{2}$。

【点评】解法1利用导数法求解，这种解法最容易理解，也最容易想到。通过求导，判断函数的单调性，进而求得函数的最小值，得到相应的三角函数值，代回原函数即可求得最小值。解法2、解法3只是变形的思路稍有不同，其本质都是将函数式通过配凑、变形来构造四元均值不等式求解，存在一定的难度。多元均值不等式（选考内容）在平时做题中很少涉及，且构造技巧强，所以不易联想到。均值不等式是解决最值问题的常用工具，所以同学们需要训练一些这方面的构造技巧。

【变式1】(2016 · 文数全国Ⅱ卷）函数$f(x)=\cos 2x+6\cos(\frac{\pi}{2}-x)$的最大值为（　　）。

A.4　　B.5　　C.6　　D.7

【解析】因为$f(x)=1-2\sin^2 x+6\sin x=-2(\sin x-\frac{3}{2})^2+\frac{11}{2}$，而$\sin x\in[-1,1]$，所以当$\sin x=1$时，取得最大值5，故选B。

【变式2】函数$f(x)=2\cos x+\cos 2x$的最小值是______。

【解析】因为$f(x)=2\cos x+2\cos^2 x-1=2(\cos x+\frac{1}{2})^2-\frac{3}{2}$，而$\cos x\in[-1,1]$，所以当$\cos x=-\frac{1}{2}$时，取得最小值$-\frac{3}{2}$。

【变式3】已知函数$f(x)=2\cos x+\sin 2x$，则$f(x)$的最小值是______。

【解析】$f'(x)=-2\sin x+2\cos 2x=-4\sin^2 x-2\sin x+2=-2(\sin x+1)(2\sin x-1)$，由函数的单调性可知，当$\sin x=\frac{1}{2}$，$\cos x=-\frac{\sqrt{3}}{2}$时，$f(x)_{\min}=-\frac{3\sqrt{3}}{2}$。

【变式4】已知函数$f(x)=\sin x\sin 2x$，则$f(x)$的最大值是______。

【解析】$f(x)=\sin x\sin 2x=2\sin^2 x\cos x=2\cos x(1-\cos^2 x)$，

所以$f^2(x)=2(2\cos^2 x)(1-\cos^2 x)(1-\cos^2 x)\leqslant 2[\dfrac{2\cos^2 x+(1-\cos^2 x)+(1-\cos^2 x)}{3}]^3=\dfrac{16}{27}$。

当且仅当$\cos^2 x=\dfrac{1}{3}$时，取到等号，所以$f(x)_{\max}=\dfrac{4\sqrt{3}}{9}$。

【变式 5】已知函数$f(x)=\sin x\cos 2x$，则$f(x)$的最大值是______。

【解析】$f(x)=\sin x\cos 2x=\sin x(1-2\sin^2 x)$，因此

$f^2(x)=\dfrac{1}{4}(4\sin^2 x)(1-2\sin^2 x)(1-2\sin^2 x)\leqslant\dfrac{1}{4}[\dfrac{4\sin^2 x+(1-2\sin^2 x)+(1-2\sin^2 x)}{3}]^3=\dfrac{2}{27}$。

当且仅当$\sin^2 x=\dfrac{1}{6}$时取到等号，所以$f(x)_{\max}=\dfrac{\sqrt{6}}{9}$。

第四讲　数列模题　寻源思变

【例】已知数列 $\{a_n\}$ 中， $a_1=5$，a_2=2, $a_n=2a_{n-1}+3a_{n-2}$ $(n\geqslant 3)$，则下列结论正确的是________（写出所有正确结论的编号）。

（1）若设 $a_n+\lambda a_{n-1}=\mu(a_{n-1}+\lambda a_{n-2})$ $(n\geqslant 3)$，则 $\begin{cases}\lambda=1\\ \mu=3\end{cases}$。

（2） $a_n+a_{n-1}=7\cdot 3^{n-2}(n\geqslant 2)$ 且 $a_n-3a_{n-1}=13(-1)^{n-1}(n\geqslant 2)$。

（3） $a_n=\dfrac{1}{4}\left[7\cdot 3^{n-1}+13\cdot(-1)^{n-1}\right]$。

（4）数列 $\left\{\dfrac{a_n}{3^n}-\dfrac{7}{12}\right\}$ 和 $\left\{a_n-\dfrac{7}{12}\cdot 3^n\right\}$ 都是等比数列。

【解法 1】（配凑法）

（1）因为 $a_n+\lambda a_{n-1}=\mu(a_{n-1}+\lambda a_{n-2})$ $(n\geqslant 3)$，又 $a_n=2a_{n-1}+3a_{n-2}(\text{n}\geqslant 3)$，

所以 $\begin{cases}\mu-\lambda=2\\ \lambda\mu=3\end{cases}$，解得 $\begin{cases}\lambda=1\\ \mu=3\end{cases}$ 或 $\begin{cases}\lambda=-3\\ \mu=-1\end{cases}$，所以（1）错。

（2）证明：由（1）知，当 $n\geqslant 3$ 时， $a_n+a_{n-1}=3(a_{n-1}+a_{n-2}),a_n-3a_{n-1}=-(a_{n-1}-3a_{n-2})$。

又 $a_1=5$，a_2=2，

所以 $a_n+a_{n-1}=3^{n-2}(a_2+a_1)=7\cdot 3^{n-2}$，　　　　①

$a_n-3a_{n-1}=(-1)^{n-2}(a_2-3a_1)=13\cdot(-1)^{n-1}$。　　　　②

又 $a_2+a_1=7$ 且 $a_2-3a_1=-13$ 满足式子①和②，

故 $a_n+a_{n-1}=7\cdot 3^{n-2}(n\geqslant 2)$ 且 $a_n-3a_{n-1}=13(-1)^{n-1}(n\geqslant 2)$，（2）对。

（3）由（2）中①＋②得， $4a_n=3^{n-1}\times 7+(-1)^{n-1}\times 13$　$(n\geqslant 3)$。

又 $a_1=5$，a_2=2 满足上式，因此，数列 $\{a_n\}$ 的通项公式是 $a_n=\dfrac{1}{4}\left[7\cdot 3^{n-1}+13\cdot(-1)^{n-1}\right]$，所以（3）对。

（4）两个数列都是等比数列，可以用数列 $\{a_n\}$ 的通项公式证明，也可用数列 $\{a_n\}$ 的递推关系式证明，所以（4）对。

故填（2）（3）（4）。

【点评】上述解法中，求数列 $\{a_n\}$ 的通项公式时是由（1）的铺垫得到的两个关系 $a_n+a_{n-1}=3(a_{n-1}+a_{n-2}),a_n-3a_{n-1}=-(a_{n-1}-3a_{n-2})$，构造出了两个等比数列 $\{a_n+a_{n-1}\},\{a_n-3a_{n-1}\}$，得到它们的通项公式后，进而相加求解。但如果没有（1）的铺垫，而得到 $a_n+a_{n-1}=3(a_{n-1}+a_{n-2}),a_n-3a_{n-1}=-(a_{n-1}-3a_{n-2})$，就会令人觉得突兀了，只能当作观察出来的。这里，受命题（1）的启发，下面给出求解这类数列问题的一种通用方法。

【解法2】将 $a_n=2a_{n-1}+3a_{n-2}$ 两边同时加上 λa_{n-1}，得 $a_n+\lambda a_{n-1}=(2+\lambda)a_{n-1}+3a_{n-2}$，即 $a_n+\lambda a_{n-1}=(2+\lambda)(a_{n-1}+\dfrac{3}{2+\lambda}a_{n-2})$。

令 $\lambda=\dfrac{3}{2+\lambda}$，得 $\lambda^2+2\lambda-3=0$，解得 $\lambda=1,或\lambda=-3$。

所以 $a_n+a_{n-1}=3(a_{n-1}+a_{n-2}),a_n-3a_{n-1}=-(a_{n-1}-3a_{n-2})$。

又 $a_1=5$，a_2=2，

所以，$a_n+a_{n-1}=3^{n-2}(a_2+a_1)=7\cdot 3^{n-2}$　①

$a_n-3a_{n-1}=(-1)^{n-2}(a_2-3a_1)=13\cdot(-1)^{n-1}$　②

$a_2+a_1=7$ 且 $a_2-3a_1=-13$ 也满足式子①和②。

由①＋②得 $4a_n=3^{n-1}\times 7+(-1)^{n-1}\times 13\quad(n\geqslant 3)$，

又 $a_1=5$，a_2=2 满足上式，

所以，数列 $\{a_n\}$ 的通项公式是 $a_n=\dfrac{1}{4}\left[7\cdot 3^{n-1}+13\cdot(-1)^{n-1}\right]$。

【点评】本题的数列其实是两个等比数列的合体。通过配凑 λa_{n-1}，运用待定系数法求出 λ 的值，构造出等比数列进而求得通项公式，体现了构造思想和化归转化思想的运用。这里，这一方法我们可以推广到递推公式形如 $a_n=pa_{n-1}+qa_{n-2}(n\geqslant 3)$ 的双项递推数列 $\{a_n\}$ 求通项公式的步骤，具体如下。

在递推式的两边加上 λa_{n-1}，得 $a_n+\lambda a_{n-1}=(p+\lambda)a_{n-1}+qa_{n-2}$，即 $a_n+\lambda a_{n-1}=(p+\lambda)(a_{n-1}+\dfrac{q}{p+\lambda}a_{n-2})$。

令 $\lambda=\dfrac{q}{p+\lambda}$，求出 λ 的值，构造以 $a_2+\lambda a_1$ 为首项，公比为 $p+\lambda$ 的等比数列 $\{a_n+\lambda a_{n-1}\}$，求解。

【变式 1】已知数列 $\{a_n\}$ 中，$a_1=5,a_2=2,a_n=5a_{n-1}-6a_{n-2}(n\geqslant 3)$，则 $a_n=$______。

【解析】递推式的两边加上 λa_{n-1}，整理得 $a_n+\lambda a_{n-1}=(5+\lambda)(a_{n-1}-\dfrac{6}{5+\lambda}a_{n-2})$。

令 $\lambda=-\dfrac{6}{5+\lambda}$，得 $\lambda^2+5\lambda+6=0$，解得 $\lambda=-2$ 或 $\lambda=-3$。

因数列 $\{a_n+\lambda a_{n-1}\}$ 是以 $a_2+\lambda a_1=2+5\lambda$ 为首项，公比为 $5+\lambda$ 的等比数列，

所以，$a_n-2a_{n-1}=-8\cdot 3^{n-2}$ 或 $a_n-3a_{n-1}=-13\cdot 2^{n-2}$。

由两式得 $a_n=13\cdot 2^{n-1}-8\cdot 3^{n-1}$。

【变式 2】已知数列 $\{a_n\}$ 中，$a_1=5$，$a_2=2$，$a_n=3a_{n-1}-2a_{n-2}$，$(n\geqslant 3)$，则 $a_n=$______。

【解析】递推式的两边加上 λa_{n-1}，整理得 $a_n+\lambda a_{n-1}=(3+\lambda)(a_{n-1}-\dfrac{2}{3+\lambda}a_{n-2})$。

令 $\lambda=-\dfrac{2}{3+\lambda}$，得 $\lambda^2+3\lambda+2=0$，解得 $\lambda=-2$ 或 $\lambda=-1$。

因数列 $\{a_n+\lambda a_{n-1}\}$ 是以 $a_2+\lambda a_1=2+5\lambda$ 为首项，公比为 $3+\lambda$ 的等比数列，

所以，$a_n-2a_{n-1}=-8$ 或 $a_n-a_{n-1}=-3\cdot 2^{n-2}$。

由两式得 $a_n=-3\cdot 2^{n-1}+8$。

【变式 3】已知数列 $\{a_n\}$ 中，$a_1=5$，$a_2=2$，$a_n=2a_{n-1}-a_{n-2}(n\geqslant 3)$，则 $a_n=$______。

【解析】递推式的两边加上 λa_{n-1}，整理得 $a_n+\lambda a_{n-1}=(2+\lambda)(a_{n-1}-\dfrac{1}{2+\lambda}a_{n-2})$。

令 $\lambda=-\dfrac{1}{2+\lambda}$，得 $\lambda^2+2\lambda+1=0$，解得 $\lambda=-1$。

因数列 $\{a_n-a_{n-1}\}$ 是以 $a_2-a_1=-3$ 为首项，公比为 1 的等比数列，所以 $a_n-a_{n-1}=-3$。

这样一来，数列 $\{a_n\}$ 就是首项 $a_1=5$，公差为 -3 的等差数列，所以，$a_n=5-3(n-1)=-3n+8$。

【变式 4】已知数列 $\{a_n\}$ 中，$a_1=5$，a_2=2，$a_n=2a_{n-1}+3a_{n-2}$ $(n\geqslant 3)$，则前 n 项和 $S_n=$__________。

【解析】当 n 为偶数时，$S_n=\dfrac{7}{4}\cdot\dfrac{1-3^n}{1-3}=\dfrac{7(3^n-1)}{8}$；

当n为奇数时，$S_n=\frac{7}{4}\cdot\frac{1-3^n}{1-3}-\frac{13}{4}=\frac{7(3^n-1)}{8}-\frac{13}{4}$。

故$S_n=\frac{7}{4}\cdot\frac{1-3^n}{1-3}-\frac{13[1-(-1)^n]}{8}$。

第五讲　放飞思维　精彩纷呈

【例】已知正实数 a，b 满足 $2a+b=1$，则 $\frac{a}{a+2b}+\frac{2b}{1+b}$ 的最小值为__________。

【解法 1】$\frac{a}{a+2b}+\frac{2b}{1+b}=\frac{a}{a+2b}+\frac{2b}{2a+b+b}=\frac{a(a+b)+b(a+2b)}{(a+2b)(a+b)}=\frac{a^2+2ab+2b^2}{a^2+3ab+2b^2}$

$=1-\frac{ab}{a^2+3ab+2b^2}=1-\frac{1}{\frac{a}{b}+\frac{2b}{a}+3}\geqslant 1-\frac{1}{2\sqrt{2}+3}=2\sqrt{2}-2$，当且仅当 $\frac{a}{b}=\frac{2b}{a}$ 即 $a=\sqrt{2}b$ 时，等号成立。

故 $\frac{a}{a+2b}+\frac{2b}{1+b}$ 的最小值为 $2\sqrt{2}-2$。

【点评】该解法将目标式整理为关于 a，b 的二次齐次分式后，分离常数，进而转化为运用基本不等式的结构形式求解，技巧性较强。

【解法 2】$\frac{a}{a+2b}+\frac{2b}{1+b}=\frac{a}{a+2b}+\frac{2b}{2a+b+b}=\frac{a}{a+2b}+\frac{b}{a+b}$。

令 $a+2b=m$，$a+b=n(m>0，n>0)$，则 $a=2n-m$，$b=m-n$，

所以 $\frac{a}{a+2b}+\frac{2b}{1+b}=\frac{2n-m}{m}+\frac{m-n}{n}=\frac{2n}{m}+\frac{m}{n}-2\geqslant 2\sqrt{\frac{2n}{m}\cdot\frac{m}{n}}-2=2\sqrt{2}-2$，当且仅当 $\frac{2n}{m}=\frac{m}{n}$ 时，等号成立。

故 $\frac{a}{a+2b}+\frac{2b}{1+b}$ 的最小值为 $2\sqrt{2}-2$。

【点评】对于通过“常值代换”转化成两项一元齐次分式和的一类二元条件最值问题，利用双变量换元法求解十分奏效。

【解法 3】设 $M=\frac{a}{a+2b}+\frac{2b}{1+b}$，

则 $M=\frac{a}{a+2b}+\frac{2b}{1+b}=\frac{a}{a+2b}+\frac{2b}{2a+b+b}=\frac{a(a+b)+b(a+2b)}{(a+2b)(a+b)}=\frac{a^2+2ab+2b^2}{a^2+3ab+2b^2}$

$$=\frac{1+2\cdot\frac{b}{a}+2\cdot(\frac{b}{a})^2}{1+3\cdot\frac{b}{a}+2\cdot(\frac{b}{a})^2}。$$

令 $\frac{b}{a}=t$，则 $t>0$，所以 $M=\frac{1+2t+2t^2}{1+3t+2t^2}$，显然 $M\neq 1$。

去分母整理得 $(2M-2)t^2+(3M-2)t+M-1=0$，则该关于 t 的方程有两个正实数根，

所以 $\begin{cases}\Delta=(3M-2)^2-4(2M-2)(M-1)\geqslant 0\\ -\frac{3M-2}{2M-2}>0\end{cases}$，解得 $M\geqslant 2\sqrt{2}-2$。

故 $\frac{a}{a+2b}+\frac{2b}{1+b}$ 的最小值为 $2\sqrt{2}-2$。

【点评】该解法把目标式变形整理后，再换元转化为关于新元的一元二次方程，利用判别式法求解。

【解法 4】因为 $2a+b=1$，所以 $b=1-2a$，所以由 a，b 为正实数，得 $0<a<\frac{1}{2}$。

设 $M=\frac{a}{a+2b}+\frac{2b}{1+b}$，则 $M=\frac{a}{2-3a}+\frac{1-2a}{1-a}=\frac{5a^2-6a+2}{3a^2-5a+2}$。

将 M 对 a 求导，得 $M'=\frac{-7a^2+8a-2}{(3a^2-5a+2)^2}$。

令 $M'=0$，得 $a=\frac{4-\sqrt{2}}{7}$（$a=\frac{4+\sqrt{2}}{7}>\frac{1}{2}$ 舍去）。

当 $a\in(0,\frac{4-\sqrt{2}}{7})$ 时，$M'<0$；当 $a\in(\frac{4-\sqrt{2}}{7},\frac{1}{2})$ 时，$M'>0$。

所以 M 在 $(0,\frac{4-\sqrt{2}}{7})$ 上单调递减，在 $(\frac{4-\sqrt{2}}{7},\frac{1}{2})$ 上单调递增。

所以当 $a=\frac{4-\sqrt{2}}{7}$ 时，M 取得最小值，且最小值为 $2\sqrt{2}-2$。

故 $\frac{a}{a+2b}+\frac{2b}{1+b}$ 的最小值是 $2\sqrt{2}-2$。

【点评】该解法通过消元化为关于 a 的一元函数式，求导利用单调性求解。这也是求解二元条件最值问题常用的一个方法。

【变式 1】已知点 (a, b) 在线段 $2x+y=1\,(x>0,\ y>0)$ 上，则 $\dfrac{a}{a+2b}+\dfrac{2b}{1+b}$ 的最小值为______。

【解析】由点 (a, b) 在线段 $2x+y=1\,(x>0,\ y>0)$ 上，得 $2a+b=1\,(a>0,\ b>0)$。下同上面的方法。

【变式 2】已知点 $(1,1)$ 恒在函数 $y=2a^x+b\,(a>0$且$a\neq1,\ b>0)$ 的图像上，则 $\dfrac{a}{a+2b}+\dfrac{2b}{1+b}$ 的最小值为______。

【解析】由点 $(1, 1)$ 恒在函数 $y=2a^x+b\,(a>0$且$a\neq1,\ b>0)$ 的图像上，

得 $2a^1+b=1\,(a>0$且$a\neq1,\ b>0)$，即 $2a+b=1\,(a>0$且$a\neq1,\ b>0)$。下同上面的方法。

【变式 3】已知向量 $\vec{m}=(a,-1)$，$\vec{n}=(-2,\ b)(a>0,\ b>0)$ 满足 $\vec{m}\cdot\vec{n}=-1$，则 $\dfrac{a}{a+2b}+\dfrac{2b}{1+b}$ 的最小值为______。

【解析】因为 $\vec{m}\cdot\vec{n}=-1$，所以 $(a,-1)\cdot(-2,\ b)=-1$，所以 $-2a-b=-1$，

即 $2a+b=1\,(a>0,b>0)$。下同上面的方法。

【变式 4】已知向量 $\vec{m}=(2a,\ b),\vec{n}=(1,1)(a>0,\ b>0)$，且满足 $\vec{m}$ 在 $\vec{n}$ 方向上的投影为 $\dfrac{\sqrt{2}}{2}$，

则 $\dfrac{a}{a+2b}+\dfrac{2b}{1+b}$ 的最小值为______。

【解析】因为 $\vec{m}=(2a,\ b),\vec{n}=(1,1)(a>0,\ b>0)$，所以 $\vec{m}\cdot\vec{n}=2a+b,|\vec{n}|=\sqrt{2}$。

又 $\vec{m}$ 在 $\vec{n}$ 方向上的投影为 $\dfrac{\sqrt{2}}{2}$，所以 $\dfrac{\vec{m}\cdot\vec{n}}{|\vec{n}|}=\dfrac{2a+b}{\sqrt{2}}=\dfrac{\sqrt{2}}{2}$。

即 $2a+b=1\,(a>0,\ b>0)$。下同上面的方法。

【变式 5】已知正实数 $a,\ b$ 满足 $2a+b=1$，则 $\dfrac{a}{2-2a}+\dfrac{b}{2-b}$ 的最小值为______。

【解析】 $\dfrac{a}{2-2a}+\dfrac{b}{2-b}=\dfrac{a}{2(2a+b)-2a}+\dfrac{b}{2(2a+b)-b}=\dfrac{a}{2(a+b)}+\dfrac{b}{4a+b}$。

令 $a+b=m, 4a+b=n(m>0,\ n>0)$，则 $a=\dfrac{n-m}{3},\ b=\dfrac{4m-n}{3}$，

所以 $\frac{a}{2-2a}+\frac{b}{2-b}=\frac{\frac{n-m}{3}}{2m}+\frac{\frac{4m-n}{3}}{n}=\frac{1}{3}(\frac{n}{2m}+\frac{4m}{n}-\frac{3}{2})\geqslant\frac{1}{3}(2\sqrt{\frac{n}{2m}\cdot\frac{4m}{n}}-\frac{3}{2})=\frac{2\sqrt{2}}{3}-\frac{1}{2}$，

当且仅当 $\frac{n}{2m}=\frac{4m}{n}$ 时，等号成立。

故 $\frac{a}{2-2a}+\frac{b}{2-b}$ 的最小值为 $\frac{2\sqrt{2}}{3}-\frac{1}{2}$。

【变式 6】已知正实数 a，b 满足 $a+b=1$，则 $\frac{2a}{a^2+b}+\frac{b}{a+b^2}$ 的最大值为______。

【解析】$\frac{2a}{a^2+b}+\frac{b}{a+b^2}=\frac{2a(a+b)}{a^2+b(a+b)}+\frac{b(a+b)}{a(a+b)+b^2}=\frac{2a^2+3ab+b^2}{a^2+ab+b^2}=\frac{2\cdot\frac{b}{a}+1}{(\frac{b}{a})^2+\frac{b}{a}+1}+1$

记 $2\cdot\frac{b}{a}+1=t$，则上式 $\frac{4}{t+\frac{3}{t}}+1\leqslant\frac{2\sqrt{3}+3}{3}$，当且仅当 $a=\sqrt{3}-1$，$b=2-\sqrt{3}$ 时，等号成立。

所以，$\frac{2a}{a^2+b}+\frac{b}{a+b^2}$ 的最大值为 $\frac{2\sqrt{3}+3}{3}$。

【变式 7】已知正实数 a，b 满足 $\frac{1}{(2a+b)b}+\frac{2}{(2b+a)a}=1$，则 ab 的最大值为______。

【解析】因为正实数 a，b 满足 $\frac{1}{(2a+b)b}+\frac{2}{(2b+a)a}=1$，

所以 $ab=ab[\frac{1}{(2a+b)b}+\frac{2}{(2b+a)a}]=\frac{a}{2a+b}+\frac{2b}{2b+a}$，

设 $2a+b=m$，$2b+a=n\,(m>0，n>0)$，

则有 $ab=2-(\frac{n}{3m}+\frac{2m}{3n})\leqslant 2-\frac{2\sqrt{2}}{3}$，当且仅当 $n=\sqrt{2}m$ 时取“=”，

故 ab 的最大值为 $2-\frac{2\sqrt{2}}{3}$。

【变式 8】若正实数 a，b 满足 $b>2a$，则 $\frac{b^2-2ab+a^2}{ab-2a^2}$ 的最小值为______。

【解析】因为正实数 a，b 满足 $b>2a$，所以 $\frac{b}{a}>2$，

设 $t=\dfrac{b}{a}(t>2)$，则 $\dfrac{b^2-2ab+a^2}{ab-2a^2}=\dfrac{(\frac{b}{a})^2-2\cdot\frac{b}{a}+1}{\frac{b}{a}-2}=\dfrac{t^2-2t+1}{t-2}$，设 $u=t-2\ (u>0)$，

则 $\dfrac{t^2-2t+1}{t-2}=\dfrac{(u+2)^2-2(u+2)+1}{u}=u+\dfrac{1}{u}+2\geqslant 2\sqrt{u\cdot\dfrac{1}{u}}+2=4$，

当且仅当 $u=1$，即 $t=3$ 时取"="，则 $\dfrac{b^2-2ab+a^2}{ab-2a^2}$ 的最小值为 4。

【变式 9】已知实数 a，b 满足 $a>b>0$，且 $a+b\leqslant 2$，则 $\dfrac{2}{a+3b}+\dfrac{1}{a-b}$ 的最小值为______。

【解析】因为 $(a+3b)+(a-b)=2a+2b=2(a+b)\leqslant 4$，

所以 $(\dfrac{2}{a+3b}+\dfrac{1}{a-b})\cdot 4\geqslant(\dfrac{2}{a+3b}+\dfrac{1}{a-b})$ $[(a+3b)+(a-b)]=$ $3+\dfrac{2(a-b)}{a+3b}+\dfrac{a+3b}{a-b}\geqslant$ $3+2\sqrt{2}$ $=t$（$t>0$），当且仅当 $\dfrac{2(a-b)}{a+3b}=\dfrac{a+3b}{a-b}$，即 $t^2=2$ 时取"="，故 $\dfrac{2}{a+3b}+\dfrac{1}{a-b}$ 的最小值为 $\dfrac{3+2\sqrt{2}}{4}$。

【变式 10】已知正实数 a，b 满足 $a^2+3ab+2b^2=1$，则 $a^2+2ab+2b^2$ 的最小值为______。

【解析】（单变量换元法）由 $a^2+3ab+2b^2=1$，得 $(a+b)(a+2b)=1$。

设 $a+b=k$，则 $a+2b=\dfrac{1}{k}$。

由于 a，b 均为正实数，则有 $a+b>0$，所以 $k>0$。

联立 $a+b=k$ 和 $a+2b=\dfrac{1}{k}$，得 $a=2k-\dfrac{1}{k}$，$b=\dfrac{1}{k}-k$。

那么 $a^2+2ab+2b^2=(a+b)^2+b^2=k^2+(\dfrac{1}{k}-k)^2=2k^2+\dfrac{1}{k^2}-2\geqslant 2\sqrt{2}-2$。

当且仅当 $2k^2=\dfrac{1}{k^2}$ 时，等号成立。

故 $a^2+2ab+2b^2$ 的最小值是 $2\sqrt{2}-2$。

第六讲　抛物线题　探析推广

【例】(2017 · 全国Ⅰ卷)已知F为抛物线C：$y^2=4x$的焦点，过F作两条互相垂直的直线l_1、l_2，直线l_1与C交于A、B两点，直线l_2与C交于D、E两点，$|AB|+|DE|$的最小值为(　　)。

A.16　　　B.14　　　C.12　　　D.10

【解法 1】由题意易知直线l_1、l_2的斜率都存在且不为 0。

设直线l_1的方程为$y=k(x-1)$（不妨设$k>0$），则由$\begin{cases}y=k(x-1)\\y^2=4x\end{cases}$，得$k^2x^2-(2k^2+4)x-k^2=0$。

其判别式$\triangle=[-(2k^2+4)]^2-4k^2\cdot(-k^2)=16(1+k^2)>0$。

设$A(x_1,y_1)$，$B(x_2,y_2)$，则$x_1+x_2=\dfrac{2k^2+4}{k^2}$。

所以，由抛物线的定义得$|AB|=x_1+x_2+p=\dfrac{2k^2+4}{k^2}+2=\dfrac{4}{k^2}+4$。

设直线l_2的方程为$y=-\dfrac{1}{k}(x-1)$，则由$\begin{cases}y=-\dfrac{1}{k}(x-1)\\y^2=4x\end{cases}$，得$x^2-(2+4k^2)x+1=0$。

设$D(x_3,y_3)$，$E(x_4,y_4)$，则$x_3+x_4=2+4k^2$，

所以$|DE|=x_3+x_4+p=2+4k^2+2=4k^2+4$，

$|AB|+|DE|=\dfrac{4}{k^2}+4k^2+8\geqslant 2\sqrt{\dfrac{4}{k^2}\cdot 4k^2}+8=16$。

当且仅当$\dfrac{4}{k^2}=4k^2$，即$k=1$时，取“=”，故$|AB|+|DE|$取得最小值 16，故选 A。

【点评】本解法取直线的斜率k为参数，设出直线方程并与抛物线方程联立，运用“设而不求”、抛物线定义和均值不等式求解。“设而不求”是数学解题中的一种颇为有用的手段，往往能避免盲目推演而造成的无益的循环运算，从而达到准确、简捷的解题效果。

【解法 2】如下图所示，设AB倾斜角为θ，作AK_1垂直于准线，AK_2垂直于x轴。

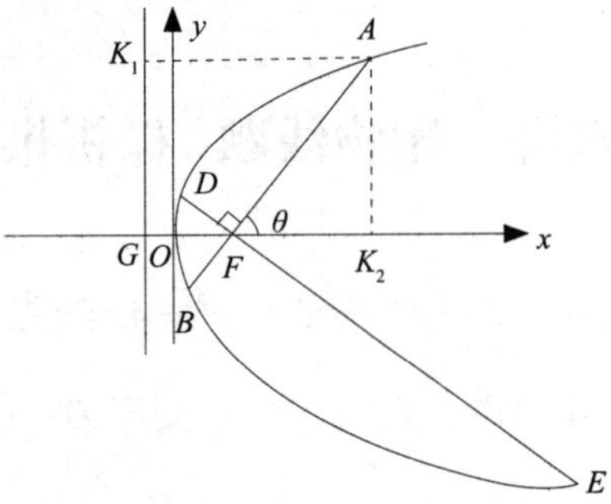

易知$\begin{cases}|AF|\cdot\cos\theta+|GF|=|AK_1| & （几何关系）\\ |AK_1|=|AF| & （抛物线特性）\\ |GP|=\dfrac{P}{2}-\left(-\dfrac{P}{2}\right)=P\end{cases}$，所以$|AF|\cdot\cos\theta+P=|AF|$。

$|AF|=\dfrac{P}{1-\cos\theta}$，$|BF|=\dfrac{p}{1-\cos(\theta+\pi)}=\dfrac{p}{1+\cos\theta}$，

所以$|AB|=|AF|+|BF|=\dfrac{p}{1-\cos\theta}+\dfrac{p}{1+\cos\theta}=\dfrac{p}{1-\cos^2\theta}=\dfrac{p}{\sin^2\theta}$。

因为 $p=2$，所以 $|AB|=\dfrac{4}{\sin^2\theta}$，$|AF|=\dfrac{p}{1-\cos\theta}=\dfrac{2}{1-\cos\theta}$ 同理 $|BF|=\dfrac{2}{1-\cos(\theta+\pi)}$

$=\dfrac{2}{1+\cos\theta}$。

$|AB|=|AF|+|BF|=\dfrac{2}{1-\cos\theta}+\dfrac{2}{1+\cos\theta}=\dfrac{4}{1-\cos^2\theta}=\dfrac{4}{\sin^2\theta}$。

又DE与AB垂直，即DE的倾斜角为$\dfrac{\pi}{2}+\theta$，所以$|DE|=\dfrac{4}{\sin^2(\dfrac{\pi}{2}+\theta)}=\dfrac{4}{\cos^2\theta}$。

$$|AB|+|DE|=\frac{4}{\sin^2\theta}+\frac{4}{\cos^2\theta}=\frac{4(\sin^2\theta+\cos^2\theta)}{\sin^2\theta\cos^2\theta}=\frac{4}{\sin^2\theta\cos^2\theta}=\frac{4}{\frac{1}{4}\sin^2 2\theta}$$

$$=\frac{16}{\sin^2 2\theta}\geqslant 16。$$

当且仅当 $\theta=\dfrac{\pi}{4}$时，取“=”，故$|AB|+|DE|$的最小值为16，故选A。

【点评】本解法取直线的倾斜角 θ为参数，运用抛物线的定义、几何关系转化为角 θ的正弦函数求解。

【解法 3】以抛物线 C 的焦点为极点，焦点到准线的垂线的反向延长线为极轴，建立极坐标系，则抛物线 C 的极坐标方程为 $\rho=\dfrac{2}{1-\cos\theta}$。

所以 $|AF|=\dfrac{2}{1-\cos\theta},|BF|=\dfrac{2}{1-\cos(\theta+\pi)}=\dfrac{2}{1+\cos\theta}$，

故 $|AB|=\dfrac{4}{\sin^2\theta}$。以下同解法 2。

【点评】一般地，求圆锥曲线的焦点弦或与焦点弦有关的最值问题利用极坐标法求解比较简捷。

【变式 1】已知 F 为抛物线 C： $y^2=4x$ 的焦点，过 F 作两条互相垂直的直线 l_1、l_2，直线 l_1 与 C 交于 A、B 两点，直线 l_2 与 C 交于 D、E 两点，$\dfrac{1}{|AB|}+\dfrac{1}{|DE|}=$（　　）。

A. $\dfrac{1}{4}$　　B. $\dfrac{1}{2}$　　C.1　　D.2

【解析】由试题的解法 2 可知 $|AB|=\dfrac{4}{\sin^2\theta}$，$|DE|=\dfrac{4}{\cos^2\theta}$，

所以 $\dfrac{1}{|AB|}=\dfrac{\sin^2\theta}{4}$，$\dfrac{1}{|DE|}=\dfrac{\cos^2\theta}{4}$。

所以 $\dfrac{1}{|AB|}+\dfrac{1}{|DE|}=\dfrac{\sin^2\theta+\cos^2\theta}{4}=\dfrac{1}{4}$，故选 A。

【变式 2】已知 F 为抛物线 C： $y^2=4x$ 的焦点，过 F 作两条互相垂直的直线 l_1、l_2，直线 l_1 与 C 交于 A、B 两点，直线 l_2 与 C 交于 D、E 两点，$|AB|\cdot|DE|$ 的最小值为（　　）。

A.64　　B.32　　C.16　　D. 10

【解析】由试题的解法 2 可知 $|AB|=\dfrac{4}{\sin^2\theta}$，$|DE|=\dfrac{4}{\cos^2\theta}$，

所以 $|AB|\cdot|DE|=\dfrac{4}{\sin^2\theta}\cdot\dfrac{4}{\cos^2\theta}=\dfrac{64}{(\sin 2\theta)^2}\geqslant 64$，当且仅当 $\theta=\dfrac{\pi}{4}$ 时，取“=”。

所以 $|AB|\cdot|DE|$ 的最小值为 64，故选 A。

【变式 3】已知 F 为抛物线 C： $y^2=4x$ 的焦点，过 F 作两条互相垂直的直线 l_1、l_2，直线 l_1 与 C 交于 A、B 两点，直线 l_2 与 C 交于 D、E 两点，四边形 $ADBE$ 面积的最小值为（　　）。

A.64　　B.32　　C.16　　D. 10

【解析】由题意知四边形 $ADBE$ 的面积为 $\frac{1}{2}|AB|\cdot|DE|$，所以由解法 1 的结论可知面积的最小值为 32，故选 B。

【变式 4】已知 F 为抛物线 C： $y^2=4x$ 的焦点，过 F 作两条互相垂直的直线 l_1、l_2，直线 l_1 与 C 交于 A、B 两点，直线 l_2 与 C 交于 D、E 两点，线段 AB 的中点为 M，线段 DE 的中点为 N。

（1）求△FMN 面积的最小值；

（2）求线段 MN 的中点 P 的轨迹方程。

【解析】（1）由试题解法 1 可得 $M(\frac{k^2+2}{k^2},\frac{2}{k})$，$N(1+2k^2,-2k)$，

所以，$|MF|=\sqrt{(\frac{k^2+2}{k^2}-1)^2+(\frac{2}{k})^2}=\frac{2\sqrt{1+k^2}}{k^2}$，$|NF|=\sqrt{(2k^2)^2+(-2k)^2}=2k\sqrt{k^2+1}$。

△FMN 的面积 $S=\frac{1}{2}|MF|\cdot|NF|=2(k+\frac{1}{k})\geqslant 4$，当且仅当 $k=\frac{1}{k}$，即 $k=1$ 时，取“=”。

故 △FMN 面积的最小值为 4。

（2）设线段 MN 的中点 $P(x,\ y)$，由（1）得 $\begin{cases} x=\dfrac{\frac{k^2+2}{k^2}+1+2k^2}{2}=1+k^2+\dfrac{1}{k^2} \\ y=\dfrac{\frac{2}{k}-2k}{2}=-k+\dfrac{1}{k} \end{cases}$，

消去 k 后得 $y^2=x-3$。

故线段 MN 的中点 P 的轨迹方程为 $y^2=x-3$。

由上述例子和 4 个变式可以得出抛物线的几个一般结论：

【结论 1】已知 F 为抛物线 C： $y^2=2px\,(p>0)$ 的焦点，过 F 作两条互相垂直的直线 l_1、l_2，直线 l_1 与 C 交于 A、B 两点，直线 l_2 与 C 交于 D、E 两点，则 $\frac{1}{|AB|}+\frac{1}{|DE|}=\frac{1}{2p}$。

【结论 2】已知 F 为抛物线 C： $y^2=2px\,(p>0)$ 的焦点，过 F 作两条互相垂直的直线 l_1、l_2，直线 l_1 与 C 交于 A、B 两点，直线 l_2 与 C 交于 D、E 两点，则 $|AB|+|DE|$ 的最小值为 $8p$。

【结论 3】已知 F 为抛物线 C： $y^2=2px\,(p>0)$ 的焦点，过 F 作两条互相垂直的直线 l_1、l_2，直线 l_1 与 C 交于 A、B 两点，直线 l_2 与 C 交于 D、E 两点，则 $|AB|\cdot|DE|$ 的最小值为 $16p^2$。

【结论 4】已知F为抛物线C：$y^2=2px\,(p>0)$的焦点，过F作两条互相垂直l_1、l_2，直线l_1与C交于A、B两点，直线l_2与C交于D、E两点，则四边形$ADBE$面积的最小值为$8p^2$。

【结论 5】已知F为抛物线C：$y^2=2px\,(p>0)$的焦点，过F作两条互相垂直的直线l_1、l_2，直线l_1与C交于A、B两点，直线l_2与C交于D、E两点，线段AB的中点为M，线段DE的中点为N，则$\triangle FMN$面积的最小值为p^2。

给出这些结论，旨在开阔学生的眼界，让学生领会推导的方法，不必死记结论。学生可以参照试题和变式题的解法来证明这些结论。

第七讲　立几两题　撞脸探变

【例 1】(2018· 天津卷)已知正方体 $ABCD-A_1B_1C_1D_1$ 的棱长为 1，除面 $ABCD$ 外，该正方体其余各面的中心分别为点 E、F、G、H、M（图 1），则四棱锥 $M-EFGH$ 的体积为______。

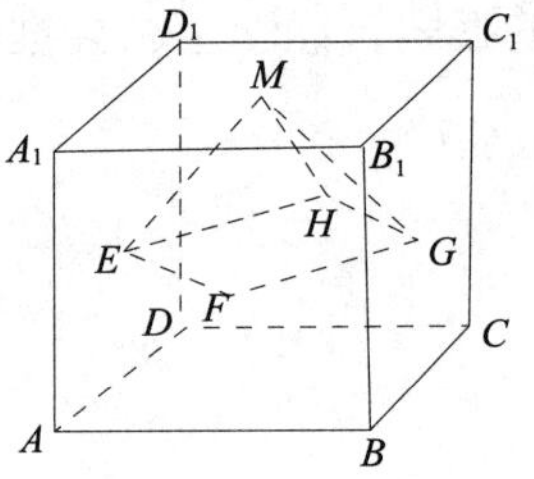

图 1

【例 2】(2018 · 江苏卷)如下图所示，正方体的棱长为 2，以其所有面的中心为顶点的多面体的体积为______。

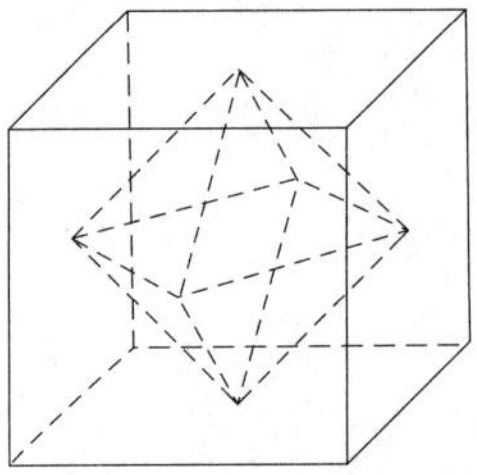

图 2

【解析】例 2 只是将例 1 扩展了一下，在原四棱锥的基础上，“倒补”上了一个底面重合的“全等”的四棱锥，其本质为一题。

例 1：因为四棱锥 $M-EFGH$ 的各个顶点是正方体各面的中心，所以四棱锥 $M-EFGH$ 是正四棱锥，所以底面正方形 $EFGH$ 的边长为 $\sqrt{(\frac{1}{2})^2+(\frac{1}{2})^2}=\frac{\sqrt{2}}{2}$，底面积为 $(\frac{\sqrt{2}}{2})^2=\frac{1}{2}$，四棱锥 $M-EFGH$ 的高 $h=\frac{1}{2}$。故四棱锥 $M-EFGH$ 的体积为体积 $V=\frac{1}{3}\times\frac{1}{2}\times\frac{1}{2}=\frac{1}{12}$。

例 2：两个四棱锥重合的底面边长为 $\sqrt{1^2+1^2}=\sqrt{2}$，底面积为 $(\sqrt{2})^2=2$。

又一个四棱锥的高为 1，故所求多面体的体积为 $\frac{1}{3}\times2\times1\times2=\frac{4}{3}$。

【点评】这两道高考题文字表述流畅、图形优美，通过研究多面体“接”的组合关系，意在考查学生的数学抽象、逻辑推理、直观想象和数学运算等核心素养，较好地反映了立体几何问题的数学本质。

【变式 1】已知正方体 $ABCD-A_1B_1C_1D_1$ 的棱长为 1，除面 $ABCD$ 外，该正方体其余各面的中心分别为点 E、F、G、H、M(图 1)，则四棱锥 $M-EFGH$ 的表面积为______。

【解析】由例 1 的解析可知，四棱锥 $M-EFGH$ 的底面边长为 $\frac{\sqrt{2}}{2}$，高为 $\frac{1}{2}$，所以斜高（侧面三角形的高）为 $\sqrt{(\frac{1}{2})^2+(\frac{\sqrt{2}}{4})^2}=\frac{\sqrt{6}}{4}$，所以侧面积为 $\frac{1}{2}\times\frac{\sqrt{2}}{2}\times\frac{\sqrt{6}}{4}\times 4=\frac{\sqrt{3}}{2}$。

又底面积为 $\frac{1}{2}$，故四棱锥 $M-EFGH$ 的表面积为 $\frac{\sqrt{3}+1}{2}$。

【变式 2】如图 2 所示，正方体的棱长为 2，以其所有面的中心为顶点的多面体的表面积为______。

【解析】一个四棱锥的底面边长为 $\sqrt{2}$，高为 1，所以斜高（侧面三角形的高）为 $\sqrt{1^2+(\frac{\sqrt{2}}{2})^2}=\frac{\sqrt{6}}{2}$，所以一个四棱锥的侧面积为 $\frac{1}{2}\times\sqrt{2}\times\frac{\sqrt{6}}{2}\times 4=2\sqrt{3}$。

故所求的多面体的表面积为 $2\sqrt{3}\times 2=4\sqrt{3}$。

【变式 3】已知正方体 $ABCD-A_1B_1C_1D_1$ 的棱长为 1，除面 $ABCD$ 外，该正方体其余各面的中心分别为点 E、F、G、H、M（图 1），则四棱锥 $M-EFGH$ 外接球的体积为______。

【变式 4】已知正方体 $ABCD-A_1B_1C_1D_1$ 的棱长为 1，除面 $ABCD$ 外，该正方体其余各面的中心分别为点 E、F、G、H、M(图 1)，则四棱锥 $M-EFGH$ 外接球的表面积为______。

【变式 5】如图 2 所示，正方体的棱长为 2，以其所有面的中心为顶点的多面体的外接球的体积为______。

【变式 6】如图 2 所示，正方体的棱长为 2，以其所有面的中心为顶点的多面体的外接球的表面积为______。

【解析】求外接球的体积或表面积的关键是求出外接球的半径，而无论是图 1 的四棱锥还是图 2 的多面体，其外接球的直径都是所在正方体的棱长，所以外接球的半径分别是 $\frac{1}{2}$、1，故利用球的体积和表面积公式分别求出外接球的体积与表面积即可。

第八讲　数字计数 考题变式

【例】(2017 · 天津卷) 用数字 1，2，3，4，5，6，7，8，9 组成没有重复的数字，且至多有一个数字是偶数的四位数，这样的四位数一共有＿＿＿＿＿＿个（用数字作答）。

【解析】分两类：①四位数字全是奇数，则有 $A_5^4=5\times4\times3\times2\times1=120$ 个；②四位数字有一个偶数，则有 $C_4^1C_5^3A_4^4=4\times\dfrac{5\times4\times3}{3\times2\times1}\times4\times3\times2\times1=960$ 个。

故这样的四位数一共有 $120+960=1\ 080$ 个。

【点评】本题是直接分类求解的，考查了排列、组合数公式的应用。直接运用分类加法计数原理时，首先要根据问题的特点，确定分类标准，分类应满足：完成一件事的任何一种方法必属于某一类而且仅属于某一类，即“类”与“类”间的独立性与并列性，用其中的任何一类都可以完成这件事。

【变式 1】用数字 1，2，3，4，5，6，7，8，9 能组成多少个：

（1）没有重复数字的四位偶数；

（2）没有重复数字的四位奇数。

【解析】（1）没有重复数字的四位偶数的个位是 2、4、6、8，所以有 $A_4^1A_8^3=1\ 344$ 个。

故符合题意的四位偶数共有 1 344 个。

（2）没有重复数字的四位奇数的个位是 1、3、5、7、9，所以有 $A_5^1A_8^3=1\ 680$ 个。

故符合题意的四位奇数共有 1 680 个。

【点评】偶数是指个位为偶数字 (0，2，4，6，8) 的数，奇数是指个位为奇数字 (1，3，5，7，9) 的数。

【变式 2】用数字 1，2，3，4，5，6，7，8，9 能组成多少个：

（1）是 5 的倍数且没有重复数字的四位数；

（2）被 9 整除且没有重复数字的四位数；

（3）被 25 整除且没有重复数字的四位数；

（4）被 125 整除且没有重复数字的四位数。

【解析】（1）这里是 5 的倍数的四位数个位只能是 5，有 $A_8^3=336$ 个。

故符合题意的共有 336 个四位数。

（2）能被 9 整除的整数其各位数字的和能被 9 整除，所以有 1、2、6、9，1、3、5、9，2、3、4、9，共有 $3A_4^4=72$ 个四位数。

（3）能被 25 整除的整数其末两位数能被 25 整除，末两位数有 25 和 75，共有 $2A_7^2=84$ 个四位数。

（4）能被 125 整除的整数其末三位能被 125 整除，末三位数有 125、375、625、875，共有 $4A_6^1=24$ 个四位数。

【点评】倍数及被整除等数字问题是一类重要题型。对于这类问题，学生掌握以下一些结论是应用的关键。

（1）被 3 整除（或 3 的倍数）的整数的特征：各位数字的和能被 3 整除。

（2）被 4 整除（或 4 的倍数）的整数的特征：末两位数能被 4 整除。

（3）被 5 整除（或 5 的倍数）的整数的特征：个位数字是 0 或 5。

（4）被 8 整除（或 8 的倍数）的整数的特征：末三位数能被 8 整除。

（5）被 9 整除（或 9 的倍数）的整数的特征：各位数字的和能被 9 整除。

（6）被 11 整除（或 11 的倍数）的整数的特征：奇位数字的和与偶位数字的和之差能被 11 整除；

（7）被 25 整除（或 25 的倍数）的整数的特征：末两位数能被 25 整除。

（8）被 125 整除（或 125 的倍数）的整数的特征：末三位数能被 125 整除。

【变式 3】用数字 1，2，3，4，5，6，7，8，9 组成没有重复数字且比 8 000 大的四位数，这样的四位数一共有__________个（用数字作答）。

【解析】分两类：①千位数字是 8，则有 $A_8^3=8\times7\times6=336$ 个四位数；②千位数字是 9，则有 $A_8^3=8\times7\times6=336$ 个四位数。

故这样的四位数一共有 $336+336=672$ 个。

【点评】有大小要求的数字问题要注意首位数字的选择情况。

【变式 4】从 1，2，3，4，5，6，7，8，9 中任取 4 个数字组成无重复数字的四位数，其中若有 1 和 3 时，3 必须排在 1 的前面，若只有 1 和 3 其中一个时，它们应排在其他数字的前面，这样不同的四位数共有______个（用数字作答）。

【解析】分三种情形：①没有 1 和 3，共 $A_7^4=840$ 个四位数；②只有 1 和 3 其中一个时，有 $2A_7^3=420$ 个四位数；③ 1 和 3 均有时，“3 在 1 的前面”和“3 在 1 的后面”机会均等。如不考虑“3 在 1 的前面”的限制，则有 $C_7^2A_4^4=\frac{7\times6}{2\times1}\times4\times3\times2\times1=504$ 种排法，此时有 $\frac{1}{2}C_7^2A_4^4=\frac{1}{2}\times504=252$ 个四位数。

所以，满足要求的不同的四位数共有 840+420+252=1 512 个。

【点评】本题解答中的②③属顺序固定的数字问题，这类问题一般用“除法”解决，即对于某几个数字按一定顺序的问题，可先不考虑顺序，然后用总数除以这几个数字的全排列数。

【变式 5】用 1，2，3，4，5，6，7，8，9 组成没有重复数字的九位数，要求 1 与 2 相邻，3 与 4 相邻，5 与 6 相邻，这样的九位数共有__________个（用数字作答）。

【解析】把相邻的两个数捆绑（看成一个整体），每组内部都有 A_2^2 种方法，它们之间又有 A_6^6 种方法。

根据分步计数原理，一共有 $A_2^2A_2^2A_2^2A_6^6=2\times2\times2\times6\times5\times4\times3\times2\times1=5\ 760$ 个九位数。

【点评】相邻的数字问题使用“捆绑法”。对于含有某几个数字相邻的问题，可先将相邻数字“捆绑”起来视为一个元素，与其他数字一起进行排列或组合。若相邻数字有顺序，再对相邻数字内部进行全排列，这就是处理相邻数字问题的“捆绑法”。

【变式 6】若用 1，2，3，4，5，6，7，8，9 九个数字组成一个十位数，规定这九个数字必须同时使用，且同一数字不能相邻出现，这样的十位数有______个。

【解析】由题意得 1，2，3，4，5，6，7，8，9 九个数字中有一个用了两次，可看作两个相同的数，先把八个不重复使用的数字选出并排列好有 A_9^8 种结果；由同一个数不相邻，则把两个相同的数插入九个空有 C_9^2 种结果，共有 $A_9^8C_9^2$ 个十位数。

【点评】不相邻的数字问题使用“插空法”。对于某几个数字不相邻的问题，可将其他数字排好，然后再将不相邻数字在已排好的数字之间及两端的空隙处插入。

【变式 7】用数字 0，1，2，3，4，5，6，7，8，9 组成没有重复数字的四位数，其中个位、十位和百位上的数字之和为偶数的四位数共有__________个（用数字作答）。

【解析】分两类：①个、十、百位上都是偶数：若没有 0，则有 $A_4^3C_6^1=144$ 个；若有 0，则有 $C_4^2A_3^3C_7^1=252$ 个。所以，此时共有 144+252=396 个。②个、十、百位上有两个奇数一个偶数：若没有 0，则有 $C_5^2C_4^1A_3^3C_6^1=1\ 440$ 个；若有 0，则有 $C_5^2A_3^3C_7^1=420$ 个。所以，此时共有 1440+420=1 860 个。

所以，共有 396+1860=2 256 个符合要求的四位数。

【点评】约束条件较多的数字问题，按数字元素的性质分类，按事情发生的连续过程分步，做到分类标准明确，分步层次清楚，既不重复也不遗漏。如果数字中含有不能做首位的“0”，更要注意分类和求解的准确性。

第九讲　娱乐活动　概率应用

【例 1】现有 4 个人去参加某娱乐活动，该活动有甲、乙两个游戏可供参加者选择。为增加趣味性，约定：每个人通过掷一枚质地均匀的骰子决定去参加哪个游戏，掷出点数为 1 或 2 的人去参加甲游戏，掷出点数大于 2 的人去参加乙游戏。

（1）求这 4 个人中恰有 2 人去参加甲游戏的概率；

（2）求这 4 个人中去参加甲游戏的人数大于去参加乙游戏的人数的概率；

（3）用 X，Y 分别表示这 4 个人中去参加甲、乙游戏的人数，记 $\xi=|X-Y|$，求随机变量 ξ 的分布列与数学期望 $E(\xi)$。

【解析】依据题意，这 4 个人中，每个人去参加甲游戏的概率为 $\frac{1}{3}$，去参加乙游戏的概率为 $\frac{2}{3}$。

设“这 4 个人恰有 i 人去参加甲游戏”为事件 $A_i(i=0,1,2,3,4)$，则 $P(A_i)=C_4^i(\frac{1}{3})^i(\frac{2}{3})^{4-i}$。

（1）这 4 个人中恰有 2 人去参加甲游戏的概率为 $P(A_2)=C_4^2(\frac{1}{3})^2(\frac{2}{3})^2=\frac{8}{27}$。

（2）设“这 4 个人中去参加甲游戏的人数大于去参加乙游戏的人数”为事件 B，则 $P(B)=P(A_3)+P(A_4)=C_4^3(\frac{1}{3})^3\times\frac{2}{3}+C_4^4(\frac{1}{3})^4=\frac{1}{9}$。

所以，这 4 个人中去参加甲游戏的人数大于去参加乙游戏的人数的概率为 $\frac{1}{9}$。

（3）随机变量 ξ 的所有可能取值为 0，2，4。

由于 A_1 与 A_3 互斥，A_0 与 A_4 互斥，因此 $P(\xi=0)=P(A_2)=\frac{8}{27}$，$P(\xi=2)=P(A_1)+P(A_3)=\frac{40}{81}$，$P(\xi=4)=P(A_0)+P(A_4)=\frac{17}{81}$。

所以，随机变量 ξ 的分布列为

ξ	0	2	4
P	$\frac{8}{27}$	$\frac{40}{81}$	$\frac{17}{81}$

数学期望 $E(\xi)=0\times\frac{8}{27}+2\times\frac{40}{81}+4\times\frac{17}{81}=\frac{148}{81}$。

【点评】本题以参加娱乐活动为背景，考查了互斥事件的概率、事件的相互独立性及随机变量的分布列和数学期望的计算，考查了运用概率知识解决实际问题的能力。

【例 2】学校游园活动有这样一个项目：甲箱子里装 3 个白球，2 个黑球，乙箱子里装 2 个白球，2 个黑球，从这两个箱子里分别摸出 1 个球，如果它们都是白球则获奖。有人认为，两个箱子里装的白球比黑球多，所以获奖的概率大于 0.5。你认为呢？

【解析】从甲箱子里摸出 1 个球与从乙箱子里摸出 1 个球互不影响是相互独立的，运用相互独立事件的概率公式求解判断。

设事件 A_1 表示从甲箱子里摸出白球，事件 A_2 表示从乙箱子里摸出白球。因为从甲箱子里摸球的结果不会影响从乙箱子里摸球的结果，所以 A_1 和 A_2 是相互独立的。

$P(\text{获奖})=P(A_1A_2)=P(A_1)P(A_2)=\frac{3}{5}\times\frac{2}{4}=\frac{3}{10}=0.3$。

尽管两个箱子里装的白球比黑球多，但获奖的概率小于 0.5。原因是除了两个球全为白球外，还有可能两个球全为黑球或两个球中一个为白球另一个为黑球，两个球全为黑球的概率为 $\frac{2}{5}\times\frac{2}{4}=\frac{1}{5}=0.2$，两个球中一个为白球另一个为黑球的概率为 1−0.3−0.2=0.5。由两个箱子里装的白球比黑球多，只能推出摸出的两个球全为白球的概率大于摸出的两个球全为黑球的概率，但这两个事件并不是必然事件，所以不能推出获奖的概率大于 0.5。

【点评】本题考查的是对事件的相互独立性的理解及其概率的求法。运用公式 $P(AB)=P(A)P(B)$ 时，一定注意只有当 A、B 相互独立时，公式才成立。

【变式 1】学校游园活动有这样一个项目：在一个箱子里装有 9 个大小相同的球，其中 5 个是白球，4 个是黑球，从这个箱子不放回地摸球 2 次，每次摸一球。如果第 1 次摸出白球，第 2 次摸出的也是白球则获奖。求获奖的概率。

【解析】求获奖的概率就是在第 1 次摸出白球的条件下，第 2 次也摸出白球的概率。

设事件 A 表示第 1 次从箱子里摸出白球，事件 B 表示第 2 次从箱子里摸出白球，则 $P(A)=\frac{5}{9},P(AB)=\frac{5}{9}\times\frac{4}{8}=\frac{5}{18}$，所以 $P(\text{获奖})=P(B|A)=\frac{P(AB)}{P(A)}=\frac{\frac{5}{18}}{\frac{5}{9}}=\frac{1}{2}=0.5$。

【点评】本题是有条件的摸球获奖问题，属条件概率问题，考查了条件概率公式的应用。在解答条件概率问题时，必须搞清楚是在哪一个事件发生的条件下，哪一个事件发生的概率，从而选择恰当的条件概率公式，分别求出相应事件的概率，进而计算出所求的结果。其中，事件 AB 的概率的求法是指事件 A 和 B 同时发生的概率，应结合题目的条件进行计算。

【变式 2】学校游园活动有这样一个项目：在一个箱子里装有 9 个大小相同的球，其中 5 个是白球，4 个是黑球，从这个箱子有放回地摸球 2 次，每次摸一球。如果 2 次摸出的都是白球则获奖。求获奖的概率。

【解析】有放回地摸球是独立重复试验问题，运用独立重复试验的概率公式求解。

设事件 A 表示 1 次从箱子里摸出白球，则 $P(A)=\frac{5}{9}$。

从箱子里有放回地摸球 2 次，相当于 2 次独立重复试验。2 次摸出的都是白球就是在 2 次独立重复试验中事件 A 发生的次数 $X=2$。

所以，获奖的概率为 $P(X=2)=C_2^2(\frac{5}{9})^2(\frac{4}{9})^0=\frac{25}{81}$。

【点评】独立重复试验的实际原型是有放回地抽样的检验问题。在实际问题中，因为有“放回”时总体的个数不发生改变，各次抽取是相互独立的，所以有放回抽样试验经常就是独立重复试验，可以运用独立重复试验的概率公式求解。在独立重复试验中利用公式 $P(X=k)=C_n^k p^k(1-p)^{1-k}(0<p<1)$ 求概率时，一定要审清题目中的 n、k 是多少；还要注意题中的一些关键词的意义，如“恰有”“至少”等。

【变式 3】口袋里装有大小相同的 4 个红球和 8 个白球，甲、乙两人依规则从袋中有放回地摸球，每次摸出一个，规则如下：①若一方摸出一个红球，则此人继续进行下一次摸球；若一方摸出一个白球，则换成对方进行下一次摸球；②每一次摸球彼此相互独立，并约定由甲开始进行第一次摸球。求在前三次的摸球中：

（1）乙恰好摸到一次红球的概率；

（2）甲至少摸到一次红球的概率；

（3）甲摸到红球的次数 ξ 的分布列。

【解析】记“甲摸球一次摸出红球”为事件 A，“乙摸球一次摸出红球”为事件 B，

则 $P(A)=P(B)=\frac{4}{4+8}=\frac{1}{3},P(\overline{A})=P(\overline{B})=\frac{2}{3}$，且事件 A、B 相互独立。

（1）在前三次摸球中，乙恰好摸到一次红球的概率为

$$P'=P(A\cdot\overline{A}\cdot B)+P(\overline{A}\cdot A\cdot\overline{B})=\frac{1}{3}\times\frac{2}{3}\times\frac{1}{3}+\frac{2}{3}\times\frac{1}{3}\times\frac{2}{3}=\frac{2}{9}$$

（2）因为甲在前三次摸球中，没有摸到红球的概率为

$$P_1 = P(\overline{A}\cdot B)+P(\overline{A}\cdot\overline{B}\cdot\overline{A})=\frac{2}{3}\times\frac{1}{3}+(\frac{2}{3})^3=\frac{14}{27}$$

所以，甲至少摸到一次红球的概率为 $P_2 = 1-P_1 = 1-\frac{14}{27}=\frac{13}{27}$。

（3）根据题意，ξ 的可能取值为 0、1、2、3，

则 $P(\xi=0)=P(\overline{A}\cdot B)+P(\overline{A}\cdot\overline{B}\cdot\overline{A})=\frac{2}{3}\times\frac{1}{3}+(\frac{2}{3})^3=\frac{14}{27}$，

$P(\xi=1)=P(A\cdot\overline{A})+P(\overline{A}\cdot\overline{B}\cdot A)=\frac{1}{3}\times\frac{2}{3}+(\frac{2}{3})^2\times\frac{1}{3}=\frac{10}{27}$，

$P(\xi=2)=P(A\cdot A\cdot\overline{A})=(\frac{1}{3})^2\times\frac{2}{3}=\frac{2}{27}$，

$P(\xi=3)=P(A\cdot A\cdot A)=(\frac{1}{3})^3=\frac{1}{27}$。

故 ξ 的分布列如下：

ξ	0	1	2	3
P	$\frac{14}{27}$	$\frac{10}{27}$	$\frac{2}{27}$	$\frac{1}{27}$

【点评】本题主要考查基本的概率计算、随机变量的分布列。对于基本事件的概率问题，需要理解“恰好”“至多”等词语的数学意义，掌握互斥、独立、对立事件的定义，会把一个复杂事件分解成彼此互斥的事件，或分解成彼此独立的事件，灵活地把求 $P(A)$ 转化成求 $P(\overline{A})$ 。对于随机变量 ξ 的分布列的求解，首先要正确列出 ξ 的分布列，并注意检验 $P_1+P_2+\cdots+P_n=1$。

第二篇　数学变式之实践

第一讲　集合与逻辑

【例 1】（2018 · 全国Ⅲ卷）已知集合 $A=\{x\mid x-1\geqslant 0\}$，$B=\{0,1,2\}$，则 $A\cap B=$（　　）。

A. $\{0\}$　　B. $\{1\}$　　C. $\{1,2\}$　　D. $\{0,1,2\}$

【解析】因为 $A=\{x\mid x-1\geqslant 0\}=\{x|x\geqslant 1\}$，$B=\{0,1,2\}$，所以 $A\cap B=\{1,2\}$，故选 C。

【点评】集合是高中数学中基本的、重要的概念之一，高考强化对集合运算的考查。集合是高考命题的重点，熟练掌握集合的交、并、补运算是解题的关键。

课本原型（人教 A 版必修 1 第 11 页第 1 题）设 $A=\{3,5,6,8\}$，$B=\{4,5,7,8\}$，求 $A\cap B$，$A\cup B$。

【解析】因为 $A=\{3,5,6,8\}$，$B=\{4,5,7,8\}$，所以 $A\cap B=\{5,8\}$，$A\cup B=\{3,4,5,6,7,8\}$。

【点评】对照高考题目和课本题目可以看出，其集合运算背景、考查意图相同，都考查了集合的“交”运算，体现了高考“源于课本”的命题思想。

【变式 1】设全集 $U=\{3,4,5,6,7,8\}$，$A=\{3,5,6,8\}$，$B=\{4,5,7,8\}$，求 $(C_U A)\cap B$，$(C_U A)\cup B$。

【解析】因为 $U=\{3,4,5,6,7,8\}$，$A=\{3,5,6,8\}$，所以 $C_U A=\{4,7\}$。

又 $B=\{4,5,7,8\}$，所以 $(C_U A)\cap B=\{4,7\}$，$(C_U A)\cup B=\{4,5,7,8\}$。

【变式 2】设全集 $U=\{3,4,5,6,7,8\}$，$A=\{3,5,6,8\}$，$B=\{4,5,7,8\}$，则集合 $(C_U A)\cap B$ 中子集的个数共有（　　）。

A. 1 个　　B. 2 个　　C. 3 个　　D. 4 个

【解析】因为 $(C_U A)\cap B=\{4, 7\}$，所以集合 $(C_U A)\cap B$ 中子集的个数为 4，故选 D。

【点评】若集合 A 中有 n（$n\in \mathbf{N}$）个元素，则集合 A 的所有不同的子集个数为 2^n，所有真子集的个数为 2^n-1，所有非空真子集的个数为 2^n-2。

【变式 3】设全集 $U=\{3, 4, 5, 6, 7, 8\}$，$A=\{3, 5, 6, 8\}$，$B=\{4, 5, 7, 8\}$，则下图中阴影部分表示的集合是______。

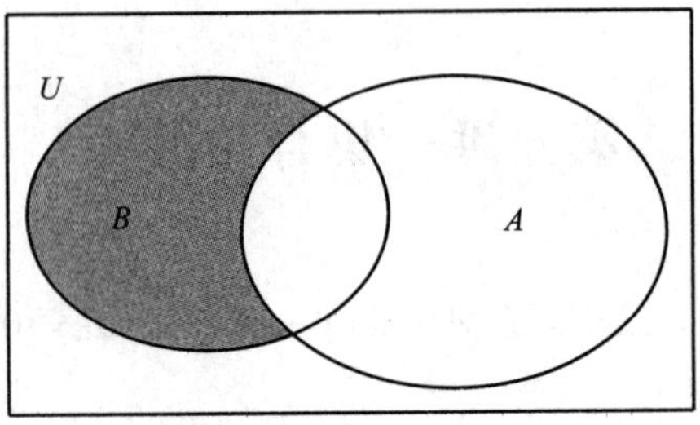

【点评】图中阴影部分表示的集合是 $(C_U A)\cap B=\{4, 7\}$。

【变式 4】设全集 $U=\{3, 4, 5, 6, 7, 8\}$，$A=\{3, 5, 6, 8\}$，求满足 $A\cap(C_U B)=\{3, 6\}$ 的所有集合 B 的个数。

【解析】要确定所有的集合 B 的个数，即确定集合 $C_U B$ 的个数，而 $C_U B$ 的个数由 $C_U B$ 中的元素确定，故应对 $C_U B$ 可能的情形进行讨论。

因为 $U=\{3, 4, 5, 6, 7, 8\}$，$A=\{3, 5, 6, 8\}$，且 $A\cap(C_U B)=\{3, 6\}$，所以 $C_U B$ 元素的个数有以下三种情况：

（1）$C_U B$ 中有两个元素，即 $\{3, 6\}$。

（2）$C_U B$ 中有三个元素，除 3，6 外，还有 4 或 7，这样的集合有 2 个。

（3）$C_U B$ 中有四个元素，即 $C_U B=\{3, 4, 6, 7\}$。

综上可知，满足 $A\cap(C_U B)=\{3, 6\}$ 的所有集合 B 的个数有 1+2+1=4 个。

【点评】分类讨论的数学思想在集合解题中贯穿始终，并且是学生解题容易忽略而出现错误的地方，应引起高度注意。

【感悟】高考对集合的考查以集合的基本运算为主，在试题的设问方式上，通常涉及集合运算的正反两个侧面：一是给出确定的集合，进行集合的交、并、补集运算；二是给出含有参数的集合以及集合间运算满足的某种关系，求相应参数的值或取值范围。

对于交集概念的掌握要注意以下三个方面：①交集仍是一个集合；②交集中的元素都是两个集合的“公共元素”，即若 $x \in A \cap B$，一定有 $x \in A$ 且 $x \in B$。

对于并集的理解应注意一点，即若 $x \in A \cup B$，则有三种可能：① $x \in A$ 但 $x \notin B$；② $X \notin A$ 但 $x \in B$；③ $x \in A$ 且 $x \in B$。

补集与集合 A 的区别：两者没有相同的元素，两者的所有元素合在一起，就是全集。

掌握两个结论：①若 $A \cap B=A$，则 $A \subseteq B$，反之也成立；②若 $A \cup B=B$，则 $A \subseteq B$，反之也成立。应用这两个结论时一定不要忘记集合 $A=\varnothing$ 这一特例。

【例 2】（2009 · 陕西卷）某班有 36 名同学参加数学、物理、化学课外探究小组，每名同学至多参加两个小组，已知参加数学、物理、化学小组的人数分别为 26 人、15 人、13 人，同时参加数学和物理小组的有 6 人，同时参加物理和化学小组的有 4 人，则同时参加数学和化学小组的有______人。

【解析】设参加数学小组的同学组成的集合为集合 A，参加物理小组的同学组成的集合为集合 B，参加化学小组的同学组成的集合为集合 C，则同时参加数学和物理小组的同学组成的集合为集合 $A \cap B$，同时参加物理和化学小组的同学组成的集合为集合 $B \cap C$，同时参加数学和化学小组的同学组成的集合为集合 $A \cap C$。

设同时参加数学和化学小组的有 x 人，构造 Venn 图如下图所示，由图易知 $26+15+13-6-4-x=36$，解得 $x=8$。

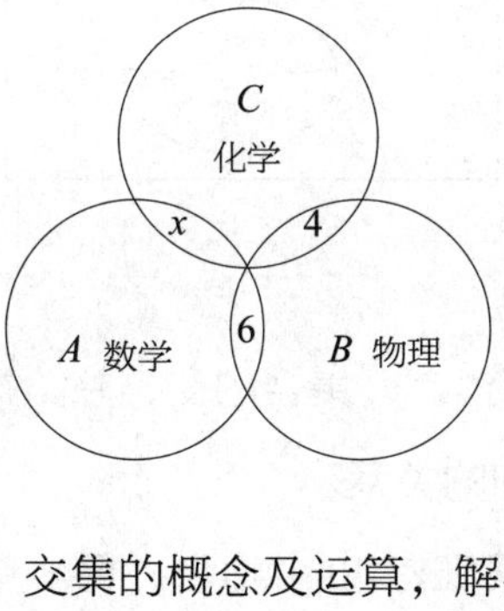

【点评】本题考查集合的并集、交集的概念及运算，解决本题的关键是理解并集、交集的概念并转换为图形语言求解。

课本原型（人教版 A 版必修 1 第 12 页第 8 题）：学校里开运动会，设 $A=\{x|x$ 是参加一百米跑的同学$\}$，$B=\{x|x$ 是参加二百米跑的同学$\}$，$C=\{x|x$ 是参加四百米跑的同学$\}$，学校规定，每个参加上述比赛的同学最多只能参加两项，请你用集合的运算说明这项规定，并解释以下集合运算的含义：

（1）$A \cup B$；（2）$A \cap C$。

【解析】用集合语言表示“学校规定，每个参加上述比赛的同学最多只能参加两项”即 $(A\cap B)\cap C=\varnothing$。

（1）$A\cup B=\{x|x$ 是参加一百米跑或参加二百米跑的同学$\}$；

（2）$A\cap C=\{x|x$ 是既参加一百米跑又参加二百米跑的同学$\}$。

【点评】在集合中，数学语言的常见形式主要有三种。①自然语言：通过日常文字描述集合问题中的数学对象；②符号语言：利用约定的数学符号表示集合问题中的数学对象；③图形语言：用图形表示集合问题中的数学对象。对于许多集合问题，若能熟练掌握和灵活运用这三种数学语言，会给解题带来很大的方便。本题就体现了文字语言和符号语言的相互转换。

【变式1】学校里开运动会，设 $A=\{x|x$ 是参加一百米跑的同学$\}$，$B=\{x|x$ 是参加二百米跑的同学$\}$，$C=\{x|x$ 是参加四百米跑的同学$\}$，学校规定，每个参加上述比赛的同学可以参加其中的一项或两项，也可以三项都参加。那么，同时参加一百米跑和二百米跑但没有参加四百米跑的同学的集合表示为（　　）。

A. $(A\cup B)\cap(C_UC)$　　B. $(A\cap B)\cap C$

C. $C_U(A\cap B)\cap C$　　D. $(A\cap B)\cap(C_UC)$

【解析】画出 Venn 图，如下图所示。

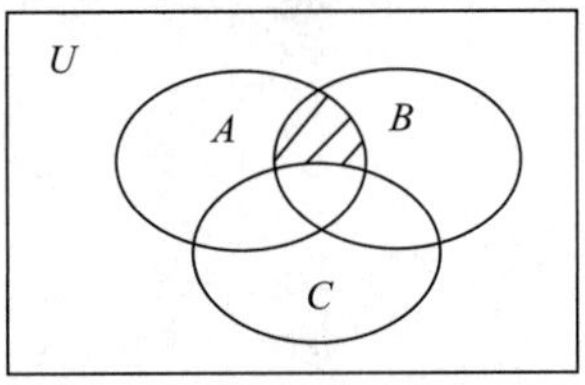

从图可以看出，选 D。

【点评】Venn 图是集合的图形语言，集合的交、并、补的运算均可以用 Venn 图表示。通过 Venn 图可清晰地反映各集合之间的关系。

【变式2】学校里开运动会，某班有 40 名学生，报名参加一百米跑的有 25 人，报名参加二百米跑的有 22 人，既参加一百米跑又参加二百米跑的学生有 10 人，既不参加一百米跑又不参加二百米跑的学生有多少人？

【解析】设全班 40 名学生组成的集合为全集 U，报名参加一百米跑的学生组成的集合为集合 A，报名参加二百米跑的学生组成的集合为集合 B，则既参加一百米跑又参加二百米跑的学生组成的集合为集合 $A\cap B$，既不参加一百米跑又不参加二百米跑的学生组成的集合为集合 $(C_UA)\cap(C_UB)$。

构造 Venn 图，如下图所示，由图易知 $(C_UA)\cap(C_UB)$ 的元素个数为 40−15−10−12=3。

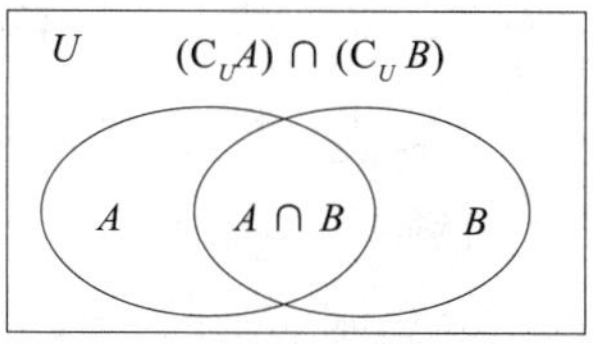

故既不参加一百米跑又不参加二百米跑的学生有 3 人。

【点评】本题先将自然语言转换成符号语言，再将符号语言转换成图形语言，最后将图形语言转换成文字语言。数学语言间的多次转换使问题明朗化和简单化。

【变式 3】学校里开运动会，某班有 40 名学生报名参加一百米跑和二百米跑两项比赛，参加一百米跑的有 25 人，参加二百米跑的有 22 人，且一百米跑和二百米跑都不参加的学生比一百米跑和二百米跑都参加的学生的三分之一多 3 人，求只参加一百米跑，没有参加二百米跑的学生有多少人？

【解析】设一百米跑和二百米跑都参加的学生有 x 人，都不参加的学生有 y 人，如下图所示，则 $\begin{cases}25-x+x+22-x+y=40\\ y=\dfrac{1}{3}x+3\end{cases}$，解得 x=15。故只参加一百米跑，没有参加二百米跑的学生有 25−15=10 人。

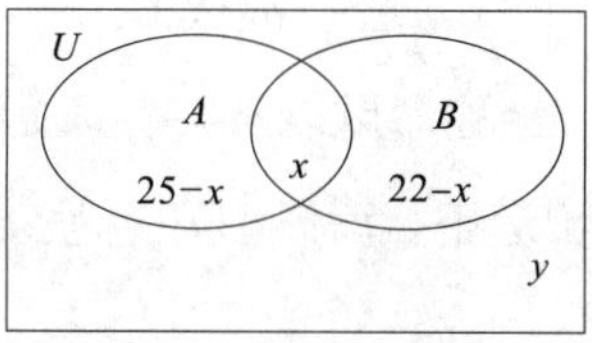

【点评】本题是一个较为复杂的实际问题，直接找关系不方便，将它看成一个集合问题，然后借助 Venn 图轻松求解。

【变式 4】学校里开运动会，某班有 17 名学生每人至少参加了一百米跑、二百米跑、四百米跑这三个项目中的一项。其中，参加一百米跑的有 11 人，参加二百米跑的有 7 人，参加四百米跑的有 9 人；参加一百米跑和二百米跑的有 4 人，参加二百米和四百米跑的有 3 人，参加四百米和一百米跑的有 5 人。求三个项目都参加的人数。

【解析】设三个项目都参加的有 x 人，如下图所示，则有 $(2+x)+(4-x)+x+(5-x)+x+(3-x)+(1+x)=17$，解得 x=2。所以，三个项目都参加的有 2 人。

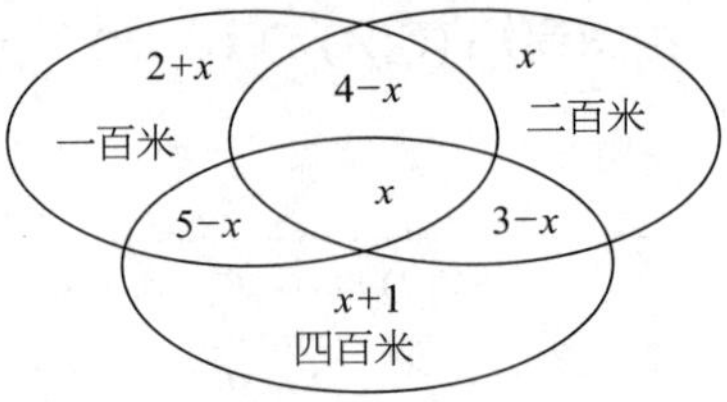

【点评】采用 Venn 图求解，直观、清晰，不易出错。

【感悟】Venn 图是用来研究集合关系问题的重要工具，不仅能帮助我们深刻理解集合的性质、运算及相互关系，也可使许多集合问题得到直观、简明、快捷的解决。在解决集合运算的综合性问题时，不仅要熟练掌握有关定义，还要灵活运用集合的性质解题，同时要掌握 Venn 图的应用。掌握下图中的四个区域的意义：①表示的是 $A\cap(C_U B)$ ；②表示的是 $A\cap B$，③表示的是 $B\cap(C_U A)$ ；④表示的是 $C_U(A\cup B)$ 。

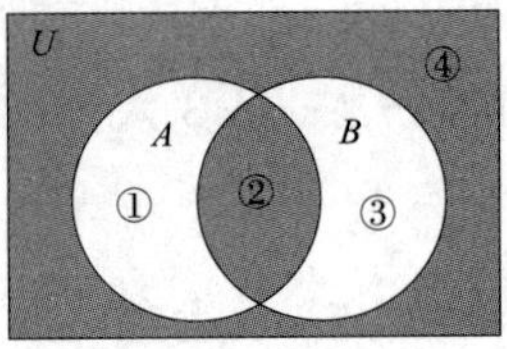

【例 3】下列命题中的假命题是（　　）。

A. $\forall x\in \mathbf{R}$，$2^{x-1}>0$　　B. $\forall x\in \mathrm{N}^*$，$(x-1)^2>0$

C. $\exists x\in \mathbf{R}$，$\lg x<1$　　D. $\exists x\in \mathbf{R}$，$\tan x=2$

【解析】选项 B，当 $x=1$ 时，结论不成立，故选 B。

【点评】全称量词、存在量词、全称命题以及特称命题这一部分内容往往能和其他的知识联系起来，通过对两种量词的理解和运用，可以很好地考查学生的能力。

【变式 1】判断下列命题的真假：

（1）任意一元二次方程都有实数解；

（2）$\forall x\in \mathbf{Z}$，$\log_2 x>0$；

（3）至少有一个 $x\in \mathbf{Z}$，使 x 能被 2 和 5 整除；

（4）$\exists x\in\{x|x$ 是无理数$\}$，使 x^2 也是无理数。

【解析】（1）假命题，如 $x^2+x+1=0$；（2）假命题，如 $x=1$ 时，$\log_2 1=0$；（3）真命题；（4）真命题。

【变式 2】下列命题中，假命题有（　　）。

（1）$\exists\alpha$、$\beta\in \mathbf{R}$，使 $\sin(\alpha-\beta)=\sin\alpha-\sin\beta$；

（2）$\forall a$、$b\in \mathbf{R}$，方程 $ax+b=0$ 恰有一解；

（3）$\forall x、y\in\mathbf{R}$，$\dfrac{x+y}{2}\geqslant\sqrt{xy}$。

A. 0 个　　B. 1 个　　C. 2 个　　D. 3 个

【解析】（2）（3）为假，在（2）中，若 $a=0$，$b=0$ 时，有无数个解；在（3）中，x、y 均为负数时，不等式不成立，选 C。

【变式 3】（2009 年高考宁夏海南卷理 5）有四个关于三角函数的命题：

p_1：$\exists x\in\mathbf{R}$，$\sin^2\dfrac{x}{2}+\cos^2\dfrac{x}{2}=\dfrac{1}{2}$；$p_2$：$\exists x、y\in\mathbf{R}$，$\sin(x-y)=\sin x-\sin y$；

p_3：$\forall x\in[0,\pi]$，$\sqrt{\dfrac{1-\cos 2x}{2}}=\sin x$；$p_4$：$\sin x=\cos y\Rightarrow x+y=\dfrac{\pi}{2}$。

其中的假命题是（　　）。

A. p_1，p_4　　B. p_2，p_4　　C. p_1，p_3　　D. p_2，p_3

【解析】因为 $\sin^2\dfrac{x}{2}+\cos^2\dfrac{x}{2}=1$ 恒成立，所以 p_1 是假命题；当 $y=0$ 时，$\sin(x-y)=\sin x-\sin y$，所以 p_2 是真命题；因为 $\forall x\in[0,\pi]$，$\sin x\geqslant 0$，所以 $\sqrt{\dfrac{1-\cos 2x}{2}}=\sqrt{\sin^2 x}=\sin x$，所以 p_3 是真命题；由 $\sin x=\cos y\Rightarrow x+y=\dfrac{\pi}{2}+2k\pi, k\in\mathbf{Z}$，所以 p_4 是假命题，故选 A。

【感悟】（1）要判断全称命题“$\forall x\in M$，$P(x)$”是真命题，必须对集合 M 中每一个元素 x 验证 $P(x)$ 成立；判断全称命题为假命题，只要举出一个反例即可，即在集合 M 中找到一个元素 x，使 $P(x)$ 不成立。

（2）要判断特称命题“$\exists x\in M$，$P(x)$”为真命题，只需在集合 M 中找到一个 x，使 $P(x)$ 成立；要判断特称命题为假命题，就要验证集合 M 中的每个元素都不能满足 $P(x)$，即在集合 M 中，使 $P(x)$ 成立的元素 x 不存在。

【例 4】写出命题“$\exists x_0\in\mathbf{R}$，$x_0^2-x_0+1\leqslant 0$”的否定。

【解析】命题“$\exists x_0\in\mathbf{R}$，$x_0^2-x_0+1\leqslant 0$”的否定是 $\forall x\in\mathbf{R}$，$x^2-x+1>0$。

【点评】对含有存在量词（∃）的命题（特称命题）进行否定需两步操作：其一，将存在量词（∃）改写成全称量词（∀）；其二，对命题的结论 $P(x_0)$ 加以否定。

【变式 1】写出命题“$\forall x\in\mathbf{R}$，$x^2-x+1>0$”的否定。

【解析】命题“$\forall x\in\mathbf{R}$，$x^2-x+1>0$”的否定是 $\exists x_0\in\mathbf{R}$，$x_0^2-x_0+1\leqslant 0$。

【点评】对含有全称量词（∀）的命题（全称命题）进行否定也需两步操作：其一，将全称量词（∀）改写成存在量词（∃）；其二，对命题的结论 $P(x)$ 加以否定。

【变式 2】写出命题“$\forall x\in\mathbf{R}$，$\dfrac{1}{x^2-x+1}>0$”的否定。

【解析】命题“$\forall x\in\mathbf{R}$，$\dfrac{1}{x^2-x+1}>0$”的否定是：$\exists x_0\in\mathbf{R}$，$\dfrac{1}{x_0{}^2-x_0+1}<0$，或 $x_0{}^2-x_0+1=0$，即 $\exists x_0\in\mathbf{R}$，$x_0{}^2-x_0+1\leqslant 0$。

【点评】对 $\dfrac{1}{x^2-x+1}>0$ 的否定应是 $\dfrac{1}{x^2-x+1}<0$，或 $x^2-x+1=0$，抑或 $x^2-x+1\leqslant 0$，而不能写成 $\dfrac{1}{x^2-x+1}\leqslant 0$。因此，对语句 $P(x)$ 的否定应从问题表达的本质内涵入手。

【变式 3】已知命题“$\exists x_0\in\mathbf{R}$，$x_0{}^2-ax_0+1\leqslant 0$”为假命题，求实数 a 的取值范围。

【解析】由命题“$\exists x_0\in\mathbf{R}$，$x^2{}_0-ax_0+1\leqslant 0$”为假命题，可知命题“$\forall x\in\mathbf{R}$，$x^2-ax+1>0$”必为真命题，即不等式 $x^2-ax+1>0$ 对任意实数 x 恒成立。

设 $f(x)=x^2-ax+1$，则其图像恒在 x 轴的上方，故 $\Delta=a^2-4<0$，解得 $-2<a<2$。

故实数 a 的取值范围为 $(-2, 2)$。

【点评】解决此类问题常常利用命题 p 与 ¬ p 的真假相反进行转化。

【变式 4】已知 $a>0$，设命题 p：函数 $y=a^x$ 在 $\mathbf{R}$ 上递减；命题 q：$\forall x\in\mathbf{R}$，$x^2-ax+1>0$。若“p ∨ q”为真，“p ∧ q”为假，求实数 a 的取值范围。

【解析】当命题 p：函数 $y=a^x$ 在 $\mathbf{R}$ 上递减为真命题时，$0<a<1$。

当命题 q：$\forall x\in\mathbf{R}$，$x^2-ax+1>0$ 为真命题时，$\Delta=a^2-4<0$，即 $-2<a<2$。

因为 p ∨ q 为真，$p\wedge q$ 为假，所以 p 真而 q 假或 p 假而 q 真。

若 p 真 q 假，则 $\begin{cases}0<a<1\\ a\leqslant -2\text{或}a\geqslant 2\end{cases}$，此时 $a\in\varnothing$；

若 p 假 q 真，则 $\begin{cases}a\leqslant 0\text{或}a\geqslant 1\\ -2<a<2\end{cases}$，解得 $-2<a\leqslant 0$ 或 $1\leqslant a<2$。

又 $a>0$，故实数 a 的取值范围为 $[1, 2)$。

【点评】由“或”联结而成的命题的真假规则是“一真必真”；由“且”联结的命题的真假规则是“一假必假”。变式 4 也是一个逆向问题，其形式新颖、灵活性大，是高考考查常用逻辑用语知识的热点题型，应引起学生的注意和重视。

【感悟】对于含有一个量词的命题的否定，首先要确定这个命题是全称命题还是特称命题，也就是找出命题中的量词，然后从对量词的否定入手，写出命题的否定。一般情况下，全称量词的否定是存在量词，存在量词的否定是全称量词；相应地，全称命题的否定是特称命题，特称命题的否定是全称命题。

第二讲　函数与导数

【例 1】函数$y=\dfrac{\sqrt{x+1}}{x}$的定义域为______。

【解析】要使函数有意义，则$\begin{cases}x+1\geqslant 0\\x\neq 0\end{cases}$，解得$x\geqslant -1$，且$x\neq 0$。

所以函数$y=\dfrac{\sqrt{x+1}}{x}$的定义域为$\{x\,|\,x\geqslant -1，且x\neq 0\}$。

【点评】函数的定义域是指使函数解析式有意义的自变量的取值范围。求函数的定义域时，列出使函数解析式有意义的不等式(组)，然后再解之，最后写成集合(或区间)的形式。其基本的书写格式是“要使函数有意义，则必须满足……故所求函数的定义域是……”。

课本原型（人教版 A 版必修 1 第 24 页第 1 题）：求函数$f(x)=\dfrac{\sqrt{4-x}}{x-1}$的定义域。

【解析】要使函数有意义，则$\begin{cases}4-x\geqslant 0\\x-1\neq 0\end{cases}$，解得$x\leqslant 4$，且$x\neq 1$。

所以函数$f(x)=\dfrac{\sqrt{4-x}}{x-1}$的定义域为$\{x\,|\,x\leqslant 4，且x\neq 1\}$。

【点评】上述高考题与该题如出一辙，体现了高考“源于课本”的命题思想。两题中的函数涉及的都是分式和二次根式，函数的定义域是使分母不等于零的自变量的集合与被开方数非负的自变量的集合的交集。

【变式 1】求函数$f(x)=\sqrt{4-x}+\dfrac{1}{x-1}$的定义域。

【点评】这一变式的求解过程与原题一致，其形式就是课本第 17 页例 1 的翻版。

【变式 2】求函数$f(x)=\sqrt{4-x}+(x-1)^0$的定义域。

【点评】该变式涉及零指数幂，其底数是不能为 0 的，所以求解过程也与原题一致。

【变式 3】求函数$f(x)=\dfrac{1}{\sqrt{4-x}}+\dfrac{1}{x-1}$的定义域。

【解析】要使函数有意义，则$\begin{cases}4-x>0\\x-1\neq 0\end{cases}$，解得$x<4$，且$x\neq 1$。

所以函数$f(x)=\dfrac{1}{\sqrt{4-x}}+\dfrac{1}{x-1}$的定义域为$\{x\mid x<4，且x\neq 1\}$。

【点评】由于该变式的函数中二次根式出现在分母中，所以要注意求解时与变式1的差异。

【变式4】已知函数$f(x)=\dfrac{\sqrt{4-x}}{x-1}$，求函数$y=f(x+2)$的定义域。

【解析】我们知道，$f(x)$的定义域是自变量x的取值范围，而$f(x+2)$中的x与$f(x)$中的x不是同一个值，当$x+2$作为一个整体时，如令$t=x+2$，则$f(x+2)$变为$f(t)$，则t的取值范围就是$f(x)$中的x的取值范围。

由原题知，函数$f(x)=\dfrac{\sqrt{4-x}}{x-1}$的定义域为$\{x\mid x\leqslant 4，且x\neq 1\}$。

所以要使函数$y=f(x+2)$有意义，则$\begin{cases}x+2\leqslant 4\\x+2\neq 1\end{cases}$，解得$x\leqslant 2$，且$x\neq -1$。

所以函数$y=f(x+2)$的定义域为$\{x\mid x\leqslant 2，且x\neq -1\}$。

【点评】本题是“已知$f(x)$的定义域，求复合函数$f[g(x)]$的定义域”的问题。这类题的一般解法是若$f(x)$的定义域为D，则$f[g(x)]$的定义域是使$g(x)\in D$有意义的x的集合。

【变式5】已知函数$f(x+2)=\dfrac{\sqrt{4-x}}{x-1}$，求函数$y=f(x)$的定义域。

【解析】若令$u=x+2$，则$f(x+2)$变为$f(u)$，求$y=f(x)$的定义域也就是求$f(u)$中u的取值范围。

易求得$f(x+2)=\dfrac{\sqrt{4-x}}{x-1}$的定义域为$\{x\mid x\leqslant 4，且x\neq 1\}$。

所以$x+2\leqslant 6$，$x+2\neq 3$。

所以函数$y=f(x)$的定义域为$\{x\mid x\leqslant 6，且x\neq 3\}$。

【点评】本题是“已知复合函数$f[g(x)]$的定义域，求$f(x)$的定义域”问题。这类题的一般解法是若$f[g(x)]$的定义域为D，则$g(x)$在D上的取值范围即$f(x)$的定义域。

【感悟】求函数的定义域，应遵循以下原则：①如果$f(x)$是整式，那么函数的定义域是实数集**R**；②如果$f(x)$是分式，那么函数的定义域是使分母不等于零的实数的集合；③如果$f(x)$为偶次根式，那么函数的定义域是使根号内的式子大于或等于0的实数的集合；④零指数幂的底数不能为零；⑤若$f(x)$是由几部分数学式构成的，则函数的定义域是使各部分式子都有意义的实数集合；⑥对于求复合函数定义域问题，一般步骤是，若已知 $f(x)$ 的定义域为 $[a, b]$，其复合函数 $f[g(x)]$ 的定义域应由不等式 $a \leqslant g(x) \leqslant b$ 解出；⑦由实际问题确定的函数，其定义域除使函数有意义外，还要符合问题的实际意义。

【例 2】已知函数 $f(x)$ 为奇函数，且当 $x>0$ 时，$f(x)=x^2+\frac{1}{x}$，则 $f(-1)=$（　　）。

A. 2　　B. 1　　C. 0　　D. −2

【解析】因为函数 $f(x)$ 为奇函数，且当 $x>0$ 时，$f(x)=x^2+\frac{1}{x}$，所以 $f(-1)=-f(1)=-1-1=-2$，故选 D。

【点评】本题重点考查了利用奇函数的概念和函数奇偶性求函数值，考查了学生灵活利用知识解题的能力。需要注意的是，在求 $f(x)$ 的解析式时，符号易弄反。

【变式 1】已知函数 $f(x)$ 为偶函数，且当 $x>0$ 时，$f(x)=x^2+\frac{1}{x}$，则 $f(-1)=$（　　）。

A. 2　　B. 1　　C. 0　　D. −2

【解析】本题将例 2 中的条件“奇函数”换成了“偶函数”。

因为函数 $f(x)$ 为偶函数，且当 $x>0$ 时，$f(x)=x^2+\frac{1}{x}$，所以 $f(-1)=f(1)=1+1=2$，故选 A。

【变式 2】已知函数 $f(x)$ 是定义在 $\mathbf{R}$ 上的奇函数，且当 $x>0$ 时，$f(x)=x^2+\frac{1}{x}$，则函数的解析式为__________。

【解析】本题将例 2 中的求值变为求函数的解析式。

因为函数 $f(x)$ 是定义在 $\mathbf{R}$ 上的奇函数，所以 $f(-x)=-f(x)$，$f(0)=0$。

设 $x<0$，则 $f(-x)=(-x)^2+(-\frac{1}{x})=x^2-\frac{1}{x}$，因为 $f(x)$ 是奇函数，

所以 $f(x)=-f(-x)=-(-x)^2-(-\frac{1}{x})=-x^2+\frac{1}{x}$，

得出函数的解析式为 $f(x)=\begin{cases} x^2+\frac{1}{x}, & x>0 \\ 0, & x=0 \\ -x^2+\frac{1}{x}, & x<0 \end{cases}$。

【变式 3】函数$f(x)=x^2+\frac{1}{x}$是（　　）。

A. 奇函数　　B. 偶函数　　C. 既奇又偶函数　　D. 非奇非偶函数

【解析】例 2 在“奇函数”的条件下的函数是分段函数（变式 2），本题是判断例题中函数式的奇偶性。要注意首先判断函数的定义域是否是关于原点对称的区间。

函数$f(x)=x^2+\frac{1}{x}$的定义域为$(-\infty,0)\cup(0,+\infty)$。

$f(-x)=(-x)^2+\frac{1}{-x}=x^2-\frac{1}{x}$，所以$f(-x)\neq -f(x)$，$f(-x)\neq f(x)$。

所以函数$f(x)=x^2+\frac{1}{x}$既不是奇函数也不是偶函数，故选 D。

【变式 4】函数$f(x)=\frac{1}{2}x^2+\frac{1}{x}$的单调递减区间是（　　）。

A. $(-\infty，0)$　　B. $(0，1)$　　C. $(-\infty，0),(0，1)$　　D. $(1，+\infty)$

【解析】本题将例 2 中的函数式稍做改变求单调区间。要注意首先确定函数的定义域。

函数$f(x)=\frac{1}{2}x^2+\frac{1}{x}$的定义域为$(-\infty，0)\cup(0，+\infty)$。

$f'(x)=x-\frac{1}{x^2}$，令$f'(x)<0$得$x-\frac{1}{x^2}=\frac{x^3-1}{x^2}=\frac{(x-1)(x^2+x+1)}{x^2}=\frac{(x-1)[(x+\frac{1}{2})^2+\frac{3}{4}]}{x^2}<0$，解得$x<1$，且$x\neq 0$。所以函数$f(x)=\frac{1}{2}x^2+\frac{1}{x}$的单调递减区间是$(-\infty，0)$，$(0，1)$，故选 C。

【变式 5】已知函数$f(x)=x^2+\frac{a}{x}(x\neq 0，a\in\mathbf{R})$。

（1）判断函数$f(x)$的奇偶性；（2）若$f(x)$在$[2，+\infty)$上为增函数，求实数 a 的取值范围。

【解析】本题将例题中的函数的解析式引入参数，并与函数的单调性相结合。

（1）当 a=0 时，$f(x)=x^2$为偶函数；

当$a\neq 0$时，$f(x)$既不是奇函数也不是偶函数。

$f'(x)=2x-\frac{a}{x^2}$，令$f'(x)>0$，即$2x-\frac{a}{x^2}>0$，所以$a<2x^3$。

要使$f(x)$在$[2，+\infty)$上为增函数，只需$a\leqslant(2x^3)_{\min}=16$。

所以实数 a 的取值范围为 $(-\infty，16]$。

【感悟】（1）利用函数奇偶性确定函数的解析式的本质是已知函数在一段区间上的解析式，然后利用奇偶性求另一段区间上的解析式。这样求出来的函数往往是一个分段函数，不要写成两个函数。

（2）单调性和奇偶性是函数的两个重要的基本性质，两者之间有如下密切关系：奇函数在关于原点对称的区间上具有相同的单调性；偶函数在关于原点对称的区间上具有相反的单调性。巧妙运用这一关系，可以解决很多函数综合问题，特别是抽象函数（没有给出函数解析式的函数）问题。

【例 3】(人教版 A 版必修 1 第 57 页例 7) 比较下列各题中两个值的大小：

（1）$1.7^{2.5}$，1.7^{3}；（2）$0.8^{-0.1}$，$0.8^{-0.2}$；（3）$1.7^{0.3}$，$0.9^{3.1}$。

【解析】（1）（2）每题中两个指数式的底数相同，所以直接利用指数函数的单调性比较大小；而（3）题中的两个指数式的底数不同，不能直接利用指数函数的单调性比较大小，所以借助中间值 1 进行比较，答案见课本。

【点评】比较两个函数值的大小问题是一类重要题型，运用单调性比较大小是基本的方法。

【变式 1】比较两个值 $(1-2b)^{2.5}$，$(1-2b)^{3}$ $(b<\frac{1}{2}$，且 $b\neq 0)$ 的大小。

【解析】讨论底数的范围后，利用指数函数的单调性比较大小。

（1）当 $1-2b>1$，即 $b<0$ 时，因为 $y=(1-2b)^{x}$ 为增函数，所以 $(1-2b)^{2.5}<(1-2b)^{3}$。

（2）当 $0<1-2b<1$，即 $0<b<\frac{1}{2}$ 时，因为 $y=(1-2b)^{x}$ 为减函数，所以 $(1-2b)^{2.5}>(1-2b)^{3}$。

【点评】指数函数的单调性是学习和应用的重点，要特别注意底数 a 的取值范围对函数图像及单调性的影响。若底数 a 不确定，在应用单调性时，一定要分类讨论。

【变式 2】已知下列不等式成立，比较 m，n 的大小。

（1）$1.7^{m}<1.7^{n}$；（2）$0.8^{m}<0.8^{n}$。

【解析】观察所给的不等式，不难看出都属于指数不等式且底数固定，因此只要清楚指数函数 $y=1.7^{x}$ 或 $y=0.8^{x}$ 的单调性，问题即可迎刃而解。

（1）因为指数函数 $y=1.7^{x}$ 在定义域 $(-\infty，+\infty)$ 内是单调增函数，且 $1.7^{m}<1.7^{n}$，所以 $m<n$。

（2）因为指数函数 $y=0.8^x$ 在定义域 $(-\infty，+\infty)$ 内是单调减函数，且 $0.8^m<0.8^n$，所以 $m>n$。

【点评】这类问题是指数函数单调性的逆向应用问题。

【变式 3】已知不等式 $a^m<a^n$ $(a>0$，且 $a\neq 1)$ 成立，比较 m，n 的大小。

【解析】观察所给的不等式，不难看出所给定的指数不等式的底数是字母常数，但并不清楚底数 a 是大于 1 还是小于 1，因此不能断定指数函数 $y=a^x$ 的单调性，故需讨论求解。

（1）当 $a>1$ 时，指数函数 $y=a^x$ 在定义域 $(-\infty，+\infty)$ 内是单调增函数，且 $a^m<a^n$，所以 $m<n$。

（2）当 $0<a<1$ 时，指数函数 $y=a^x$ 在定义域 $(-\infty，+\infty)$ 内是单调减函数，且 $a^m<a^n$，所以 $m>n$。

综上所述，当 $a>1$ 时，$m<n$；当 $0<a<1$ 时，$m>n$。

【点评】本题是在讨论底数范围的基础上比较大小的。

【变式 4】若 $a^{2.5}<a^3$，则 a 的取值范围是______。

【解析】观察所给的不等式，不难看出可以根据指数不等式确定底数范围，因此只要与指数函数 $y=a^x$ 的单调性对上号，那么问题即可迎刃而解。

因为 2.5<3，且 $a^{2.5}<a^3$，这与指数函数 $y=a^x$（$a>1$）在定义域 $(-\infty，+\infty)$ 内是单调递增函数恰好一致，所以 $a>1$。

故 a 的取值范围是 $(1，+\infty)$。

【点评】准确应用指数函数的单调性是确定字母范围的关键。

【感悟】对于底数相同的指数式，可以直接利用指数函数的单调性比较大小；对于底数不同的指数式，常通过指数的运算转化为同底，再利用指数函数的单调性比较大小，或选取适当的中间值（如 0，1 等）与两数分别比较，利用传递性达到目的。

【例 4】$\lg\sqrt{5}+\lg\sqrt{20}$ 的值是______。

【解析】借助对数的运算性质 $\log_a M+\log_a N=\log_a(MN)(a>0，a\neq 1，M>0，N>0)$ 和基本性质 $\log_a a=1$ 求解。

$\lg\sqrt{5}+\lg\sqrt{20}=\lg\sqrt{100}=\lg 10=1$。

【点评】本题考查了对数的运算。在解答有关对数的运算问题时，要注意正确应用对数的积、商、幂的运算法则；在研究有关对数问题时，要特别注意真数大于零这一性质。

【变式 1】计算：$\lg(\sqrt{5})^4+\dfrac{2}{3}\lg 8+4\lg\sqrt{5}\cdot\lg\sqrt{20}+(\lg 2)^2$。

【解析】充分利用对数的运算性质，对各式进行变形、化简及求值。

$$\lg(\sqrt{5})^4+\frac{2}{3}\lg 8+4\lg\sqrt{5}\cdot\lg\sqrt{20}+(\lg 2)^2$$

$$=\lg(5^{\frac{1}{2}})^4+\frac{2}{3}\lg 2^3+4\lg 5^{\frac{1}{2}}\cdot\lg 20^{\frac{1}{2}}+(\lg 2)^2=2\lg 5+2\lg 2+\lg 5(1+\lg 2)+(\lg 2)^2$$
$$=2(\lg 5+\lg 2)+\lg 5+\lg 5\cdot\lg 2+(\lg 2)^2=2\lg 10+\lg 5+\lg 2(\lg 5+\lg 2)$$
$$=2+\lg 5+\lg 2=2+\lg 10=2+1=3$$

【点评】(1)对于同底数的对数的化简、计算，常用方法有三种：①“收”，将同底数的两对数的和（差）转化成积（商）的对数；②“拆”，将积（商）的对数拆成对数的和（差）。

(2)在运用对数的运算性质时，注意保证每个对数式都有意义。另外，对数的运算性质是可逆的，注意公式的逆用在解题中的作用。

(3) $\lg 5+\lg 2=1$ 及其变形在对数计算中常用。

【变式 2】已知 $\lg\sqrt{5}=m$，$\lg\sqrt{20}=n$，求 10^{2m+n} 的值。

【解析】首先将已知对数式转化为指数式，然后利用幂的运算法则求解。

由 $\lg\sqrt{5}=m$，$\lg\sqrt{20}=n$，得 $10^m=\sqrt{5}$，$10^n=\sqrt{20}$。

所以 $10^{2m+n}=10^{2m}\cdot 10^n=(10^m)^2\cdot 10^n=(\sqrt{5})^2\cdot\sqrt{20}=10\sqrt{5}$。

【点评】指数式与对数式是同一关系的两种不同表现形式。对数可以看作指数运算的逆运算，是从已知幂中求指数的问题。本题运用了指数与对数的互化、对数的运算法则以及换底公式等知识，较好地考查了学生的运算能力和数据处理能力。

【变式 3】求 $\log_2\sqrt{5}\cdot\log_5 4-\log_3\sqrt{20}\cdot\lg 9$ 的值。

【解析】运用对数换底公式和对数的运算性质求解。

$$\log_2\sqrt{5}\cdot\log_5 4-\log_3\sqrt{20}\cdot\lg 9$$
$$=\frac{\lg\sqrt{5}}{\lg\sqrt{2}}\cdot\frac{\lg 4}{\lg 5}-\frac{\lg\sqrt{20}}{\lg 3}\cdot\lg 3^2$$

$$=\frac{\frac{1}{2}\lg 5}{\lg 2}\cdot\frac{2\lg 2}{\lg 5}-\frac{\lg 2+1}{2\lg 3}\cdot 2\lg 3=1-\lg 2-1=1-\lg 2=\lg\frac{1}{2}$$

【点评】对数换底公式的常见变形有三种：① $\log_a b\cdot\log_a c=\log_a c$；② $\log_a b=\dfrac{1}{\log_b a}$；

③ $\log_{a^n} b^m = \dfrac{m}{n} \log_a b$。利用对数换底公式可以实现各种对数的相互转化。特别是可以将任一对数换成常用对数或自然对数。运用换底公式，学生就“有权”在解题过程中选择自己认为恰当的底数。选择什么样的常数为底数更方便，要依据题目的特征而定。

【感悟】理解对数的概念及其运算性质，能用换底公式将一般对数转换成自然对数或常用对数等是高考的要求。要切实理解对数的概念和运算性质，注意运算性质的前提条件，熟练掌握和灵活运用相关公式及其变形，以不断提高运算能力。

【例 5】若 $\log_a \dfrac{3}{4} < 1(a > 0$，且 $a \neq 1)$，求实数 a 的取值范围。

【解析】由于底数 a 的具体范围没有确定，因此需分 $a > 1$ 与 $0 < a < 1$ 两种情况进行讨论。

当 $a > 1$ 时，由 $\log_a \dfrac{3}{4} < 1 = \log_a a$，得 $a > \dfrac{3}{4}$，于是 $a > 1$；

当 $0 < a < 1$ 时，由 $\log_a \dfrac{3}{4} < 1 = \log_a a$，得 $a < \dfrac{3}{4}$，于是 $0 < a < \dfrac{3}{4}$。

综上所述，实数 a 的取值范围是 $(0，\dfrac{3}{4}) \cup (1，\infty)$。

【点评】本题主要考查对数函数的单调性与不等式知识以及考查分类讨论的思想。解此类题时要注意，如果对数函数的底数范围没有具体的规定，那么一般要对底数进行讨论。

【变式 1】若 $\log_a (\dfrac{3}{4} a + 1) < 1(a > 0)$，且 $(a \neq 1)$，求实数 a 的取值范围。

【解析】首先根据条件建立不等式，再利用对数函数的单调性求解。

当 $a>1$ 时，由 $\log_a (\dfrac{3}{4} a + 1) < 1 = \log_a a$，得 $\dfrac{3}{4} a + 1 < a$，解得 $a>4$。

当 $0<a<1$ 时，由 $\log_a (\dfrac{3}{4} a + 1) < 1 = \log_a a$，得 $\dfrac{3}{4} a + 1 > a$，解得 $a<4$，结合 $0<a<1$，于是 $0<a<1$。

综上所述，实数 a 的取值范围是 $(0，1) \cup (4，+\infty)$。

【点评】本变式由例 5 中对数的真数为常数变为与底数含有相同的参数，但解答的基本方法是相同的，即通过对底数的讨论利用对数的单调性转化求解。

【变式 2】若 $(\log_a \dfrac{3}{4})^2 < 1(a > 0$，且 $a \neq 1)$，求实数 a 的取值范围。

【解析】首先将不等式转化，再在讨论的基础上建立不等式，利用对数函数的单调性求解。

由 $(\log_a\frac{3}{4})^2<1$，得 $-1<\log_a\frac{3}{4}<1$，即 $\log_a\frac{1}{a}<\log_a\frac{3}{4}<\log_a a$。

当 $a>1$ 时，$\frac{1}{a}<\frac{3}{4}<a$，解得 $a>\frac{4}{3}$。

当 $0<a<1$ 时，$a<\frac{3}{4}<\frac{1}{a}$，解得 $a<\frac{3}{4}$，结合 $0<a<1$，得 $0<a<\frac{3}{4}$。

综上所述，实数 a 的取值范围是 $(0，\frac{3}{4})\cup(\frac{4}{3}，+\infty)$。

【点评】本变式由例 5 中对数变为对数的平方，需要先转化为没有平方的不等式，再通过对底数的讨论，利用对数的单调性转化求解。

【变式 3】若定义域在区间（-1，0）内的函数 $f(x)=\log_a(x+1)$ 满足 $f(x)>0$，则 a 的取值范围是（　　）。

A.（0，1）　　B.（0，1]　　C.（1，$+\infty$）　　D.[1，$+\infty$）

【解析】根据条件建立不等式，并根据函数中变量的范围确定真数的范围，进而确定底数的范围。

因为 $\log_a 1=0$，则由 $f(x)=\log_a(x+1)$ 满足 $f(x)>0$，得 $\log_a(x+1)>\log_a 1$。

由 $x\in(-1，0)$，得 $0<x+1<1$，所以 $0<a<1$，即 $0<a<\frac{1}{2}$，故选 A。

【点评】本变式在命题方式上发生了较大的变化，由例 5 直接给出不等式变为由函数在一个区间上的函数值范围给出的不等式，同时将变式 1 真数与底数具有相同的字母变式为真数与底数所含有的字母不相同，其解法就有了一定的变化，但解题的指导思想没有质的变化，均是利用对数函数的单调性求解。

【变式 4】函数 $y=\sqrt{1-\log_x\frac{3}{4}}$ 的定义域为________。

【解析】根据偶次根式的要求建立不等式，然后对底数分 $x>0$ 和 $0<x<1$ 两种解答。

要使函数有意义，则 $1-\log_x\frac{3}{4}\geqslant 0$，即 $\log_x\frac{3}{4}\leqslant 1$，于是 $\begin{cases}0<x<1\\ x\leqslant\frac{3}{4}\end{cases}$，或 $\begin{cases}x>1\\ x\geqslant\frac{3}{4}\end{cases}$，

解得 $0<x\leqslant\frac{3}{4}$，或 $a>1$。

所以，函数 $y=\sqrt{1-\log_x\frac{3}{4}}$ 的定义域为 $(0，\frac{3}{4}]\cup(1，+\infty)$。

【点评】本变式与例 5 相比在形式上发生了较大变化，由例 5 直接给出不等式变为由函数定义域要求给出不等式，但根据限制条件建立不等式后，就基本上是例 5 的再现了，其解法与例 5 的解法也就完全一样了。

【变式 5】函数 $y=\log_{\frac{3}{4}}(2x^2-3x+1)$ 的单调递增区间是__________。

【解析】利用复合函数的单调性法则求解。

由 $2x^2-3x+1>0$，求得函数的定义域为 $(-\infty，\frac{1}{2})\cup(1，+\infty)$。

令 $u(x)=2x^2-3x+1$，则 $u(x)$ 在 $(-\infty，\frac{1}{2})$ 上是减函数，在 $(1，+\infty)$ 上是增函数。

因为 $y=\log_{\frac{3}{4}}u$ 是减函数，所以 $y=\log_{\frac{3}{4}}(2x^2-3x+1)$ 的单调递增区间是 $(-\infty，\frac{1}{2})$。

【点评】本变式在命题方式上发生了很大的变化，由例 5 直接给出不等式，利用对数函数的单调性求字母的范围，变为求函数的单调区间，但本质仍然是考查对数函数的单调性。本题首先确定函数的定义域，然后转化应用复合函数的单调性求解。需要注意的地方是在求函数单调区间前应先考虑函数的定义域。

【感悟】对数函数是重要的基本初等函数之一，对数函数的单调性是对数函数最重要的性质，是对数函数的核心内容，其应用对深化理解对数函数模型及进一步深入学习其他函数至关重要。

【例 6】已知幂函数 $y=f(x)$ 的图像过点 $(2，\frac{\sqrt{2}}{2})$，试求出此函数的解析式，并画出图像，判断奇偶性、单调性。

【解析】设出幂函数的解析式，将点 $(2，\frac{\sqrt{2}}{2})$ 代入求解。

设 $f(x)=x^a$，因为 $y=f(x)$ 的图像过点 $(2，\frac{\sqrt{2}}{2})$，所以 $2^a=\frac{\sqrt{2}}{2}$，解得 $a=-\frac{1}{2}$。

所以 $f(x)=x^{-\frac{1}{2}}$。

画出函数 $f(x)$ 的图像，如下图所示。

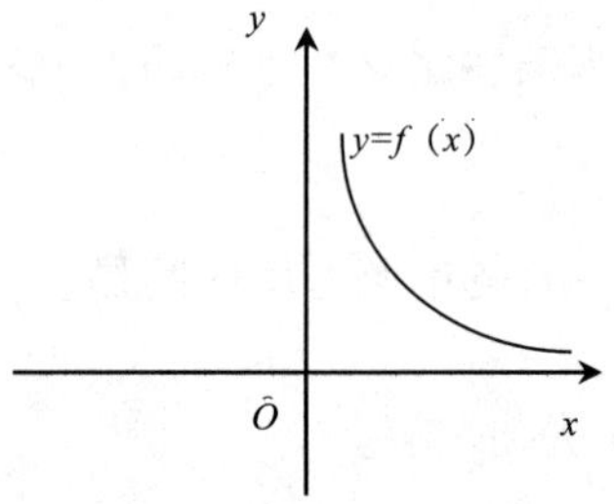

根据图像可知函数$f(x)$是非奇非偶函数，单调递减区间是（0，+∞）。

【点评】幂函数$y=x^{a}(a\in\mathbf{R})$和指数函数$y=a^{x}(a>0，a\neq1)$都以幂的形式出现，前者的自变量是底数，后者的自变量是指数。因此，当遇到一个有关幂的形式的问题时，就要看变量所在的位置，然后决定是用幂函数知识解决，还是用指数函数知识解决，切莫将两者混淆。

【变式1】已知幂函数$y=f(x)$的图像过点$(2，\frac{\sqrt{2}}{2})$，试求出此函数的解析式，并求函数的定义域和值域。

【解析】由例6的解析知函数的解析式为$f(x)=x^{-\frac{1}{2}}$。

结合图像可得函数的定义域和值域均为（0，+∞）。

【变式2】已知幂函数$y=f(x)$的图像过点$(-2，\frac{1}{4})$，试求出此函数的解析式，并确定函数的定义域和值域，判断奇偶性、单调性。

【解析】设$f(x)=x^{a}$，因为$y=f(x)$的图像过点$(-2,\frac{1}{4})$，所以$(-2)^{a}=\frac{1}{4}$，解得$a=-2$。

所以$f(x)=x^{-2}$。

在坐标系中画出函数$f(x)$的图像，如下图所示。

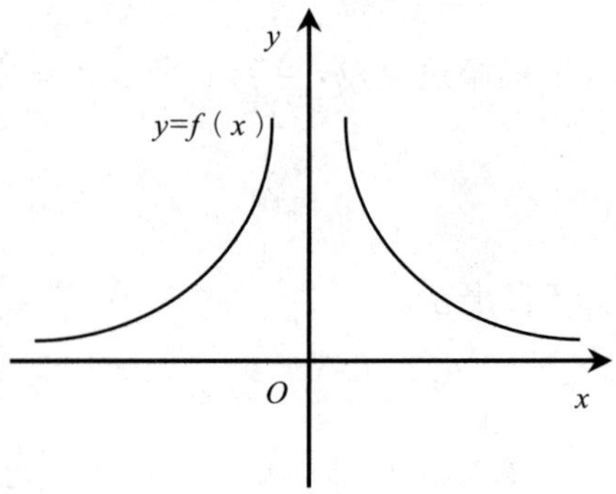

根据图像可知函 $f(x)$ 的函数的定义域为 $(-\infty, 0)\cup(0, +\infty)$，值域为 $(0, +\infty)$，$f(x)$ 是偶函数，单调递增区间是 $(-\infty, 0)$，递减区间是 $(0, +\infty)$。

【变式 3】已知幂函数 $y=(m^2+m-1)x^{m^2+2m-\frac{1}{2}}$，当 $x\in(0, +\infty)$ 时为减函数，则幂函数 y=__________。

【解析】由于 $y=(m^2+m-1)x^{m^2+2m-\frac{1}{2}}$ 为幂函数，因此从定义入手再验证单调性方可解题。

因为 $y=(m^2+m-1)x^{m^2+2m-\frac{1}{2}}$ 为幂函数，所以 $m^2+m-1=1$，解得 $m=-2$ 或 $m=1$。

当 $m=-2$ 时，$m^2+2m-\frac{1}{2}=-\frac{1}{2}$，$y=x^{-\frac{1}{2}}$ 在 $(0, +\infty)$ 上为减函数；

当 $m=1$ 时，$m^2+2m-\frac{1}{2}=\frac{5}{2}$，$y=x^{\frac{5}{2}}$ 在 $(0, +\infty)$ 上为增函数，不合题意，舍去。

故所求幂函数为 $y=x^{-\frac{1}{2}}$。

【点评】幂函数 $y=x^a(a\in\mathbf{R})$ 的形式具有以下特点：①底数 x 是自变量，指数 a 为常数；②幂前面的系数为 1；③没有常数项。抓住这些特点是本题求解析式的关键。

【变式 4】已知幂函数 $f(x)=x^{3m-8}(m\in\mathbf{N}^*)$ 的图像与 x 轴，y 轴都无交点，且关于 y 轴对称，试确定函数 $f(x)$ 的解析式。

【解析】因为 $f(x)=x^{3m-8}(m\in\mathbf{N}^*)$ 的图像与 x 轴、y 轴都无交点，所以 $3m-8\leqslant 0$，即 $m\leqslant\frac{8}{3}$。

又因为 $m\in\mathrm{N}^*$，所以 $m=1$，2。

当 $m=1$ 时，$3m-8=-5$，$f(x)=x^{3m-8}=x^{-5}$ 是奇函数，不合题意，舍去；

当 $m=2$ 时，$3m-8=-2$，$f(x)=x^{3m-8}=x^{-2}$ 是偶函数，图像关于 y 轴对称，符合题意。

故所求幂函数为 $f(x)=x^{-2}$。

【点评】求幂函数的解析式，一般用待定系数法，弄清幂函数的定义和性质是关键。

【变式 5】比较下列各题中两个值的大小。

（1）$2.2^{-\frac{1}{2}}$，$1.8^{-\frac{1}{2}}$；（2）$0.8^{1.5}$，$0.7^{1.5}$；（3）$(-1.7)^{-2}$，$(-\frac{\sqrt{3}}{3})^2$，1.3^{-4}。

【解析】利用幂函数的性质比较它们的大小。

（1）因为幂函数$f(x)=x^{-\frac{1}{2}}$在（0，+∞）上为减函数，又因为2.2>1.8，所以$2.2^{-\frac{1}{2}}<1.8^{-\frac{1}{2}}$。

（2）因为幂函数$f(x)=x^{1.5}$在[0，+∞）上为增函数，又因为0.8>0.7，所以$0.8^{1.5}>0.7^{1.5}$。

（3）$(-1.7)^{-2}=1.7^{-2}$，$(-\frac{\sqrt{3}}{3})^{2}=(\sqrt{3})^{-2}$，$1.3^{-4}=1.69^{-2}$，

因为$f(x)=x^{-2}$在（0，+∞）上为减函数，又因为$\sqrt{3}>1.7>1.69$，所以$(\sqrt{3})^{-2}>1.7^{-2}>1.69^{-2}$，

即$(-\frac{\sqrt{3}}{3})^{2}>(-1.7)^{-2}>1.3^{-4}$。

【点评】当幂指数相同时，可直接利用幂函数的单调性来比较；当幂指数不同时可先转化为相同幂指数，再运用单调性比较大小。

【变式6】若$(m+1)^{-\frac{1}{2}}<(3-2m)^{-\frac{1}{2}}$，试求实数$m$的取值范围。

【解析】求解过程中不要忽略了幂函数$y=x^{-\frac{1}{2}}$的定义域为$(0，+\infty)$。

幂函数$y=x^{-\frac{1}{2}}$的定义域为$(0，+\infty)$，且在$(0，+\infty)$上单调递减，所以$\begin{cases}m+1>0\\3-2m<0\\m+1>3-2m\end{cases}$，解得$\frac{2}{3}<m<\frac{3}{2}$。

所以实数m的取值范围是$(\frac{2}{3}，\frac{3}{2})$。

【点评】本题利用幂函数的单调性确定参数的取值范围。

【感悟】应用幂函数的单调性比较大小时，应将幂指数变为相同的数，且幂的底数为正数，并且注意分别与0，1，−1比较，从而确定大小关系。

运用幂函数知识解题时要重视数形结合，根据题设条件及幂函数性质画出示意图，再由图像得出进一步的结论使问题得到解决。

【例7】已知点P在曲线$y=\frac{4}{e^x+1}$上，α为曲线在点P处的切线的倾斜角，则α的取值范围是（　　）。

A. $[0，\frac{\pi}{4})$　　B. $[\frac{\pi}{4}，\frac{\pi}{2})$　　C. $(\frac{\pi}{2}，\frac{3\pi}{4}]$　　D. $[\frac{3\pi}{4}，\pi)$

【解析】设曲线在点P处的切线斜率为k，则$k=y'=\frac{-4e^x}{(e^x+1)^2}=\frac{-4}{e^x+\frac{1}{e^x}+2}$。

因为 $e^x>0$，所以由基本不等式可得 $k \geqslant \dfrac{-4}{2\sqrt{e^x \cdot \dfrac{1}{e^x}}+2}=-1$。

又因为 $k<0$，所以 $-1 \leqslant k<0$，即 $-1 \leqslant \tan\alpha<0$，所以 $\dfrac{3\pi}{4} \leqslant \alpha<\pi$，故选 D。

【点评】本题主要考查了导数的几何意义、函数的求导法则、求导公式的应用以及利用基本不等式求解最值问题。

【变式 1】设函数 $f(x)=1-e^x$，求曲线在点 $P(2,1-e^2)$ 处的切线方程。

【解析】$f'(x)=-e^x$，则 $f'(2)=-e^2$，故曲线在点 $P(2,1-e^2)$ 处的切线方程为 $y-(1-e^2)=-e^2(x-2)$，即 $e^2x+y-e^2-1=0$。

【点评】变式 1 中的点 P 在曲线上，属“已知曲线方程和切点坐标求切线方程”的问题，已知点处的导数即切线的斜率。

【变式 2】求过点 $P(2,1)$ 的曲线 $f(x)=1-e^x$ 的切线方程。

【解析】由于点 $P(2,1)$ 不在曲线上，因此需要设出切点。

设切线在曲线上的切点为 $Q(x_0,1-e^{x_0})$，则 $f'(x_0)=-e^{x_0}$，

所以切线方程为 $y-(1-e^{x_0})=-e^{x_0}(x-x_0)$，将点 $P(2,1)$ 代入，得 $1-(1-e^{x_0})=-e^{x_0}(2-x_0)$，解得 $x_0=3$。

故过点 $P(2,1)$ 的曲线的切线方程为 $y-1+e^3=-e^3(x-3)$，即 $e^3x+y-2e^3-1=0$。

【点评】变式 2 属“已知曲线方程和一点坐标求切线方程”的问题，由于这类问题未明确已知点是否是切点，所以需先设出切点坐标，表示出切线斜率，进而表示出切线方程，将已知点的坐标代入即可求得切点坐标，最后求得切线方程。

通过变式 1 和变式 2 可以看出“过点 P 的切线”与“在点 P 处的切线”是两个不同的概念。“过点 P 的切线”说明点 P 不一定是切点，而“在点 P 处的切线”说明点 P 是切点。

【变式 3】已知点 P 在曲线 $f(x)=\dfrac{1}{1-e^x}$ 上，α 为曲线在点 P 处的切线的倾斜角，求 α 的取值范围。

【解析】由 $1-e^x \neq 0$，得 $x \neq 0$。

设曲线在点 P 处的切线斜率为 k，则 $k=f'(x)=\dfrac{e^x}{(1-e^x)^2}$。

因为 $x \neq 0$，所以 $e^x>0$ 且 $e^x \neq 1$，所以 $k>0$，即 $\tan\alpha>0$，所以 $0<\alpha<\dfrac{\pi}{2}$。

所以 α 的取值范围是 $(0，\frac{\pi}{2})$。

【点评】这一变式再稍加变换就是例 7，突出了“对基础知识、基本技能、基本方法”的考查。

【感悟】函数 $f(x)$ 在点 x_0 处的导数的几何意义就是曲线 $y=f(x)$ 在点 $P\left(x_0, f\left(x_0\right)\right)$ 处的切线的斜率，即曲线 $y=f(x)$ 在点 $P\left(x_0，f(x_0)\right)$ 处的切线的斜率是 $f'\left(x_0\right)$，相应的切线的方程是 $y-y_0=f'\left(x_0\right)\left(x-x_0\right)$。

（1）在求曲线的切线方程时，要注意区分所求切线是曲线上某点处的切线，还是过某点的切线：曲线上某点处的切线只有一条，而过某点的切线不一定只有一条，即使此点在曲线上也不一定只有一条。

（2）在求过某一点的切线方程时，首先要判断此点是在曲线上，还是不在曲线上，只有当此点在曲线上时，此点处的切线的斜率才是 $f'(x_0)$。

【例 8】（2015 · 全国Ⅱ卷）设函数 $f'(x)$ 是奇函数 $f(x)(x\in\mathbf{R})$ 的导函数，$f(-1)=0$，当 $x>0$ 时，$xf'(x)-f(x)<0$，则使得 $f(x)>0$ 成立的 x 的取值范围是（　　）。

A. $(-\infty，-1)\cup(0，1)$　　B. $(-1，0)\cup(1，+\infty)$

C. $(-\infty，-1)\cup(-1，0)$　　D. $(0，1)\cup(1，+\infty)$

【解析】记函数 $g(x)=\frac{f(x)}{x}$，则 $g'(x)=\frac{xf'(x)-f(x)}{x^2}$，因为当 $x>0$ 时，$xf'(x)-f(x)<0$，故当 $x>0$ 时，$g'(x)<0$，所以 $g(x)$ 在 $(0，+\infty)$ 单调递减，又因为函数 $f(x)(x\in\mathbf{R})$ 是奇函数，故函数 $g(x)$ 是偶函数，所以 $g(x)$ 在 $(-\infty，0)$ 单调递减，且 $g(-1)=g(1)=0$；当 $0<x<1$ 时，$g(x)>0$，则 $f(x)>0$；当 $x<-1$ 时，$g(x)<0$，则 $f(x)>0$。综上所述，使 $f(x)>0$ 成立的 x 的取值范围是 $(-\infty，-1)\cup(0，1)$，故选 A。

【点评】本题考查函数的性质，导数在函数单调性中的应用及抽象函数不等式的解法，考查学生分析问题、解决问题的能力及运算能力。

【变式 1】已知函数 $f(x)$ 是定义域在 $\mathbf{R}$ 上的奇函数，若 $g(x)=f(x+1)+5$，$g'(x)$ 为 $g(x)$ 的导函数，对 $\forall x\in\mathbf{R}$，总有 $g'(x)>2x$，则 $g(x)<x^2+4$ 的解集为______。

【解析】由 $g'(x)>2x$ 得 $g'(x)-2x>0$，即 $g'(x)-(x^2)'>0$，所以 $[g(x)-x^2]'>0$。

构造函数$F(x)=g(x)-x^2$，则$F'(x)>0$，所以$F(x)$是$\mathbf{R}$上的增函数。

因为$f(x)$是定义域在R上的奇函数，所以$f(0)=0$。

由$g(x)=f(x+1)+5$，得$g(-1)=f(-1+1)+5=f(0)+5=5$。

所以由$g(x)<x^2+4$，得$g(x)-x^2<4$，即$g(x)-x^2<g(-1)-(-1)^2$，所以$F(x)<F(-1)$，所以$x<-1$。故$g(x)<x^2+4$的解集为$(-\infty，-1)$。

【点评】本题逆用了导数运算的减法法则后构造函数，利用函数的单调性求解。

【变式2】已知函数$y=f(x)$定义域在$\mathbf{R}$上，其图像关于坐标原点对称，且当$x\in(-\infty,0)$时，不等式$f(x)+xf'(x)<0$恒成立，若$a=2^{0.2}f(2^{0.2})$，$b=\ln 2f(\ln 2)$，$c=(\log_2\frac{1}{4})f(\log_2\frac{1}{4})$，则$a$，$b$，$c$的大小关系是（　　）。

A. $a<b<c$　　B. $c>b>a$　　C. $c>a>b$　　D. $a>c>b$

【解析】由$f(x)+xf'(x)<0$，得$[xf(x)]'<0$。

构造函数$g(x)=xf(x)$，则当$x\in(-\infty，0)$时，$g'(x)<0$，故函数$y=g(x)$在$(-\infty，0)$上单调递减。由于函数$y=f(x)$的图像关于坐标原点对称，所以$y=f(x)$是奇函数，故函数$y=g(x)$是偶函数，根据偶函数的性质，函数$y=g(x)$在$(0，+\infty)$上单调递增，有$a=g(2^{0.2})$，$b=g(\ln 2)$，$c=g(-2)=g(2)$。由于$0<\ln 2<\ln e=1$，根据指数函数的性质$1=2^0<2^{0.2}<2^1=2$，所以$\ln 2<2^{0.2}<2$，故$c>a>b$，故选C。

【点评】本题逆用了导数运算的乘法法则后构造函数，综合利用函数的单调性、奇偶性及指、对、幂运算和函数的性质解答。

【变式3】设定义域在$\mathbf{R}$上的函数$f(x)$的导函数$f'(x)$满足$f'(x)<f(x)$，对于任意$x\in\mathbf{R}$恒成立，则（　　）。

A. $f(2)>e^2f(0)$，$f(2019)>e^{2019}f(0)$　B. $f(2)<e^2f(0)$，$f(2019)>e^{2019}f(0)$

C. $f(2)<e^2f(0)$，$f(2019)<e^{2019}f(0)$　D. $f(2)>e^2f(0)$，$f(2019)<e^{2019}f(0)$

【解析】由$f'(x)<f(x)$，得$e^xf'(x)<e^xf(x)$，即$e^xf'(x)-e^xf(x)<0$，所以$\frac{e^xf'(x)-e^xf(x)}{(e^x)^2}<0$，所以$[\frac{f(x)}{e^x}]'<0$。

构造函数$F(x)=\frac{f(x)}{e^x}$，则$F'(x)<0$，所以函数$F(x)=\frac{f(x)}{e^x}$是$\mathbf{R}$上的减函数。

所以 $F(2)<F(0)$，即 $\frac{f(2)}{e^2}<\frac{f(0)}{e^0}$，故有 $f(2)<e^2f(0)$，同理可得 $f(2019)<e^{2019}f(0)$。故选 C。

【点评】本题逆用了导数运算的除法法则后构造函数，利用函数的单调性做出判断。

【感悟】以导数为背景的抽象函数不等式的求解或求参数的取值范围是一类重点问题，解决这类问题的主要方法是根据条件与结论间的结构特征，联想到基本初等函数的导数和导数的四则运算法则，"巧构"出相应的抽象函数，利用抽象函数的单调性、奇偶性以及相关的性质进行求解。

对于构造函数求导问题，常见的构造有以下几种：

（1）一般遇到 $f'(x)>a(a\neq 0)$，即导函数大于某个非零常数（若 $a=0$，则无须构造）时，则可构 $h(x)=f(x)-ax$。

（2）对于 $f'(x)+g'(x)>0$，构造 $h(x)=f(x)+g(x)$。

（3）对于 $f'(x)-g'(x)>0$，构造 $h(x)=f(x)-g(x)$。

（4）对于 $f'(x)+f(x)>0$，构造 $h(x)=e^x f(x)$。

（5）对于 $f'(x)-f(x)>0$，构造 $h(x)=\frac{f(x)}{e^x}$。

（6）对于 $xf'(x)+f(x)>0$，构造 $h(x)=xf(x)$。

（7）对于 $xf'(x)-f(x)>0$，构造 $h(x)=\frac{f(x)}{x}$。

（8）对于 $\frac{f'(x)}{f(x)}>0$，分类讨论：

①若 $f(x)>0$，则构造 $h(x)=\ln f(x)$；

②若 $f(x)<0$，则构造 $h(x)=\ln[-f(x)]$。

【例 9】已知函数 $f(x)=e^a-x$，其中 $a\neq 0$。若对一切 $x\in\mathbf{R}$，$f(x)\geqslant 1$ 恒成立，求 a 的取值范围。

【解析】求函数 $f(x)$ 的导数 $f'(x)$，依据导数 $f'(x)$ 的符号确定函数 $f(x)$ 的单调性和最小值，将不等式恒成立转化为最小值的不等式；构造函数 $g(t)$，再依据导数 $g'(t)$ 的符号确定函数 $g(t)$ 的单调性和最大值，由 $g(t)$ 的最大值求出 a 的取值范围。

若$a<0$，则对一切$x>0$，$f(x)=e^{ax}-x<1$，这与题设矛盾。

又因为$a\neq 0$，故$a>0$。

而$f'(x)=ae^{ax}-1$，令$f'(x)=0$，得$x=\frac{1}{a}\ln\frac{1}{a}$。

当$x<\frac{1}{a}\ln\frac{1}{a}$时，$f'(x)<0$，$f(x)$单调递减；当$x>\frac{1}{a}\ln\frac{1}{a}$时，$f'(x)>0$，$f(x)$单调递增，故当$x=\frac{1}{a}\ln\frac{1}{a}$时，$f(x)$取最小值$f(\frac{1}{a}\ln\frac{1}{a})=\frac{1}{a}-\frac{1}{a}\ln\frac{1}{a}$。

于是对一切$x\in\mathbf{R}$，$f(x)\geqslant 1$恒成立，当且仅当$\frac{1}{a}-\frac{1}{a}\ln\frac{1}{a}\geqslant 1$时，①

令$g(t)=t-t\ln t$，则$g'(t)=-\ln t$。

当$0<t<1$时，$g'(t)>0$，$g(t)$单调递增；当$t>1$时，$g'(t)<0$，$g(t)$单调递减。

故当$t=1$时，$g(t)$取最大值$g(1)=1$。因此，当且仅当$\frac{1}{a}=1$，即$a=1$时，①式成立。

综上所述，a的取值集合为$\{1\}$。

【变式 1】求函数$f(x)=e^x-1-x$的单调区间。

【解析】$f(x)=e^x-1-x$，由$f(x)=e^x-1>0$，解得$x>0$；由$f'(x)=e^x-1<0$，解得$x<0$。

所以函数$f(x)=e^x-1-x$的单调递增区间为$(0，+\infty)$，单调递减区间为$(-\infty，0)$。

【点评】利用导数求函数的单调区间或判定函数的单调性是学习的重点内容。解题时要注意把握以下两点：①在利用导数讨论函数的单调区间时，首先要确定函数的定义域；②不能随意将函数的两个各自独立的单调递增（或递减）区间写成并集形式。

【变式 2】求函数$f(x)=e^x-1-x$的极值。

【解析】由变式 1 的解析可知：当$x=0$时，函数$f(x)=e^x-1-x$取得极小值，且极小值为$f(0)=0$。

【点评】利用导数研究函数的极值时要注意$f'(x)=0$是极值点的必要非充分条件。判断极值时，一定要结合函数的单调性，避免出现错误。如果函数在$x=x_0$处满足$f'(x_0)=0$，若导函数的值在该点附近符合“左正右负”，则x_0是极大值；若符合“左负右正”，则x_0是极小值。

【变式 3】若存在实常数k和b，使函数$f(x)$和$g(x)$对其定义域上的任意实数x分别满足$f(x)\geqslant kx+b$和$g(x)\leqslant kx+b$，则称直线l：$y=kx+b$为函数$f(x)$和$g(x)$的“隔离直线”。

已知 $h(x)=x^2$，$\varphi(x)=2e\ln x$（其中 e 为自然对数的底数），那么函数 $h(x)$ 和 $\varphi(x)$ 是否存在隔离直线？若存在，求出此隔离直线的方程；若不存在，请说明理由。

【解析】易知函数 $h(x)$ 和 $\varphi(x)$ 的图像在 $x=\sqrt{e}$ 处有公共点，若存在 $h(x)$ 和 $\varphi(x)$ 的隔离直线，则该直线过这个公共点。

设隔离直线的斜率为 k，则直线方程为 $y-e=k(x-\sqrt{e})$，即 $y=kx+e-k\sqrt{e}$。

由 $h(x)\geqslant kx+e-k\sqrt{e}\ (x\in\mathbf{R})$，可得 $x^2-kx-e+k\sqrt{e}\geqslant 0$，当 $x\in\mathbf{R}$ 时恒成立。

所以由 $\Delta=(k-2\sqrt{e})^2\leqslant 0$，得 $k=2\sqrt{e}$。

下面证明 $\varphi(x)\leqslant 2\sqrt{e}x-e$，当 $x>0$ 时恒成立。

令 $G(x)=\varphi(x)-2\sqrt{e}x+e=2e\ln x-2\sqrt{e}x+e$，则 $G'(x)=\dfrac{2e}{x}-2\sqrt{e}=\dfrac{2\sqrt{e}(\sqrt{e}-x)}{x}$。

当 $x=\sqrt{e}$ 时，$G'(x)=0$。

因为当 $0<x<\sqrt{e}$ 时，$G'(x)>0$，此时函数 $G(x)$ 递增；

当 $x>\sqrt{e}$ 时，$G'(x)<0$，此时函数 $G(x)$ 递减，

所以当 $x=\sqrt{e}$ 时，$G(x)$ 取极大值，其极大值为 0。

从而 $G(x)=2e\ln x-2\sqrt{e}x+e\leqslant 0$，即 $\varphi(x)\leqslant 2\sqrt{e}x-e\ (x>0)$ 恒成立，

所以函数 $h(x)$ 和 $\varphi(x)$ 存在唯一的隔离直线 $y=2\sqrt{e}x-e$。

【点评】本题背景新颖、设计巧妙，将不等式的证明渗透在“新定义”“探索性”问题中，别出心裁、独具创意。这里，利用导数来处理，着实显示了导数工具的“神奇”。

【感悟】导数作为研究函数问题的有力工具，在研究函数的变化率、单调性、极值和最值及与其他知识的综合问题等方面发挥了重要作用，要善于应用函数的导数考查函数单调性、最值（极值），研究函数的性态，数形结合解决方程、不等式等相关问题。

【例 10】如下图所示，用铁丝弯成上面是半圆，下面是矩形的图形，其面积为 a cm²，为使所用的材料最省，底宽应为多少？

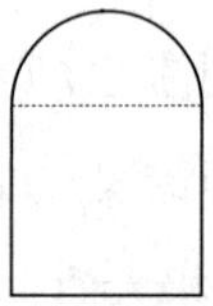

【解析】设底宽为 x cm，长为 y cm，用的铁丝的长度为 l cm，

则 $xy+\frac{1}{2}\cdot\pi\cdot\left(\frac{1}{2}x\right)^2=a$，即 $xy+\frac{\pi x^2}{8}=a$，所以 $y=\frac{a}{x}-\frac{\pi x}{8}$。

所以 $l=2y+x+\frac{\pi x}{2}=\frac{2a}{x}+x+\frac{\pi x}{4}$ $(0<x<\sqrt{\frac{8a}{\pi}})$，

令 $l'=-\frac{2a}{x^2}+1+\frac{\pi}{4}=0$，解得 $x=\sqrt{\frac{8a}{4+\pi}}$，

当 $x\in(0,\sqrt{\frac{8a}{4+\pi}})$ 时，$l'<0$；当 $x\in(\sqrt{\frac{8a}{4+\pi}},\sqrt{\frac{8a}{\pi}})$ 时，$l'>0$，

所以 $x=\sqrt{\frac{8a}{4+\pi}}$ 时 l 取极小值也是最小值，故当底为 $\sqrt{\frac{8a}{4+\pi}}$ cm 时，用料最省。

【变式 1】如下图所示，用铁丝弯成上面是等腰直角三角形，下面是矩形的图形，其面积为 a cm²，为使所用的材料最省，底宽应为多少？

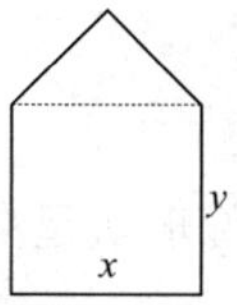

【解析】设底宽为 x cm，长为 y cm，用的铁丝的长度为 l cm，

则 $xy+\frac{1}{2}\cdot x\cdot\frac{x}{2}=a$，所以 $y=\frac{a}{x}-\frac{x}{4}$。

则 $l=x+2y+2\cdot\left(\frac{\sqrt{2}x}{2}\right)=\left(\frac{1}{2}+\sqrt{2}\right)x+\frac{2a}{x}$ $(0<x<2\sqrt{a})$。

所以 $l'=\frac{1}{2}+\sqrt{2}-\frac{2a}{x^2}$，令 $l'=0$，解得 $x=\sqrt{\frac{4a}{1+2\sqrt{2}}}$（$x=-\sqrt{\frac{4a}{1+2\sqrt{2}}}$ 舍去）。

当 $x\in(0,\sqrt{\frac{4a}{1+2\sqrt{2}}})$ 时，$l'<0$；

当 $x\in(\sqrt{\frac{4a}{1+2\sqrt{2}}},2a)$ 时，$l'>0$。

所以 $x=\sqrt{\frac{4a}{1+2\sqrt{2}}}$ 时 l 取极小值也是最小值，故当底为 $\sqrt{\frac{4a}{1+2\sqrt{2}}}$ cm 时，用料最省。

【变式 2】请您设计一个微型仓库，它的下部形状是高为 1 m 的正四棱柱，上部形状是侧棱长为 3 m 的正四棱锥，试设计四棱锥的高，使仓库的体积最大。

【解析】如下图所示，设四棱锥的高为 h m，

因为 $P-ABCD$ 是正四棱锥，且 $PA=3$，所以 $AC=2\sqrt{9-h^2}$ m。

又四边形 $ABCD$ 是正方形，

所以 $AC^2=2AB^2$，所以 $AB^2=2(9-h^2)$，

则仓库的体积 $V=AB^2\times 1+\frac{1}{3}\times AB^2\cdot h=-\frac{2}{3}h^3-2h^2+6h+18(0<h<3)$，

$V'=-2h^2-4h+6$，令 $V'=0$，解得 $h=1$ 或 $h=-3$（舍去），

因为 $V(h)$ 在 $(0,1)$ 上递增，在 $(1,3)$ 上递减，所以当 $h=1$ 时，$V(h)$ 取得最大值，故四棱锥的高为 1 m 时仓库的体积最大。

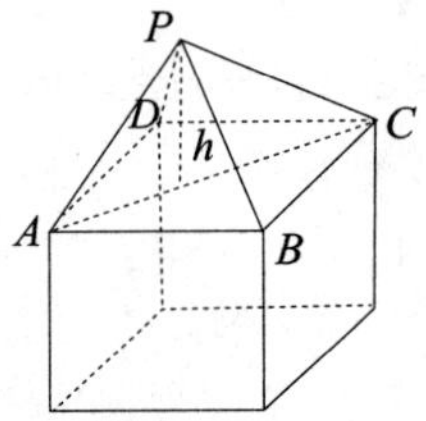

【变式 3】请您设计一个帐篷，它的下部形状是高为 1 m 的正六棱柱，上部形状是侧棱长为 3m 的正六棱锥（见下图）。当帐篷的顶点 O 到底面中心 O_1 的距离为多少时，帐篷的体积最大？

本变式题的解答由同学们仿照变式 2 的解答完成。当 OO_1 为 2 m 时，帐篷的体积最大。

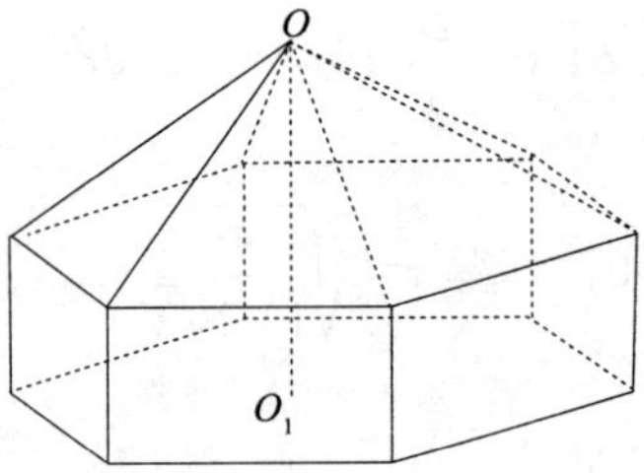

【感悟】利用导数解决一些实际问题，首先要把“问题情境”译成数学语言；然后从给定的数量关系中选取一个适当的变量，建立函数关系式，并确定其定义域；最后根据目标函数的结构特征，运用导数最值知识求解。

第三讲 三角函数与解三角形

【例 1】已知 $\cos\theta\cdot\tan\theta<0$，那么角 θ 是（　　）。

A. 第一或第二象限角　　B. 第二或第三象限角

C. 第三或第四象限角　　D. 第一或第四象限角

【解析】由 $\cos\theta\cdot\tan\theta<0$ 知 $\cos\theta>0$，$\tan\theta<0$ 或 $\cos\theta<0$，$\tan\theta>0$。

若 $\cos\theta>0,\tan\theta<0$，则角 θ 为第四象限角；若 $\cos\theta<0,\tan\theta>0$，则角 θ 为第三象限角。角 θ 为第三或第四象限角，故选 C。

【点评】本题考查了三角函数在各个象限的符号的判断及应用。

【变式 1】已知 $\sin\theta\tan\theta<0$，则角 θ 为（　　）。

A. 第一或第二象限角　　B. 第二或第三象限角

C. 第三或第四象限角　　D. 第一或第四象限角

【解析】由 $\sin\theta\tan\theta<0$ 知 $\sin\theta>0$，$\tan\theta<0$ 或 $\sin\theta<0$，$\tan\theta>0$。

若 $\sin\theta>0,\tan\theta<0$，则角 θ 为第二象限角；若 $\sin\theta<0,\tan\theta>0$，则角 θ 为第三象限角，故选 B。

【变式 2】已知 $\sin\theta<0$，$\cos\theta\tan\theta>0$，则角 θ 为（　　）。

A. 第一象限角　　B. 第二象限角　　C. 第三象限角　　D. 第四象限角

【解析】由 $\cos\theta<0$ 知角 θ 为第三或第四象限角；由 $\sin\theta\tan\theta>0$ 知角 θ 为第一或第四象限角。所以角 θ 为第四象限角，故选 D。

【变式 3】若 $\sin2\theta>0$，且 $\cos\theta<0$，则角 θ 为（　　）。

A. 第一象限角　　B. 第二象限角　　C. 第三象限角　　D. 第四象限

【解析】因为 $\sin2\theta>0$，所以 $2k\pi<2\theta<2k\pi+\pi$（$k\in\mathbf{Z}$），

所以 $k\pi<\theta<k\pi+\dfrac{\pi}{2}$（$k\in\mathbf{Z}$），

当 $k=2n$（$n\in\mathbf{Z}$）时，$2n\pi<\theta<2n\pi+\dfrac{\pi}{2}$（$n\in\mathbf{Z}$）；

当 $k=2n+1$（$n\in\mathbf{Z}$）时，$2n\pi+\pi<\theta<2n\pi+\dfrac{3\pi}{2}$（$n\in\mathbf{Z}$），

故 θ 为第一或第三象限角。

又 $\cos\theta<0$，θ 为第二或第三象限角，所以 θ 角在第三象限，故选 C。

【变式 4】如果点 $P(2\sin\theta\cos\theta, \sin\theta+\cos\theta)$ 位于第四象限，则角 θ 为（　　）。

A. 第一象限角　　B. 第二象限角　　C. 第三象限角　　D. 第四象限角

【解析】由题意知 $\sin\theta\cos\theta>0$，且 $\sin\theta+\cos\theta<0$，所以 $\sin\theta<0$，$\cos\theta<0$，所以 θ 为第三象限角，故选 C。

【变式 5】若 $\theta\in\left(\frac{3\pi}{4}, \frac{5\pi}{4}\right)$，则在平面直角坐标系中，点 $(\sin\theta+\cos\theta, \sin\theta-\cos\theta)$ 在（　　）。

A. 第一象限　　B. 第二象限　　C. 第三象限　　D. 第四象限

【解析】由 $\theta\in\left(\frac{3\pi}{4}, \frac{5\pi}{4}\right)$，知 $\sin\theta+\cos\theta<0$，$\sin\theta-\cos\theta>0$，故选 B。

【变式 6】若 α 是第三象限角，且 $\sin\frac{\alpha}{2}+\cos\frac{\alpha}{2}>0$，那么 $\frac{\alpha}{2}$ 是（　　）。

A. 第四象限角　　B. 第三象限角　　C. 第二象限角　　D. 第一象限角

【解析】$\sin\frac{\alpha}{2}+\cos\frac{\alpha}{2}>0$，即 $\frac{\alpha}{2}$ 的终边在直线 $x+y=0$ 的上方。

又因为 α 是第三象限角，即 $\pi+2k\pi<\alpha<\frac{3\pi}{2}+2k\pi$，$k\in\mathbf{Z}$，

所以 $\frac{\pi}{2}+k\pi<\frac{\alpha}{2}<\frac{3\pi}{4}+k\pi$，$k\in Z$。

综上知 $\frac{\alpha}{2}$ 是第二象限角，故选 C。

【感悟】由角的三角函数值（或范围）求角所在的象限是任意角三角函数的重要应用。求解这类问题，一是要注意应用知识，三角函数在各象限的符号记忆口诀“一全正，二正弦，三两切，四余弦”；二是先由条件用不等式表示出 θ 的范围，进而求解。

【例 2】计算 $\sin43°\cos13°-\cos43°\sin13°$ 等于（　　）。

A. $\frac{1}{2}$　　B. $\frac{\sqrt{3}}{3}$　　C. $\frac{\sqrt{2}}{2}$　　D. $\frac{\sqrt{3}}{2}$

【解析】$\sin43°\cos13°-\cos43°\sin13°=\sin(43°-13°)=\sin30°=\frac{1}{2}$，故选 A。

【点评】本题考查了两角差的正弦公式的逆向应用以及对特殊角的三角函数值的熟练求解，并且考查了学生的计算能力。逆向运用公式，如 $\sin(\alpha+\beta)\cos\beta-\sin\beta\cos(\alpha+\beta)=\sin\alpha$，

$\sin\alpha-\cos\alpha=\sqrt{2}\left(\sin\alpha\sin\frac{\pi}{4}-\cos\alpha\cos\frac{\pi}{4}\right)=\sqrt{2}\left(\sin\alpha\cos\frac{\pi}{4}-\cos\alpha\sin\frac{\pi}{4}\right)$ 等可以化繁为简，达到意想不到的效果。

上述高考题其实就是课本题的变形，可谓与课本题如出一辙。

课本原型(人教版 A 版必修第 130 页例 4)：利用和(差)角公式计算下列各式的值：

（1）$\sin72°\cos42°-\cos72°\sin42°$；(2)(3)略。

【变式 1】在平面直角坐标系内，已知角 α 的终边与单位圆的交点为 $\left(-\frac{1}{2},\ \frac{\sqrt{3}}{2}\right)$，角 β 的终边与单位圆的交点为 (0，1)，求 $\sin(\alpha-\beta)$ 的值。

【解析】由题意知 $\cos\alpha=-\frac{1}{2}$，$\sin\alpha=\frac{\sqrt{3}}{2}$，$\cos\beta=0$，$\sin\beta=1$。

所以 $\sin(\alpha-\beta)=\sin\alpha\cos\beta-\cos\alpha\sin\beta=\frac{\sqrt{3}}{2}\times0-\left(-\frac{1}{2}\right)\times1=\frac{1}{2}$。

【点评】正向运用公式可以求一些非特殊角的三角函数值。

【变式 2】已知 $\vec{a}=(\cos42°,\ -\cos72°)$，$\vec{b}=(\sin72°,\ \sin42°)$，则 $\vec{a}\cdot\vec{b}=$(　　)。

A. $\frac{1}{2}$　　B. $\frac{\sqrt{2}}{2}$　　C. $\frac{\sqrt{3}}{2}$　　D.1

【解析】$\vec{a}\cdot\vec{b}=\cos42°\sin72°-\cos72°\sin42°=\sin(72°-42°)=\sin30°=\frac{1}{2}$，故选 A。

【变式 3】在△ ABC 中，已知 $\sin(A-B)\cos B+\cos(A-B)\sin B\geqslant1$，则△ ABC 是(　　)。

A. 锐角三角形　　B. 钝角三角形　　C. 直角三角形　　D. 等腰非直角三角形

【解析】$\sin(A-B)\cos B+\cos(A-B)\sin B=\sin[(A-B)+B]=\sin A\geqslant1$。

又因为 $\sin A\leqslant1$，所以 $\sin A=1$，所以 $A=\frac{\pi}{2}$．故△ ABC 是直角三角形，故选 C。

【变式 4】已知 x，y 为锐角，$\cos(x+y)=\frac{12}{13}$，$\cos(2x+y)=\frac{3}{5}$，求 $\sin x$ 的值。

【解析】因为 x，y 为锐角，$\cos(x+y)=\frac{12}{13}$，所以 $\sin(x+y)=\frac{5}{13}$。

因为 x，y 为锐角，$\cos(2x+y)=\frac{3}{5}$，所以 $\sin(2x+y)=\frac{4}{5}$。

所以 $\sin x=\sin[(2x+y)-(x+y)]=\sin(2x+y)\cos(x+y)-\cos(2x+y)\sin(x+y)=\frac{4}{5}\times\frac{12}{13}-\frac{3}{5}\times\frac{5}{13}=\frac{33}{65}$。

【变式 5】定义行列式运算：$\begin{vmatrix} a_1 & a_2 \\ a_3 & a_4 \end{vmatrix}=a_1a_4-a_2a_3$，将函数 $f(x)=\begin{vmatrix} \sqrt{3} & \cos x \\ 1 & \sin x \end{vmatrix}$ 的图像向左平移 m 个单位（$m>0$），若所得图像对应的函数为偶函数，则 m 的最小值是（　　）。

A. $\dfrac{2\pi}{3}$　　B. $\dfrac{\pi}{3}$　　C. $\dfrac{\pi}{8}$　　D. $\dfrac{5\pi}{6}$

【解析】由题知 $f(x)=\sqrt{3}\sin x-\cos x=2(\dfrac{\sqrt{3}}{2}\sin x-\dfrac{1}{2}\cos x)=2\sin(x-\dfrac{\pi}{6})$，其图像向左平移 m 个单位后变为 $y=2\sin(x-\dfrac{\pi}{6}+m)$，平移后其对称轴为 $x-\dfrac{\pi}{6}+m=k\pi+\dfrac{\pi}{2}, k\in\mathbf{Z}$。若为偶函数，则 $x=0$，所以 $m=k\pi+\dfrac{2\pi}{3}$，$k\in\mathbf{Z}$。

故 m 的最小值为 $\dfrac{2\pi}{3}$，选 A。

【点评】本题以“新定义”的信息迁移为情境，以两角差的正弦公式为工具，考查了函数 $y=A\sin(\omega x+\varphi)$ 的图像变换和对称性，颇具新意。

【感悟】

（1）对两角和与差公式的异同要进行对比与分析，以便理解、记忆和应用。

①明确角、函数和排列顺序以及公式中每一项的符号；

②要牢记公式，并能熟练地进行左、右两边的互相转化；

③和（差）角公式可以看成诱导公式的推广，诱导公式可以看成和（差）角公式的特例，如 $\cos(2\pi+\alpha)=\cos2\pi\cos\alpha-\sin2\pi\sin\alpha=1\cdot\cos\alpha-0\cdot\sin\alpha=\cos\alpha$。

（2）应熟悉公式的逆用和变形用。

公式的正用好处理，但逆用和变形用则往往容易被忽视，而公式的逆用和变形用则更能开阔思路，培养学生从正向思维向逆向思维转化的能力。只有熟悉了公式的逆用和变形用后，才真正掌握了公式的应用。

对于公式 $\tan(\alpha+\beta)=\dfrac{\tan\alpha+\tan\beta}{1-\tan\alpha\cdot\tan\beta}$，应注意两种变形：$\tan\alpha+\tan\beta=\tan(\alpha+\beta)\cdot(1-\tan\alpha\cdot\tan\beta)$ 和 $1-\tan\alpha\cdot\tan\beta=\dfrac{\tan\alpha+\tan\beta}{\tan(\alpha+\beta)}$。

（3）运用公式解题时，要注意观察和分析问题中已知条件与未知结论中角与角之间的关系，如 $\beta=(\alpha+\beta)-\alpha$，$\dfrac{\alpha+\beta}{2}=(\alpha-\dfrac{\beta}{2})+(\beta-\dfrac{\alpha}{2})$ 等，寻找它们之间的内在联系，尽量整体地运

用条件中给出的有关角的三角函数值，同时解题时一定要重视取值范围对三角函数值的制约，从而恰当、准确地求出三角函数值。

【例 3】设 $\sin 2\alpha=-\sin\alpha$，$\alpha\in(\frac{\pi}{2},\pi)$，则 $\tan 2\alpha$ 的值是______。

【解析】由 $\sin 2\alpha=2\sin\alpha\cos\alpha$ 及 $\sin 2\alpha=-\sin\alpha$，$\alpha\in(\frac{\pi}{2},\pi)$，解出 α，进而求得 $\tan 2\alpha$ 的值。

因为 $\sin 2\alpha=-\sin\alpha$，所以 $2\sin\alpha\cos\alpha=-\sin\alpha$。

因为 $\alpha\in(\frac{\pi}{2},\pi)$，所以 $\cos\alpha=-\frac{1}{2}$，所以 $\alpha=\frac{2\pi}{3}$。

所以 $\tan 2\alpha=\tan\frac{4\pi}{3}=\tan(\pi+\frac{\pi}{3})=\tan\frac{\pi}{3}=\sqrt{3}$。

【点评】二倍角公式是三角恒等变换的基础，本题重点考查了二倍角公式、诱导公式的应用和简单的三角变换。如果 α 不是“特殊角”，求出 $\cos\alpha$ 的值后由平方关系求出 $\sin\alpha$ 的值，然后利用 $\tan\alpha=\frac{\sin\alpha}{\cos\alpha}$ 求出 $\tan\alpha$ 的值，最后应用正切的二倍角公式求 $\tan 2\alpha$ 的值。

课本原型（人教版 A 版必修 4 第 135 页练习第 3 题）：已知 $\sin 2\alpha=-\sin\alpha$，$\alpha\in(\frac{\pi}{2},\pi)$，求 $\tan\alpha$ 的值。

【解析】由例 3 的解析得 $\alpha=\frac{2\pi}{3}$，所以 $\tan\alpha=\tan\frac{2\pi}{3}=\tan(\pi-\frac{\pi}{3})=-\tan\frac{\pi}{3}=-\sqrt{3}$。

【变式 1】已知 $\sin 2\alpha=-\frac{4}{5}\sin\alpha$，$\alpha\in(\frac{\pi}{2},\pi)$，求 $\tan\alpha$ 的值。

【解析】因为 $\sin 2\alpha=-\frac{4}{5}\sin\alpha$，所以 $2\sin\alpha\cos\alpha=-\frac{4}{5}\sin\alpha$，所以 $\cos\alpha=-\frac{2}{5}$。

因为 $\alpha\in(\frac{\pi}{2},\pi)$，所以 $\sin\alpha=\sqrt{1-\cos^2\alpha}=\frac{\sqrt{21}}{5}$，所以 $\tan\alpha=\frac{\sin\alpha}{\cos\alpha}=\frac{\frac{\sqrt{21}}{5}}{-\frac{2}{5}}=-\frac{\sqrt{21}}{2}$。

【点评】本题是非特殊角的求值问题，注意角的范围、熟练运用公式是求解的关键。

【变式 2】已知 $\sin 2\alpha=-\frac{4}{5}\sin\alpha$，$\alpha\in(\frac{\pi}{2},\pi)$，分别求 $\cos 2\alpha$，$\tan 2\alpha$ 的值。

【解析】因为 $\sin 2\alpha=-\frac{4}{5}\sin\alpha$，所以 $2\sin\alpha\cos\alpha=-\frac{4}{5}\sin\alpha$，得出 $\cos\alpha=-\frac{2}{5}$，

最终得出 $\cos2\alpha=2\cos^2\alpha-1=2\times\left(-\frac{2}{5}\right)^2-1=-\frac{17}{25}$。

因为 $\alpha\in(\frac{\pi}{2},\ \pi)$，所以 $\sin\alpha=\sqrt{1-\cos^2\alpha}=\frac{\sqrt{21}}{5}$，得出 $\tan\alpha=\frac{\sin\alpha}{\cos\alpha}=\frac{\frac{\sqrt{21}}{5}}{\frac{2}{5}}=-\frac{\sqrt{21}}{2}$，

最终得出 $\tan2\alpha=\frac{2\tan\alpha}{1-\cos^2\alpha}=\frac{2\times(-\frac{\sqrt{21}}{2})}{1-(-\frac{\sqrt{21}}{2})^2}=\frac{4\sqrt{21}}{17}$。

因为 $\alpha\in(\frac{\pi}{2},\ \pi)$，所以 $\sin\alpha=-\sqrt{1-\cos^2\alpha}=\frac{3}{5}$，得出 $\tan\alpha=\frac{\sin\alpha}{\cos\alpha}=\frac{\frac{3}{5}}{-\frac{4}{5}}=-\frac{3}{4}$，

最终得出 $\tan2\alpha=\frac{2\tan\alpha}{1-\tan^2\alpha}=\frac{2\times(-\frac{3}{4})}{1-(-\frac{3}{4})^2}=-\frac{24}{7}$。

【点评】本题主要考查二倍角的余弦、正切公式的准确应用和求值变换。

【变式 3】已知 $\tan\alpha=-\frac{3}{4}$，分别求 $\sin2\alpha$，$\cos2\alpha$ 的值。

【解析】因为 $\tan\alpha=-\frac{3}{4}$，

所以 $\sin2\alpha=2\sin\alpha\cos\alpha=\frac{2\sin\alpha\cos\alpha}{\sin^2\alpha+\cos^2\alpha}=\frac{\frac{2\sin\alpha\cos\alpha}{\cos^2\alpha}}{\frac{\sin^2\alpha+\cos^2\alpha}{\cos^2\alpha}}=\frac{2\tan\alpha}{\tan^2\alpha+1}=\frac{2\times(-\frac{3}{4})}{(-\frac{3}{4})^2+1}=-\frac{24}{25}$，

$$\cos2\alpha=\cos^2\alpha-\sin^2\alpha=\frac{\cos^2\alpha-\sin^2\alpha}{\sin^2\alpha+\cos^2\alpha}=\frac{\frac{\cos^2\alpha-\sin^2\alpha}{\cos^2\alpha}}{\frac{\sin^2\alpha+\cos^2\alpha}{\cos^2\alpha}}=\frac{1-\tan^2\alpha}{\tan^2\alpha+1}=\frac{1-(-\frac{3}{4})^2}{(-\frac{3}{4})^2+1}=\frac{7}{25}。$$

【点评】本题同时考查了二倍角的正弦、余弦公式和同角三角函数的关系。其实，本题给出了三角恒等变换中著名的“万能公式”：$\sin2\alpha=\frac{2\tan\alpha}{\tan^2\alpha+1}$，$\cos2\alpha=\frac{1-\tan^2 a}{\tan2\alpha+1}$，$\tan2\alpha=\frac{2\tan\alpha}{1-\tan^2\alpha}$。这些公式体现了二倍角的三角函数与单角正切值的关系，希望学生能在理解的基础上加以掌握和运用。

【感悟】二倍角的三角公式反映了二倍角与单角的函数关系，抓住公式中角、函数名、结构的特点即可轻松解题，如在公式 $\cos 2\alpha=\cos^2\alpha-\sin^2\alpha=2\cos^2\alpha-1=1-2\sin^2\alpha$ 中，角减半则函数幂指数翻倍。第一种变形便于与因式分解相联系，后两种变形直接将 $\cos 2\alpha$ 用 α 的余弦或正弦表示。

【例 4】在△ ABC 中，角 A，B，C 所对的边分别为 a，b，c. 若 $a=\sqrt{2}$，$b=2$，$\sin B+\cos B=\sqrt{2}$，则角 A 的大小为______。

【解析】由 $\sin B+\cos B=\sqrt{2}\sin(B+\dfrac{\pi}{4})=\sqrt{2}$，得 $\sin(B+\dfrac{\pi}{4})=1$，所以∠ $B=\dfrac{\pi}{4}$。

由正弦定理 $\dfrac{a}{\sin A}=\dfrac{b}{\sin B}$，得 $\sin A=\dfrac{a\sin B}{b}=\dfrac{\sqrt{2}\cdot\sin\dfrac{\pi}{4}}{2}=\dfrac{1}{2}$，所以∠ $A=\dfrac{\pi}{6}$ 或 $\dfrac{5\pi}{6}$。

因为 $a<b$，所以∠ $A<$ ∠ B，所以∠ A 是锐角，故∠ $A=\dfrac{\pi}{6}$（$A=\dfrac{5\pi}{6}$ 舍去）。

【点评】本考题以三角恒等变换为背景，考查了正弦定理在解三角形中的应用。本题属“已知两边及其中一边的对角解三角形”问题，是学习中的一类难点问题，根据已知条件判断解的个数是解题的关键。

课本原型（人教版 A 版必修 5 第 4 页例 2）：在△ ABC 中，已知 $a=20$ cm，$b=28$ cm，$A=40°$，解三角形（角度精确到 1°，边长精确到 1 cm）。

本题中由于 $a<b$，所以求得的角 B 有两解。

【变式 1】在△ ABC 中，已知 $a=\sqrt{2}$，$B=45°$，$b=2$，则∠ $A=$（　　）。

A.30°　　B.45°　　C.60°　　D.90°

【解析】由正弦定理得 $\dfrac{\sqrt{2}}{\sin A}=\dfrac{2}{\sin 45°}$，所以 $\sin A=\dfrac{\sqrt{2}\sin 45°}{2}=\dfrac{1}{2}$。因为 $b>a$，所以∠ A 为锐角，所以∠ $A=30°$，故选 A。

【点评】本题也是只有一解的情形，由边的关系得到∠ A 为锐角是求解的关键。

【变式 2】在△ ABC 中，角 A，B，C 的对边分别为 a，b，c，已知∠ $A=\dfrac{\pi}{3}$，$a=\sqrt{3}$，$b=1$，则 c 等于（　　）。

A. 1　　B. 2　　C. $\sqrt{3}-1$　　D. 3

【解析】由正弦定理 $\dfrac{a}{\sin A}=\dfrac{b}{\sin B}$，得 $\dfrac{\sqrt{3}}{\sin\dfrac{\pi}{3}}=\dfrac{1}{\sin B}$，所以 $\sin B=\dfrac{1}{2}$，故∠ $B=\dfrac{\pi}{6}$ 或 $\dfrac{5\pi}{6}$。

由 $a > b$，得 $\angle A > \angle B$，所以 $\angle B=\dfrac{\pi}{6}$。

故 $\angle C=\dfrac{\pi}{2}$，由勾股定理得 $c=2$，故选 B。

【点评】本题为已知两边及其中一边的对角求第三边，利用正弦定理求出角 B 进而得到角 C，进而判断出三角形为直角三角形，从而运用勾股定理得解。

【变式 3】在 $\triangle ABC$ 中，a，b，c 分别是角 A，B，C 的对边，$a=2\sqrt{3}$，$b=6$，$\angle A=30°$，则边 $c=$（　　）。

A. $\sqrt{3}$　　B. $2\sqrt{3}$　　C. $4\sqrt{3}$　　D. $2\sqrt{3}$ 或 $4\sqrt{3}$

【解析】由余弦定理 $a^2=b^2+c^2-2bc\cos A$，得 $b^2-(2c\cdot\cos A)\,b+(c^2-a^2)=0$，所以 $6^2-(2c\cos30°)\times6+c^2-(2\sqrt{3})^2=0$，整理得 $c^2-6\sqrt{3}c+24=0$，解得 $c_1=4\sqrt{3}$ 或 $c_2=2\sqrt{3}$，故选 D。

【点评】本题结合已知条件运用余弦定理，化为关于边 c 的一元二次方程进而求解，体现了方程思想的运用。同时，在解决三角形问题时，一定要根据具体问题恰当地选用正、余弦定理。

【变式 4】在 $\triangle ABC$ 中，已知 $a=x$，$b=2$，$\angle B=45°$，若利用正弦定理解三角形有两解，则 x 的取值范围是______。

【解析】由正弦定理得 $\sin A=\dfrac{a\sin B}{b}=\dfrac{\sqrt{2}}{4}x$。

若角 A 有两解，则 $\sin45° < \sin A < 1$，所以 $\dfrac{\sqrt{2}}{2} < \dfrac{\sqrt{2}}{4}x < 1$，所以 $2 < x < 2\sqrt{2}$。

故 x 的取值范围是 $(2, 2\sqrt{2})$。

【点评】本题是解三角形的逆向问题，体现了对知识的灵活运用。

【感悟】我们知道，三角形的内角 α 的范围是 $(0, \pi)$，而在 $(0, \pi)$ 中满足 $\sin\alpha=a(0<a<1)$ 的角 α 的值有两个，一个是锐角，一个是钝角，它们两个互为补角。这两个角是否都符合条件的要求不确定，所以“已知两边及其中一边的对角”判定解的个数时会出现两解、一解和无解三种情形。正因为解的不确定性，所以解三角形时需要讨论、判断解的个数。利用画图观察法，根据条件“对号入座”，并结合三角形中大边对大角便可直观、简捷地确定三角形的解的个数。具体地讲，已知两边 a、b 及一边的对角 A，求角 B 时的各种情形如下：

（1）$\angle A$ 为锐角时：

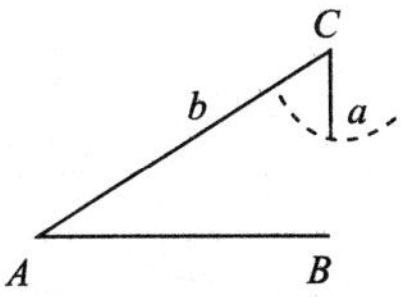

$a < b\sin A$ 无解

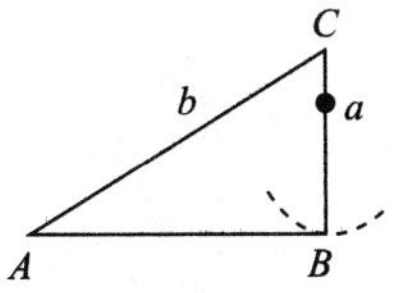

$a=b\sin A$ 一解

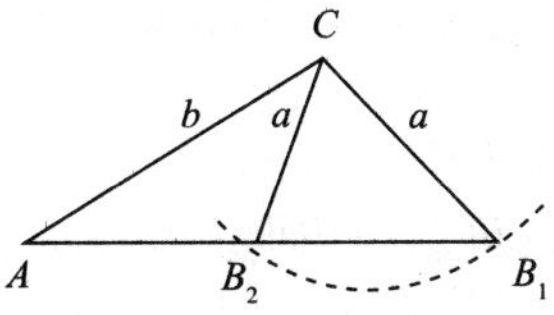

$b\sin A < a < b$ 两解

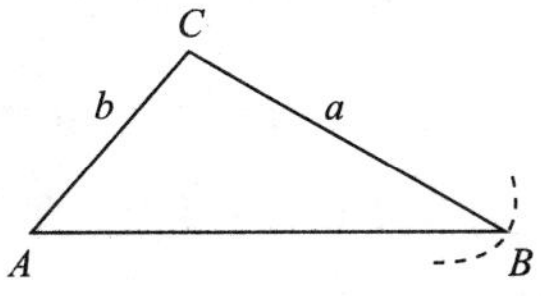

$a \geqslant b$ 一解

（2）$\angle A$ 为直角或钝角时：

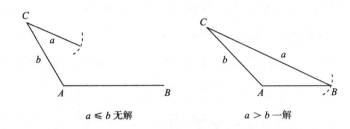

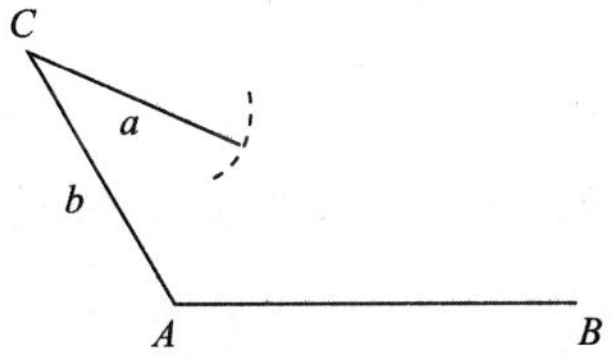

$a \leqslant b$ 无解

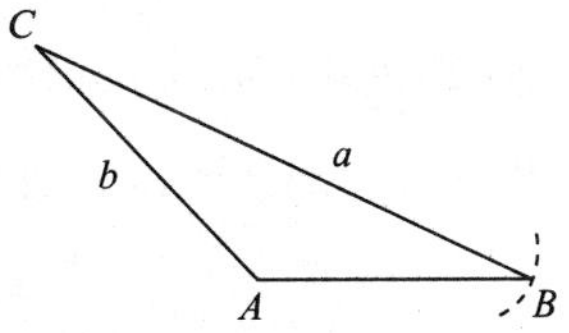

$a > b$ 一解

【例 5】设△ ABC 的内角 A，B，C 所对的边分别为 a，b，c，若 $b\cos C + c\cos B = a\sin A$，则△ ABC 的形状为（　　）。

A. 锐角三角形　　B. 直角三角形　　C. 钝角三角形　　D. 不确定

【解析】因为 $b\cos C + c\cos B = a\sin A$，所以由正弦定理得 $\sin B\cos C + \sin C\cos B = \sin^2 A$，所以 $\sin(B+C) = \sin^2 A$，所以 $\sin A = \sin^2 A$，所以 $\sin A = 1$，所以 $\angle A = 90°$。

所以△ ABC 是直角三角形，故选 B。

【点评】判断三角形的形状是一类较常见的问题，应围绕三角形的边角关系进行思考。因此，可以利用正弦定理和余弦定理来判断。判断三角形的形状主要看其是否是正三角形、等腰三角形、直角三角形、钝角三角形或锐角三角形，要特别注意等腰三角形、直角三角形与等腰三角形的区别。

课本原型（人教版 A 版必修 5 第 10 页第 2 题）：在△ ABC 中，如果有性质 $a\cos A=b\cos B$，试问这个三角形的形状具有什么特点？

【解法 1】（化边为角）由正弦定理，得 $\sin A\cos A=\sin B\cos B$，即 $\sin 2A=\sin 2B$。

因为由 $2\angle A \in (0, 2\pi)$，$2\angle B \in (0, 2\pi)$，得 $\angle A=\angle B$ 或 $\angle A+\angle B=\dfrac{\pi}{2}$，所以△ ABC 为等腰三角形或直角三角形。

【解法 2】（化角为边）由余弦定理，得 $a\cdot\dfrac{b^2+c^2-a^2}{2bc}=b\cdot\dfrac{a^2+c^2-b^2}{2ac}$，即 $a^2(b^2+c^2-$

$a^2)=b^2(a^2+c^2-b^2)$，整理，得 $c^2(a^2-b^2)=(a^2+b^2)(a^2-b^2)$。

因此，$a^2=b^2$ 或 $c^2=a^2+b^2$。

故△ ABC 为等腰三角形或直角三角形。

【点评】本题利用正弦定理或余弦定理进行边角互化，转化为边边关系或角角关系求解。

【变式 1】在△ ABC 中，若 $b\cos A=a\cos B$，则此三角形为（　　）。

A. 直角三角形　　B. 锐角三角形　　C. 等腰三角形　　D. 等边三角形

【解法 1】（化边为角）由正弦定理，得 $\sin B\cos A=\sin A\cos B$。

因为 $\cos A\neq 0$，$\cos B\neq 0$，所以 $\tan A=\tan B$。

因为由 $\angle A$、$\angle B\in(0，\pi)$，所以 $\angle A=\angle B$，所以△ ABC 为等腰三角形。

故选 C。

【解法 2】（化角为边）由余弦定理，得 $b\cdot\dfrac{b^2+c^2-a^2}{2bc}=a\cdot\dfrac{a^2+c^2-b^2}{2ac}$，即 $b^2+c^2-a^2=a^2+c^2-b^2$，整理得 $a^2=b^2$，即 $a=b$，所以△ ABC 为等腰三角形。

故选 C。

【变式 2】在△ ABC 中，若 $a^2\tan B=b^2\tan A$，试判定这个三角形的形状。

【解析】由已知得 $a^2\cdot\dfrac{\sin B}{\cos B}=b^2\cdot\dfrac{\sin A}{\cos A}$，再由正弦定理得 $a\cos A=b\cos B$，以下同例题的解法 1、2。

【变式 3】在△ ABC 中，已知 $(a^2+b^2)\sin(A-B)=(a^2-b^2)\sin(A+B)$，试判断该三角形的形状。

【解法 1】（化边为角）由已知，得 $a^2[\sin(A-B)-\sin(A+B)]=b^2[-\sin(A+B)-\sin(A-B)]$，即 $a^2\cos A\sin B=b^2\cos B\sin A$。

因为由正弦定理，得 $\sin^2A\cos A\sin B=\sin^2B\cos B\sin A$，所以 $\sin A\sin B(\sin A\cos A-\sin B\cos B)=0$。

又因为在三角形中 $\sin A\sin B\neq 0$，所以 $\sin A\cos A-\sin B\cos B=0$，即 $\sin 2A=\sin 2B$。以下同课本原型解法 1。

【解法 2】（化角为边）由已知，得 $a^2[\sin(A-B)-\sin(A+B)]=b^2[-\sin(A+B)-\sin(A-B)]$，即 $a^2\cos A\sin B=b^2\cos B\sin A$。

由正弦定理，得 $a^2b\cos A=b^2a\cos B$，即 $a\cos A=b\cos B$。

又由余弦定理，得 $a\cdot\dfrac{b^2+c^2-a^2}{2bc}=b\cdot\dfrac{a^2+c^2-b^2}{2ac}$，即 $a^2(b^2+c^2-a^2)=b^2(a^2+c^2-b^2)$，以下同课本原型解法 2。

【变式 4】在△ ABC 中，已知 $\dfrac{a+b}{a}=\dfrac{\sin B}{\sin B-\sin A}$ ，且 $\cos(A-B)+\cos C=1-\cos 2C$ ，则△ ABC 是（　　）。

A. 等边三角形　　B. 等腰三角形　　C. 直角三角形　　D. 等腰直角三角形

【解析】由 $\dfrac{a+b}{a}=\dfrac{\sin B}{\sin B-\sin A}$ ，得 $\dfrac{a+b}{a}=\dfrac{b}{b-a}$ ，即 $b^2-a^2=ab$。①

又 $\cos(A-B)+\cos C=1-\cos 2C$ ，所以知 $\cos(A-B)-\cos(A+B)=2\sin^2 C$。

$\sin A\cdot\sin B=\sin^2 C$ ，则 $ab=c^2$。②

由①②知 $b^2-a^2=c^2$，即 $b^2=a^2+c^2$ ，所以△ ABC 为直角三角形，故选 C。

【感悟】依据已知条件对三角形的形状进行判断时，要注意边角的互化，可通过以下两条途径来实现：

（1）化边为角（化边为角往往“求助”正弦定理），并结合三角形内角和为 π 的条件，通过恒等变换，得出内角之间的关系，从而判断出三角形的形状；

（2）化角为边（化角为边往往“仰仗”余弦定理），并通过因式分解、配方等方法得出边的相应关系，从而判断出三角形的形状。

当然利用这两条途径解题时都要注意不要随意约去公因式，以免漏解。

【例 6】为了测量两山顶 M，N 间的距离，飞机沿水平方向在 A，B 两点进行测量，A，B，M，N 在同一个铅垂平面内（见示意图），飞机能够测量的数据有俯角和 A，B 间的距离，请设计一个方案，包括：①指出需要测量的数据（用字母表示，并在图中标出）；②用文字和公式写出计算 M，N 间的距离的步骤。

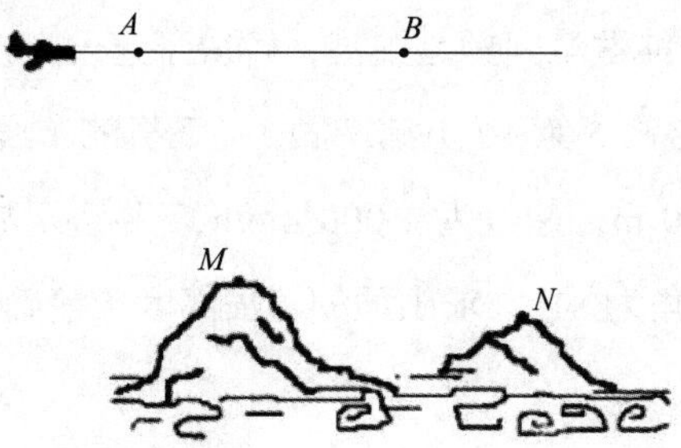

【解析】方案一：需要测量的数据有 A 点到 M，N 点的俯角 α_1，β_1 ；B 点到 M，N 的俯角 α_2，β_2 ；A，B 的距离 d（见下图）。

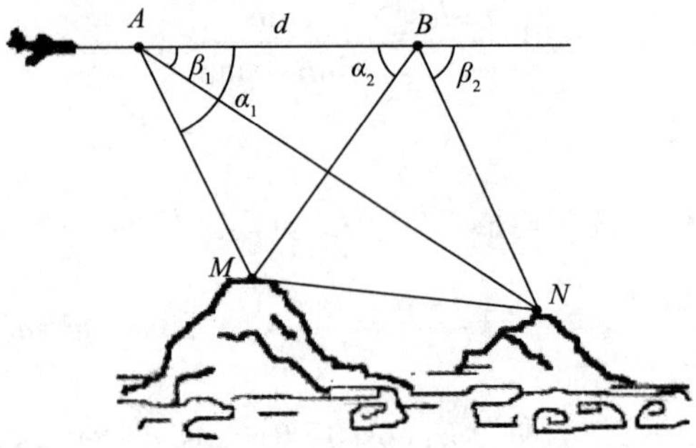

第一步：计算 AM，由正弦定理 $AM=\dfrac{d\sin\alpha_2}{\sin(\alpha_1+\alpha_2)}$ 求得；

第二步：计算 AN，由正弦定理 $AN=\dfrac{d\sin\beta_2}{\sin(\beta_2-\beta_1)}$ 求得；

第三步：计算 MN，由余弦定理 $MN=\sqrt{AM^2+AN^2-2AM\times AN\cos(\alpha_1-\beta_1)}$ 求得。

方案二：需要测量的数据有：A 点到 M,N 点的俯角 α_1,β_1；B 点到 M,N 点的俯角 α_2,β_2；A，B 的距离 d（见上图）。

第一步：计算 BM，由正弦定理 $BM=\dfrac{d\sin\alpha_1}{\sin(\alpha_1+\alpha_2)}$ 求得；

第二步：计算 BN，由正弦定理 $BN=\dfrac{d\sin\beta_1}{\sin(\beta_2-\beta_1)}$ 求得；

第三步：计算 MN，由余弦定理 $MN=\sqrt{BM^2+BN^2-2BM\times BN\cos(\beta_2+\alpha_2)}$ 求得。

【点评】本题通过测量方案的设计，实现了正、余弦定理“联手”解题。把实际问题抽象成一个数学问题，再用数学知识进行解题，从而使问题得到解决，这是应用数学的重要考点。为此，如何把实际问题抽象成纯数学问题是关键，解决了这一点，此类问题一般不会太难。

课本原型（人教版 A 版必修 5 第 19 页第 7 题）：飞机的航线和山顶在同一个铅垂平面内，已知飞机的高度为海拔 20 250 m，速度为 1 000 km/h，飞行员先看到山顶的俯角为 18°30′，经过 150 s 后又看到山顶的俯角为 81°，求山顶的海拔高度（精确到 1 m）。

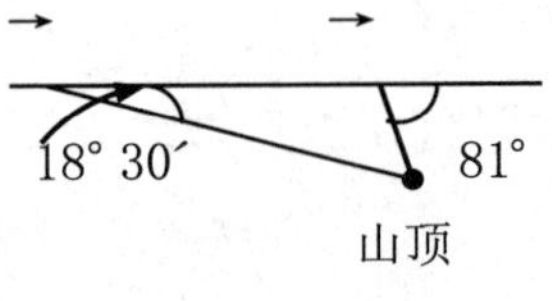

【解析】飞机在 150 s 内飞行的距离是 $d=1\ 000\times1\ 000\times\dfrac{150}{3\ 600}$ m，

设飞机看到山顶的俯角为 81° 时飞机与山顶的距离为 x，根据正弦定理，$\dfrac{d}{\sin(81°-18.5°)}=\dfrac{x}{\sin18.5°}$，飞机与山顶的海拔的差是 $x\times\tan81°=\dfrac{d\times\sin18.5°}{\sin(81°-18.5°)}\times\tan81°\approx14\ 721.64$ m。

所以山顶的海拔高度是 20 250−14 721.64≈5 528 m。

【点评】本题是测量高度（山顶的海拔高度）的问题，由于难以直接求解，因此放在了山顶与飞机的两个不同位置构成的三角形中，利用正弦定理和三角函数关系求解。在解决与三角形有关的实际应用问题时，应深刻理解一些有关名词、术语的含义，如方位角、仰角、俯角等，并能准确地与题目中的相关知识结合，进行准确的定位。本题中理解俯角的含义和运用转化的思想是求解的关键。

【变式 1】一飞机沿水平方向飞行，在位置 A 处测得正前下方地面目标 C 的俯角为 30°，向前飞行了 10 000 m，到达位置 B 时测得正前下方地面目标 C 的俯角为 75°，求这时飞机与地面目标的距离。

【解析】如下图所示，$\angle BAC=30°$，$\angle CBA=180°-75°=105°$，所以 $\angle ACB=45°$。

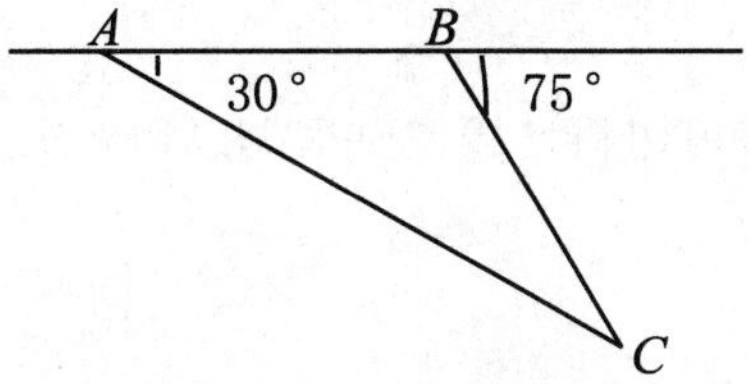

由正弦定理得 $BC=\dfrac{AB\cdot\sin30°}{\sin45°}=5\ 000\sqrt{2}$ m，即这时飞机与地面目标的距离为 $5\ 000\sqrt{2}$ m。

【变式 2】在同一地平面上有三个高射炮阵地 A、B、C，已知 A 在 B 的南偏西 36°，B 在 C 的北偏西 24° 方向，B 与 A、C 两地距离的长度是方程 $3x^2-2\ 700x+320\ 000=0$ 的两根。现三个阵地同时发现敌机一架，仰角都是 60°，求此时敌机的高度。

【解析】如下图所示，设敌机高度 $TO=h$。

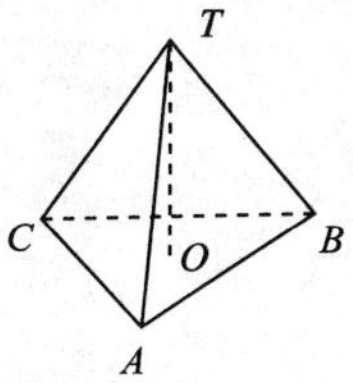

因为三个阵地对 T 的仰角都是 60°，所以点 T 在地面上的射影 O 为△ ABC 的外心。

设△ ABC 的外接圆的半径为 R，则 $h=\sqrt{3}R$。由图知∠ $B=36°+24°=60°$。

设 $BC=a, AB=c$, 由于 a、c 的长度是方程 $3x^2-2\,700x+320\,000=0$ 的两根，

则 $\begin{cases} a+c=900 \\ ac=\dfrac{320\,000}{3} \end{cases}$。

由余弦定理，得 $b^2=a^2+c^2-2ac\cos60°=(a+c)^2-3ac=490\,000$，所以 $b=700$。

由正弦定理，得 $R=\dfrac{b}{2\sin B}=\dfrac{700}{2\sin60°}=\dfrac{700}{\sqrt{3}}$，则 $h=\sqrt{3}R=700$。

故此时飞机的高度为 700 长度单位。

【感悟】解三角形实际应用问题时，应注意以下问题：

（1）认真分析题意，将已知元素和未知元素弄清楚，根据题意画出示意图。

（2）明确问题中的一些名词、术语的意义，如仰角、俯角、坡度、方位角、方向角等。

（3）将实际问题中的数量关系转化为数学问题，利用已学过的几何图形的性质，作出必要的辅助线，将已知、未知元素集中到同一个三角形中，然后解这个三角形。

（4）在选择关系式时，一是要力求简便，二是尽可能地使用题目中的已知数据，以减少计算中的误差。

（5）按照题目中已有的精确度进行计算，并根据题目要求的精确度确定答案并注明单位。

第四讲　平面向量与复数

【例 1】已知向量 $\vec{a}=(2,-1)$，$\vec{b}=(-1,m)$，$\vec{c}=(-1,2)$，若 $(\vec{a}+\vec{b})//\vec{c}$，则 $m=$____。

【解析】由已知得 $\vec{a}+\vec{b}=(1,m-1)$，$\vec{c}=(-1,2)$。

由 $(\vec{a}+\vec{b})//\vec{c}$，得 $1\times2-(m-1)\times(-1)=m+1=0$，解得 $m=-1$。

【点评】本题主要考查了向量平行的条件与向量的坐标运算。把握平行的条件构建方程求解，体现了方程思想的应用。

课本原型（人教版 A 版必修 4 第 101 页第 5 题）：当 x 为何值时，$\vec{a}=(2,3)$ 与 $\vec{b}=(x,-6)$ 共线？

【解析】由 $\vec{a}=(2,3)$ 与 $\vec{b}=(x,-6)$ 共线，得 $2\times(-6)-3x=0$，解得 $x=-4$。

【点评】求解向量共线问题的基础：利用“若向量 $\vec{a}=(x_1,y_1)$，$\vec{b}=(x_2,y_2)$，则 $\vec{a}//\vec{b}\Leftrightarrow x_1y_2-x_2y_1=0$”来建立关系式。

【变式 1】已知向量 $\vec{a}=(2,3)$，$\vec{b}=(x,-6)$，且 $\vec{a}//\vec{b}$，则 $2\vec{a}+3\vec{b}=$（　　）。

A.(8，12)　　B.(−8，12)　　C.(8，−12)　　D.(−8，−12)

【解析】由课本题的解析可知 $x=-4$，所以 $\vec{b}=(-4,-6)$。

所以 $2\vec{a}+3\vec{b}=2\times(2,3)+3\times(-4,-6)=(-8,-12)$，故选 D。

【变式 2】已知 $\vec{a}=(2,3)$，$\vec{b}=(x,-6)$，且 $(\vec{a}+2\vec{b})//(2\vec{a}-\vec{b})$，则 x 的值为（　　）。

A.4　　B.−4　　C.6　　D.−6

【解析】$\vec{a}+2\vec{b}=(2+2x,-9)$，$2\vec{a}-\vec{b}=(4-x,12)$，则 $(2+2x)\times12-(-9)\times(4-x)=0$，即 $15x=-60$，解得 $x=-4$，故选 B。

【变式 3】过原点 O 的直线与函数 $y=\log_8x$ 的图像交于 A、B 两点，过 A、B 分别作 x 轴的垂线交函数 $y=\log_2x$ 的图像于 C、D 两点。求证：O、C、D 三点在一条直线上。

【解析】将三点共线的证明转化为论证向量共线关系式。

【证明】设 $A(x_1,\log_8x_1)$，$B(x_2,\log_8x_2)$，则 $\overrightarrow{OA}=(x_1,\log_8x_1)$，$\overrightarrow{OB}=(x_2,\log_8x_2)$，根据已知 $\overrightarrow{OA}$ 与 $\overrightarrow{OB}$ 共线，得 $x_1\log_8x_2-x_2\log_8x_1=0$。

又根据题设条件可知 $C(x_1,\log_2x_2)$，$D(x_2,\log_2x_2)$，

所以 $\overrightarrow{OC}=(x_1, \log_2 x_1)$，$\overrightarrow{OD}=(x_2, \log_2 x_2)$。

因为 $x_1\log_2 x_2-x_2\log_2 x_1=x_2\log_8 x_2^3-x_1\log_8 x_1^3=3(x_1\log_8 x_2-x_2\log_8 x_1)=0$，所以 $\overrightarrow{OC}$ 与 $\overrightarrow{OD}$ 共线，即 O、C、D 三点在一条直线上。

【点评】本题将三点共线的证明转化为论证向量共线关系式。通过构设点的坐标，改用向量的坐标运算来论证，十分简捷、新颖、巧妙。

【变式 4】已知点 $O(0, 0)$，$A(1, 2)$，$B(4, 5)$ 及 $\overrightarrow{OP}=\overrightarrow{OA}+t\overrightarrow{AB}$，试问：四边形 $OABP$ 是否能成为平行四边形，若能，则求出 t 的值；若不能，说明理由。

【解析】利用向量相等的坐标表示得到对应的坐标相等，用 t 表示出 P 点的坐标，然后根据 P 所在的位置确定 t 的范围。

当四边形 $OABP$ 为平行四边形时，则有 $\overrightarrow{OP}=\overrightarrow{AB}$，即 $\begin{cases}3=1+3t\\3=2+3t\end{cases}$，所以 $\begin{cases}t=\dfrac{2}{3}\\t=\dfrac{1}{3}\end{cases}$，矛盾。

所以不存在 t 使四边形 $OABP$ 为平行四边形。

【点评】由点所在的位置确定相应的坐标满足的条件，将形的问题转化成数的问题来解决，这是向量坐标表示数形结合的功能。

【变式 5】设向量 $\vec{m}=(a, b)$，$\vec{n}=(c, d)$，规定向量 $\vec{m}$，$\vec{n}$ 之间的一个运算“※”：$\vec{m}$ ※ $\vec{n}=(ac-bd, ad+bc)$。已知向量 $\vec{a}=(0,1)$，$\vec{b}=(2,1)$，$\vec{c}=(3,2)$，$t\in\mathbf{R}$，求当 t 为何值时，$\vec{a}$ ※$t\vec{b}$ 与 $\vec{a}+t\vec{c}$ 共线。

【解析】由于 $t\vec{b}=t(2, 1)=(2t, t)$，$t\vec{c}=t(3, 2)=(3t, 2t)$，根据定义，有 $\vec{a}$ ※$t\vec{b}=(0, 1)$※$(2t, t)=(0\times 2t-1\times t, 0\times t+1\times 2t)=(-t, 2t)$。

而 $\vec{a}+t\vec{c}=(0, 1)+(3t, 2t)=(3t, 2t+1)$。

由于要使 $\vec{a}$ ※$t\vec{b}$ 与 $\vec{a}+t\vec{c}$ 共线，即 ($\vec{a}$ ※$t\vec{b}$)//($\vec{a}+t\vec{c}$)，则 $(-t)(2t+1)-2t\times 3t=0$，即 $8t^2+t=0$，解得 $t=-\dfrac{1}{8}$ 或 $t=0$。

【点评】本题通过定义与坐标有关的新运算，把创新运算类型与向量共线的条件结合起来，综合考查学生对新信息的理解与处理能力。

【感悟】(1) 两个平面向量共线的充要条件有两种形式：①若 $\vec{a}=(x_1, y_1)$，$\vec{b}=(x_2, y_2)$，则 $\vec{a}\,/\!/\,\vec{b}$ 的充要条件是 $x_1y_2-x_2y_1=0$；②若 $\vec{a}\,/\!/\,\vec{b}$（$\vec{a}\neq 0$），则 $\vec{b}=\lambda\vec{a}$。

（2）向量共线的坐标表示既可以判定两向量平行，也可以由平行求参数。当两个向量的坐标均非零时，也可以利用坐标对应成比例来求解。

【例 2】设 M 为平行四边形 $ABCD$ 对角线的交点，O 为平行四边形 $ABCD$ 所在平面内任意一点，则 $\overrightarrow{OA}+\overrightarrow{OB}+\overrightarrow{OC}+\overrightarrow{OD}$ 等于（　　）。

A. $\overrightarrow{OM}$　　B. $2\overrightarrow{OM}$　　C. $3\overrightarrow{OM}$　　D. $4\overrightarrow{OM}$

【解析】如下图所示，因为 M 为平行四边形 $ABCD$ 对角线的交点，所以 M 是 AC 与 BD 的中点，即 $\overrightarrow{MA}=-\overrightarrow{MC},\overrightarrow{MB}=-\overrightarrow{MD}$。

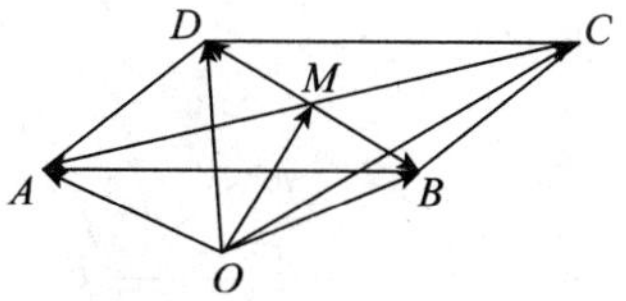

在△ OAC 中，$\overrightarrow{OA}+\overrightarrow{OC}=(\overrightarrow{OM}+\overrightarrow{MA})+(\overrightarrow{OM}+\overrightarrow{MC})=2\overrightarrow{OM}$；

在△ OBD 中，$\overrightarrow{OB}+\overrightarrow{OD}=(\overrightarrow{OM}+\overrightarrow{MB})+(\overrightarrow{OM}+\overrightarrow{MD})=2\overrightarrow{OM}$，

所以 $\overrightarrow{OA}+\overrightarrow{OC}+\overrightarrow{OB}+\overrightarrow{OD}=4\overrightarrow{OM}$，故选 D。

【点评】向量的线性运算及其几何意义是平面向量的重要内容，该试题通过平行四边形中的线段所表示的向量关系进行考查。

课本原型（人教版 A 版必修 4 第 92 页第 5 题）：已知 O 为四边形 $ABCD$ 所在平面内一点，且向量 $\overrightarrow{OA},\overrightarrow{OB},\overrightarrow{OC},\overrightarrow{OD}$ 满足等式 $\overrightarrow{OA}+\overrightarrow{OC}=\overrightarrow{OB}+\overrightarrow{OD}$。

（1）作图并观察四边形 $ABCD$ 的形状；

（2）四边形 $ABCD$ 有什么特性？试证明你的猜想。

【解析】作出图形如下图所示，四边形 $ABCD$ 是平行四边形。

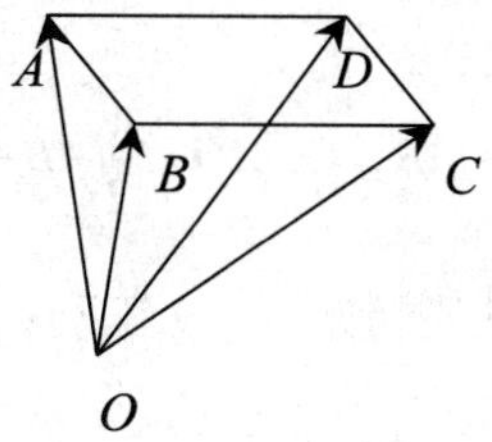

【证明】若 $\overrightarrow{OA}+\overrightarrow{OC}=\overrightarrow{OB}+\overrightarrow{OD}$，则 $\overrightarrow{OA}-\overrightarrow{OB}=\overrightarrow{OD}-\overrightarrow{OC}$。

因为 $\overrightarrow{BA}=\overrightarrow{OA}-\overrightarrow{OB}$，$\overrightarrow{CD}=\overrightarrow{OD}-\overrightarrow{OC}$，所以 $\overrightarrow{BA}=\overrightarrow{CD}$，所以四边形 $ABCD$ 为平行四边形。

【变式 1】已知 O 为平行四边形 $ABCD$ 所在平面内一点，求证：$\overrightarrow{OA}+\overrightarrow{OC}=\overrightarrow{OB}+\overrightarrow{OD}$。

【证明】因为四边形 $ABCD$ 为平行四边形，

所以$\overrightarrow{BA}=\overrightarrow{CD}$，而$\overrightarrow{BA}=\overrightarrow{OA}-\overrightarrow{OB}$，$\overrightarrow{CD}=\overrightarrow{OD}-\overrightarrow{OC}$，

所以$\overrightarrow{OA}-\overrightarrow{OB}=\overrightarrow{OD}-\overrightarrow{OC}$，即$\overrightarrow{OA}+\overrightarrow{OC}=\overrightarrow{OB}+\overrightarrow{OD}$。

【点评】该题是上述课本题的逆向命题。

【变式 2】如下图所示，在平行四边形 $ABCD$ 中，对角线 AC 与 BD 交于点 O，$\overrightarrow{AB}+\overrightarrow{AD}=\lambda\overrightarrow{AO}$，则 $\lambda=$______。

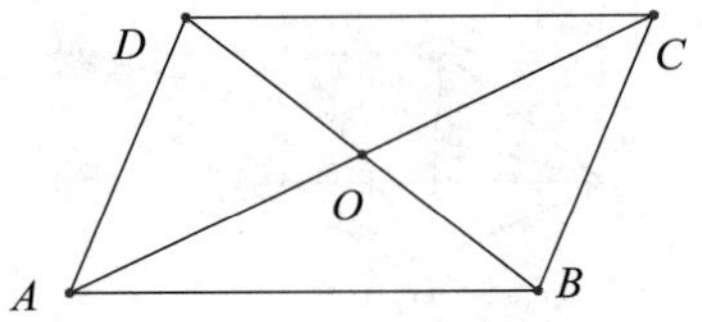

【解析】由向量加法的平行四边形法则，得$\overrightarrow{AB}+\overrightarrow{AD}=\overrightarrow{AC}$。

因为 O 是 AC 的中点，所以$\overrightarrow{AC}=2\overrightarrow{AD}$，所以$\overrightarrow{AB}+\overrightarrow{AD}=2\overrightarrow{AO}$。

又$\overrightarrow{AB}+\overrightarrow{AD}=\lambda\overrightarrow{AO}$，则 $\lambda=2$。

【点评】该题考查了向量加法的平行四边形法则，揭示了三角形中线所表示的向量与共起点的两条边所表示的向量之间的关系：在 $\triangle ABC$ 中，O 是 BC 的中点，则$\overrightarrow{OA}=\frac{1}{2}(\overrightarrow{AB}+\overrightarrow{AC})$。

【变式 3】如下图所示，在平行四边形 $ABCD$ 中，O 是对角线 AC、BD 的交点，N 是线段 OD 的中点，AN 的延长线与 CD 交于点 E，则下列说法错误的是（　　）。

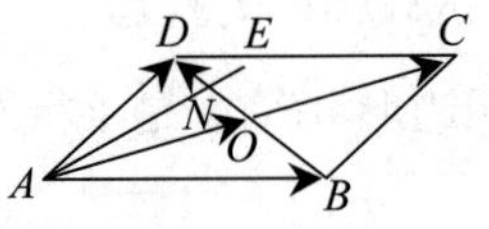

A. $\overrightarrow{AC}=\overrightarrow{AB}+\overrightarrow{AD}$　B. $\overrightarrow{BD}=\overrightarrow{AD}-\overrightarrow{AB}$　C. $\overrightarrow{AO}=\frac{1}{2}\overrightarrow{AB}+\frac{1}{2}\overrightarrow{AD}$　D. $\overrightarrow{AE}=\frac{5}{3}\overrightarrow{AB}+\overrightarrow{AD}$

【解析】由向量加、减法的运算法则可知 A，B 正确；又因为$\overrightarrow{AC}=\overrightarrow{AB}+\overrightarrow{AD}$，所以$\overrightarrow{AO}=\frac{1}{2}\overrightarrow{AB}+\frac{1}{2}\overrightarrow{AD}$，所以 C 正确；又因为$\overrightarrow{DC}/\!/\overrightarrow{AB}$，

所以$\frac{AB}{DE}=\frac{BN}{DN}=3$，所以$\overrightarrow{AE}=\overrightarrow{AD}+\overrightarrow{DE}=\overrightarrow{AD}+\frac{1}{3}\overrightarrow{AB}$，故选 D。

【点评】本题进一步考查了向量的线性运算及其几何意义，并结合图形运用了平行线分线段成比例的定理，较好地体现了数形结合的数学思想。

【感悟】要注意两个结论的运用：

（1）已知 P 是线段 P_1P_2 上的一点，若满足：$\overrightarrow{OP}=\frac{1}{2}(\overrightarrow{OP_1}+\overrightarrow{OP_2})$，则 P 是线段 P_1P_2 的中点。

（2）已知 G 是 $\triangle ABC$ 所在平面上的一点，若 $\overrightarrow{GC}=-\overrightarrow{GA}-\overrightarrow{GB}$，即 $\overrightarrow{GA}+\overrightarrow{GB}+\overrightarrow{GC}=\vec{0}$，则 G 是 $\triangle ABC$ 的重心。

【例 3】已知单位向量 $\overrightarrow{e_1}$ 与 $\overrightarrow{e_2}$ 的夹角为 α，且 $\cos\alpha=\frac{1}{3}$，向量 $\vec{a}=3\overrightarrow{e_1}-2\overrightarrow{e_2}$ 与 $b=3\overrightarrow{e_1}-\overrightarrow{e_2}$ 的夹角为 β，则 $\cos\beta=$______。

【解析】$\cos\beta=\frac{\vec{a}\cdot\vec{b}}{|\vec{a}||\vec{b}|}=\frac{(3\overrightarrow{e_1}-2\overrightarrow{e_2})\cdot(3\overrightarrow{e_1}-\overrightarrow{e_2})}{|3\overrightarrow{e_1}-2\overrightarrow{e_2}||3\overrightarrow{e_1}\overrightarrow{e_2}|}=\frac{9\overrightarrow{e_1}^2-9\overrightarrow{e_1}\overrightarrow{e_2}+2\overrightarrow{e_2}^2}{\sqrt{9\overrightarrow{e_1}^2-12\overrightarrow{e_1}\cdot\overrightarrow{e_2}+4\overrightarrow{e_2}^2}\sqrt{9\overrightarrow{e_1}^2-6\overrightarrow{e_1}\cdot\overrightarrow{e_2}+2\overrightarrow{e_2}^2}}$

$$=\frac{9-9\times\frac{1}{3}+2}{\sqrt{9-12\times\frac{1}{3}+4}\cdot\sqrt{9-6\times\frac{1}{3}+1}}=\frac{8}{3\times2\sqrt{2}}=\frac{2\sqrt{2}}{3}$$

【点评】平面向量的数量积及其性质是平面向量的重点内容，在平面向量中占重要的地位，在高考中也是常考的热点。平面向量的数量积主要用于解决有关向量的垂直问题，还可以计算向量的夹角、长度等。本题考查了平面向量数量积的运算等知识。

课本原型[人教版A版必修4第119页第1(5)题]：若 $\overrightarrow{e_1}$，$\overrightarrow{e_2}$ 是夹角为60º的两个单位向量，则 $\vec{a}=2\overrightarrow{e_1}+\overrightarrow{e_2}$，$\vec{b}=-3\overrightarrow{e_1}+2\overrightarrow{e_2}$ 的夹角为（　　）。

A.30º　　B.60º　　C.120º　　D.150º

【解析】因为 $\vec{a}=2\overrightarrow{e_1}+\overrightarrow{e_2}$，$\vec{b}=-3\overrightarrow{e_1}+2\overrightarrow{e_2}$，所以 $|\vec{a}|=\sqrt{(2\overrightarrow{e_1}+\overrightarrow{e_2})^2}=\sqrt{4+4\times\frac{1}{2}+1}=\sqrt{7}$，

$|\vec{b}|=\sqrt{(-3\overrightarrow{e_1}+2\overrightarrow{e_2})^2}=\sqrt{9-12\times\frac{1}{2}+4}=\sqrt{7}$　$\vec{a}\cdot\vec{b}=(2\overrightarrow{e_1}+\overrightarrow{e_2})\cdot(-3\overrightarrow{e_1}+2\overrightarrow{e_2})=-6+\frac{1}{2}+2=-\frac{7}{2}$。

设 $\vec{a}$，$\vec{b}$ 的夹角为 θ，则 $\cos\theta=\frac{\vec{a}\cdot\vec{b}}{|\vec{a}||\vec{b}|}=\frac{-\frac{7}{2}}{\sqrt{7}\times\sqrt{7}}=-\frac{1}{2}$。

因为 $\theta\in[0º，180º]$，所以 θ=120º，故选 C。

【变式 1】若 $\overrightarrow{e_1}$，$\overrightarrow{e_2}$ 是夹角为 60° 的两个单位向量，且 $\vec{a}=2\overrightarrow{e_1}+\overrightarrow{e_2},\vec{b}=-3\overrightarrow{e_1}+2\overrightarrow{e_2}$，则向量 $\vec{a}$ 在 $\vec{b}$ 方向上的投影为______。

【解析】因为 $\vec{a}=2\overrightarrow{e_1}+\overrightarrow{e_2},\vec{b}=-3\overrightarrow{e_1}+2\overrightarrow{e_2}$，所以 $|\vec{b}|=\sqrt{(-3\overrightarrow{e_1}+2\overrightarrow{e_2})^2}=\sqrt{9-12\times\frac{1}{2}+4}=\sqrt{7}$，

$\vec{a}\cdot\vec{b}=(2\overrightarrow{e_1}+\overrightarrow{e_2})\cdot(-3\overrightarrow{e_1}+2\overrightarrow{e_2})=-6+\frac{1}{2}+2=-\frac{7}{2}$。

设 $\vec{a}$，$\vec{b}$ 的夹角为 θ，则向量 $\vec{a}$ 在 $\vec{b}$ 方向上的投影为

$|\vec{a}|\cos\theta=|\vec{a}|\times\frac{\vec{a}\cdot\vec{b}}{|\vec{a}||\vec{b}|}=\frac{\vec{a}\cdot\vec{b}}{|\vec{b}|}=\frac{-\frac{7}{2}}{\sqrt{7}}=-\frac{\sqrt{7}}{2}$。

【点评】平面向量数量积的几何意义是“投影”。由上述条件可知，投影 $|\vec{b}|\cdot\cos\theta$ 是可正、可负、可为零的数量，其符号由 $\cos\theta$ 的符号决定：当 θ 为锐角时，投影为正；当 θ 为钝角时，投影为负；当 θ 为直角时，投影为零。

【变式 2】若 $\overrightarrow{e_1}$，$\overrightarrow{e_2}$ 是夹角为 60° 的两个单位向量，且 $\vec{a}=2\overrightarrow{e_1}+\overrightarrow{e_2},\vec{b}=-3\overrightarrow{e_1}+2\overrightarrow{e_2}$，试证明：$(\vec{a}+\vec{b})\perp(\vec{a}-\vec{b})$。

【证明】因为 $\vec{a}=2\overrightarrow{e_1}+\overrightarrow{e_2},\vec{b}=-3\overrightarrow{e_1}+2\overrightarrow{e_2}$，所以 $\vec{a}+\vec{b}=-\overrightarrow{e_1}+3\overrightarrow{e_2}$，$\vec{a}-\vec{b}=5\overrightarrow{e_1}-\overrightarrow{e_2}$，

所以 $(\vec{a}+\vec{b})\cdot(\vec{a}-\vec{b})=(-\overrightarrow{e_1}+3\overrightarrow{e_2})\cdot(5\overrightarrow{e_1}-\overrightarrow{e_2})=-5+16\times\frac{1}{2}-3=0$，所以 $(\vec{a}+\vec{b})\perp(\vec{a}-\vec{b})$。

【点评】“垂直”是平面向量的重要关系，对于两个非零向量，利用 $\vec{a}\perp\vec{b}\Rightarrow\vec{a}\cdot\vec{b}=0$ 是解决相关问题的关键。特别地，平面向量“垂直”的坐标表示 $\vec{a}\perp\vec{b}\Rightarrow\vec{a}\cdot\vec{b}=0\Rightarrow x_1x_2+y_1y_2=0$，是体现“垂直”内涵的等式，可记为“对应相乘和为零”。

【变式 3】已知 $\overrightarrow{e_1}$，$\overrightarrow{e_2}$ 是夹角为 60° 的两个单位向量，且 $\vec{a}=2\overrightarrow{e_1}+\overrightarrow{e_2}$，$\vec{b}=k\overrightarrow{e_1}+2\overrightarrow{e_1}$，若 $\vec{a}$ 与 $\vec{b}$ 的夹角 θ 为 120°，求实数 k 的值。

【解析】因为 $\vec{a}=2\overrightarrow{e_1}+\overrightarrow{e_2},\vec{b}=-k\overrightarrow{e_1}+2\overrightarrow{e_2}$，所以 $|\vec{a}|=\sqrt{(2\overrightarrow{e_1}+\overrightarrow{e_2})^2}=\sqrt{4+4\times\frac{1}{2}+1}=\sqrt{7}$，

$|\vec{b}|=\sqrt{(k\overrightarrow{e_1}+2\overrightarrow{e_2})^2}=\sqrt{k^2+2k+4}$，$\vec{a}\cdot\vec{b}=(2\overrightarrow{e_1}+\overrightarrow{e_2})\cdot(k\overrightarrow{e_1}+2\overrightarrow{e_2})=2k+\frac{1}{2}k+4=\frac{5}{2}k+4$。

所以 $\cos120^\circ=\frac{\vec{a}\cdot\vec{b}}{|\vec{a}||\vec{b}|}=\frac{\frac{5}{2}k+4}{\sqrt{7}\times\sqrt{k^2+2k+4}}=\frac{1}{2}$，即 $-5k-8=\sqrt{7k^2+14k+28}$，

所以 $18k^2+66k+36=0$ ，即 $3k^2+11k+6=0$ ，解得 $k=-3$ 或 $k=-\frac{2}{3}$ 。

【点评】本题是平面向量数量积应用的逆向问题，在运用数量积的计算、模、夹角等知识的同时，也体现了方程思想的运用。

【感悟】非零向量 $\vec{a}$ 与 $\vec{b}$ 的夹角 θ 满足 $0°\leqslant\theta\leqslant180°$。

公式 $\cos\theta=\frac{\vec{a}\cdot\vec{b}}{|\vec{a}||\vec{b}|}$ 给出了求两个向量的夹角的一般方法。计算出 $\cos\theta$ 的值后，要注意角 θ 的范围，以确定角 θ 的大小。

【例 4】已知向量 $\vec{a}$ ，$\vec{b}$ 的夹角为 45º，且 $|\vec{a}|=1$ ，$|2\vec{a}-\vec{b}|=\sqrt{10}$ ，则 $|\vec{b}|=$______。

【解析】因为向量 $\vec{a}$ ，$\vec{b}$ 的夹角为 45º，且 $|\vec{a}|=1$ ，所以 $\vec{a}\cdot\vec{b}=|\vec{a}||\vec{b}|\cos45°=\frac{\sqrt{2}}{2}|\vec{b}|$ 。

所以由 $|2\vec{a}-\vec{b}|=\sqrt{10}$ ，得 $|2\vec{a}-\vec{b}|^2=10$ ，即 $4-4\times\frac{\sqrt{2}}{2}|\vec{b}|+|\vec{b}|^2=10$ ，解得 $|\vec{b}|=3\sqrt{2}$ 。

【点评】平面向量的数量积及其性质是平面向量的重点内容，在平面向量中占重要的地位，在高考中也是常考的热点。平面向量的数量积主要用于解决有关向量垂直问题，还可以计算向量的夹角、长度等。本题考查了平面向量数量积的计算和向量模的求法以及方程思想、化归转化思想的应用，其中转化关系公式 $\vec{a}^2=|\vec{a}|^2$ 的运用值得重视。

课本原型（人教版 A 版必修 4 第 108 页第 1 题）：已知 $|\vec{a}|=3$ ，$|\vec{b}|=4$ ，且 $\vec{a}$ 与 $\vec{b}$ 的夹角 θ=150º，求 $\vec{a}\cdot\vec{b}$ ，$(\vec{a}+\vec{b})$ ，$|\vec{a}+\vec{b}|$ 。

【解析】因为 $|\vec{a}|=3$ ，$|\vec{b}|=4$ ，且 $\vec{a}$ 与 $\vec{b}$ 的夹角 θ=150º，所以 $\vec{a}\cdot\vec{b}=|\vec{a}||\vec{b}|\cos150°=3\times4\times(-\frac{\sqrt{3}}{2})=-6\sqrt{3}$ 。

$(\vec{a}+\vec{b})^2=\vec{a}^2+2\vec{a}\cdot\vec{b}+\vec{b}^2=9+2\times(-6\sqrt{3})+16=25-12\sqrt{3}$ ，所以 $|\vec{a}+\vec{b}|=\sqrt{25-12\sqrt{3}}$ 。

【变式 1】已知向量 $\vec{a}$ ，$\vec{b}$ 的夹角为 150º，且 $|\vec{a}|=3$ ，$|\vec{a}+\vec{b}|=\sqrt{25-12\sqrt{3}}$ ，则 $|\vec{b}|=$______。

【解析】因为向量 $\vec{a}$ ，$\vec{b}$ 的夹角为 150º，且 $|\vec{a}|=3$ ，所以 $\vec{a}\cdot\vec{b}=|\vec{a}||\vec{b}|\cos150°=\frac{3\sqrt{3}}{2}|\vec{b}|$ 。

所以由 $|\vec{a}+\vec{b}|=\sqrt{25-12\sqrt{3}}$ ，得 $|\vec{a}+\vec{b}|^2=25-12\sqrt{3}$ ，所以 $\vec{a}^2+2\vec{a}\cdot\vec{b}+\vec{b}^2=25-12\sqrt{3}$ ，即 $9-3\sqrt{3}|\vec{b}|+|\vec{b}|^2=25-12\sqrt{3}$ ，解得 $|\vec{b}|=4$ 。

【点评】求向量的模注意等式$\vec{a}^2=|\vec{a}|^2$的应用，这个等式是向量问题实数化的重要工具。

【变式 2】已知$|\vec{a}|=3$，$|\vec{b}|=4$，$|\vec{a}+\vec{b}|=\sqrt{25-12\sqrt{3}}$，求$\vec{a}$与$\vec{b}$的夹角$\theta$。

【解析】因为$|\vec{a}+\vec{b}|=\sqrt{25-12\sqrt{3}}$，

所以$(\vec{a}+\vec{b})^2=\vec{a}^2+2\vec{a}\cdot\vec{b}+\vec{b}^2=9+2\vec{a}\cdot\vec{b}+16=25-12\sqrt{3}$，所以$\vec{a}\cdot\vec{b}=-6\sqrt{3}$。

由$|\vec{a}|=3$，$|\vec{b}|=4$，所以$\cos\theta=\dfrac{\vec{a}\cdot\vec{b}}{|\vec{a}||\vec{b}|}=\dfrac{-6\sqrt{3}}{3\times4}=-\dfrac{\sqrt{3}}{2}$。

因为$0°\leqslant\theta\leqslant180°$，得$\theta=150°$。

【点评】两向量夹角的范围为$[0，\pi]$，解有关向量夹角的问题时一定不能忽视这点。另外，解题时还要注意不能忽略向量夹角为 0、π时的特殊情形。

【变式 3】已知$|\vec{a}|=3$，$|\vec{b}|=4$，$|\vec{a}+\vec{b}|=\sqrt{25-k\sqrt{3}}$，$\vec{a}$与$\vec{b}$的夹角$\theta=150°$，求实数$k$的值。

【解析】因为$|\vec{a}|=3$，$|\vec{b}|=4$，且$\vec{a}$与$\vec{b}$的夹角$\theta=150°$，

所以$\vec{a}\cdot\vec{b}=|\vec{a}||\vec{b}|\cos150°=3\times4\times(-\dfrac{\sqrt{3}}{2})=-6\sqrt{3}$。

由$|\vec{a}+\vec{b}|=\sqrt{25-k\sqrt{3}}$，得$(\vec{a}+\vec{b})^2=\vec{a}^2+2\vec{a}\cdot\vec{b}+\vec{b}^2=9+2\times(-6\sqrt{3})+16=25-k\sqrt{3}$，

解得$k=12$。

【点评】本题是平面向量数量积应用的逆向问题，在运用数量积的计算、模、夹角等知识的同时，也体现了方程思想的应用。

【感悟】利用数量积公式可以解决平面几何中的长度问题，要特别注意“$|\vec{a}|^2=\vec{a}^2$”的转化应用。另外，还常用到下列公式：①$(\vec{a}\pm\vec{b})^2=\vec{a}^2\pm2\vec{a}\cdot\vec{b}+\vec{b}^2$；②$\vec{a}^2-\vec{b}^2=(\vec{a}-\vec{b})\cdot(\vec{a}+\vec{b})$。

【例 5】在复平面内，复数$\dfrac{2i}{1-i}$对应的点的坐标为______。

【解析】$\dfrac{2i}{1-i}=\dfrac{2i(1+i)}{(1-i)(1+i)}=-1+i$，故其对应的点的坐标是$(-1，1)$。

【点评】复数代数形式的四则运算和复数的几何意义是历年高考考查的重点，准确掌握并应用四则运算法则和理解复数与复平面的点、向量的对应关系是解题的关键。复数的代数形式的四则运算类似多项式的运算，加法类似合并同类项，乘法类似多项式乘以多项式，除法类似分母有理化（实数化）。

课本原型［人教版 A 版选修 2−2 第 112 页第 5（1）题］计算：$\dfrac{2i}{2-i}$。

【解析】$\dfrac{2i}{2-i}=\dfrac{2i(2+i)}{(2-i)(2+i)}=-\dfrac{2}{5}+\dfrac{4}{5}i$。

【变式 1】若将复数 $\dfrac{2i}{2-i}$ 表示为 $a+bi$ (a、$b\in\mathbf{R}$，i 是虚数单位）的形式，则 $a+b=$______。

【解析】因为 $\dfrac{2i}{2-i}=-\dfrac{2}{5}+\dfrac{4}{5}i=a+bi$，所以 $a=-\dfrac{2}{5}$，$b=\dfrac{4}{5}$，即得 $a+b=-\dfrac{2}{5}+\dfrac{4}{5}=\dfrac{2}{5}$。

【点评】本题在考查复数代数形式的除法运算的基础上，考查了复数相等的充要条件。复数相等的充要条件是复数问题实数化的重要途径之一。要明确由一个复数等式可得到两个实数等式这一性质，在解决复数问题时经常用到它。

【变式 2】已知复数 $z=\dfrac{2i}{2-i}$，$\overline{z}$ 是 z 的共轭复数，则 $z\bullet\overline{z}=$（　　）。

A. $\dfrac{2}{5}$　B. $\dfrac{18}{25}$　C. $\dfrac{4}{5}$　D. $\dfrac{22}{5}$

【解析】由课本原型的解析知，$z=-\dfrac{2}{5}+\dfrac{4}{5}i$，所以 $\overline{z}=-\dfrac{2}{5}-\dfrac{4}{5}i$，

所以 $z\bullet\overline{z}=|z|^2=\dfrac{20}{25}=\dfrac{4}{5}$，故选 C。

【点评】复数的模与共轭复数有很多性质，如 $z\in\mathbf{R}\Leftrightarrow\overline{z}=z$；$z+\overline{z}\in\mathbf{R}$；$|z|=|\overline{z}|$，$|z|^2=|\overline{z}|^2=z\cdot\overline{z}$ 等。灵活运用这些性质，可将复数问题转化为实数问题。

【变式 3】(2018 · 江苏卷）若复数 z 满足 $i\cdot z=1+2i$，其中 i 是虚数单位，则 z 的实部为______。

【解析】由 $i\cdot z=1+2i$，得 $z=\dfrac{1+2i}{i}=2-i$，所以 z 的实部为 2。

【点评】复数 $z=a+bi\ (a,b\in\mathbf{R})$：①当 $b=0$ 时，z 为实数；②当 $b\neq0$ 时，z 为虚数；③当 $a=0$，$b\neq0$ 时，z 为纯虚数。

【变式 4】现定义复函数如下：在某个变化过程中有两个变量 z 与 ω，如果对于 z 的某个范围 D 内的每一个确定的复数，按照某个对应法则 f，ω 都有唯一确定的复数与它对应，那么，我们就称 ω 是 z 的复函数，记作 $\omega=f(z)$，设复函数 $f(z)=\dfrac{1}{z}-\dfrac{1}{2}$。

（1）求$f\left(\frac{2i}{2-i}\right)$的值；

（2）若$f(z)=-1$，求z的值。

【解析】（1）$f\left(\frac{2i}{2-i}\right)=\frac{2-i}{2i}-\frac{1}{2}=\frac{1}{i}-\frac{1}{2}-\frac{1}{2}=-1-i$。

（2）设复数$z=a+bi\ (a,\ b\in\mathbf{R})$，则$\frac{1}{a+bi}-\frac{1}{2}=-1$，即$\frac{1}{a+bi}=-\frac{1}{2}$。

所以$a+bi=-2$，所以$a=-2$，$b=0$。

故$z=-2$。

【点评】本题的解答中$f(z)$（$z\in\mathbf{C}$）的运算与实数函数$f(x)$（$x\in\mathbf{R}$）的运算是类似的，体现了复数运算与多项式运算的等同性。利用复数相等的定义，通过待定系数法求出复数值，是经常使用的方法。

【感悟】复数相等的充要条件是复数问题实数化的重要途径之一。要明确由一个复数等式可得到两个实数等式这一性质，在解决复数问题时经常用到它，这也是高考考查的重点。利用复数相等的充要条件列方程（组）时，要分清复数的实部与虚部。

【例6】(2017 · 北京卷）若复数$(1-i)(a+i)$在复平面内对应的点在第二象限，则实数a的取值范围是（　　）。

A.$(-\infty,\ 1)$　　B.$(-\infty,\ -1)$　　C.$(1,\ +\infty)$　　D.$(-1,\ +\infty)$

【解析】$z=(1-i)(a+i)=(a+1)+(1-a)i$，因为对应的点在第二象限，

所以$\begin{cases}a+1<0\\1-a>0\end{cases}$，解得$a<-1$，故选B。

【点评】复数的分类及对应点的位置问题都可以转化为复数的实部与虚部应该满足的条件问题，只需把复数化为代数形式，列出实部和虚部满足的方程（不等式）组即可。

【变式1】已知复数由$z=(m^2-2m-3)+(m^2+3m+2)i$，当实数m满足什么条件时，复数z对应复平面内的点P位于：

①第二象限；②原点或虚轴的下半轴上；③实轴下方。

【解析】确定复数z的实部和虚部，然后依据复数z对应复平面的位置列方程（组）或不等式（组）求解。

（1）$\begin{cases}m^2-2m-3<0\\m^2+3m+2>0\end{cases}$，即$\begin{cases}-1<m<3\\m<-2,\ m>-1\end{cases}$，解得$-1<m<3$。

所以当 $-1<m<3$ 时，复数 z 对应复平面内的点 P 位于第二象限。

（2）$\begin{cases}m^2-2m-3=0\\m^2+3m+2\leqslant 0\end{cases}$，即 $\begin{cases}m=-1,\ m=3\\-2\leqslant m\leqslant -1\end{cases}$，解得 $m=-1$。

所以当 $m=-1$ 时，复数 z 对应复平面内的点 P 位于原点或虚轴的下半轴上。

（3）$m^2+3m+2<0$，解得 $-2<m<-1$。

所以当 $-2<m<-1$ 时，复数 z 对应复平面内的点 P 位于实轴下方。

【点评】确定复数对应的点在复平面内的位置，关键是理解好复数与该点的对应关系，复数的实部就是该点的横坐标，虚部就是该点的纵坐标，从而可以列出方程（组）或不等式（组）求解。

【变式 2】已知两个向量 $\vec{a}$、$\vec{b}$ 所对应的复数分别是 $z_1=2+2\sqrt{3}\mathrm{i}$，$z_2=-3$，求向量 $\vec{a}$ 与向量 $\vec{b}$ 的夹角 θ。

【解析】由向量 $\vec{a}$、$\vec{b}$ 所对应的复数分别是 $z_1=2+2\sqrt{3}\mathrm{i}$，$z_2=-3$，可知 $\vec{a}=(2,\ 2\sqrt{3})$，$\vec{b}=(-3,\ 0)$。

所以 $|\vec{a}|=\sqrt{2^2+(2\sqrt{3})^2}=4$，$|\vec{b}|=\sqrt{(-3)^2+0^2}=3$，$\vec{a}\cdot\vec{b}=(2,\ 2\sqrt{3})\cdot\vec{b}(-3,\ 0)=2\times(-3)+2\sqrt{3}\times 0=-6$。

所以 $\cos\theta=\dfrac{\vec{a}\cdot\vec{b}}{|\vec{a}||\vec{b}|}=-\dfrac{-6}{4\times 3}=-\dfrac{1}{2}$。

因为 $0°\leqslant\theta\leqslant 180°$，所以 $\theta=\dfrac{2\pi}{3}$。

【点评】复数的向量表示是复数的几何意义之一，复数对应点的坐标就是所对应向量的坐标，复数的模就是所对应向量的模。复数与向量的结合体现了知识间的相互联系和渗透。

【变式 3】(2017 · 山东卷）已知 $a\in\mathbf{R}$，i 是虚数单位，若 $z=a+\sqrt{3}\mathrm{i}$，$z\cdot\bar{z}=4$，则 $a=$（　　）。

A.1 或 −1　　B. $\sqrt{7}$ 或 $-\sqrt{7}$　　C. $-\sqrt{3}$　　D. $\sqrt{3}$

【解析】由 $z=a+\sqrt{3}i$，$z\cdot\bar{z}=4$ 得 $a^2+3=4$，所以 $a=\pm1$，故选 A。

【点评】复数 $a+b\mathrm{i}(a,\ b\in\mathbf{R})$ 的共轭复数是 $a-b\mathrm{i}(a,\ b\in\mathbf{R})$，据此结合已知条件，求得 a 的方程即可。

【感悟】复平面：复数集 **C** 和复平面内所有的点组成的集合一一对应。任何一个复数

$z=a+bi(a, b\in\mathbf{R})$，都可以有一个实数对 (a, b) 唯一确定，即复数 $z=a+bi \xleftrightarrow{\text{一一对应}}$ 复平面内的点 $Z(a, b)(a, b\in\mathbf{R})$。

复数与复平面上的点具有一一对应关系；特别地，实轴上的点表示的数都是实数；除原点外，虚轴上的点表示的数都是纯虚数。复数 $z=a+bi$ $(a, b\in\mathbf{R})$ 对应的点到原点的距离就是复数的模，具体公式是 $|z|=\sqrt{a^2+b^2}$ 。

复数 $a+bi(a, b\in\mathbf{R})$ 的模为 $\sqrt{a^2+b^2}$ ，共轭复数为 $a-bi$ 。复数与共轭复数有很多性质，如 $z\in\mathbf{R}\Leftrightarrow\bar{z}=z$ ，$z+\bar{z}\in\mathbf{R}$ ；$|z|=|\bar{z}|$ 等。共轭复数与模的运算性质有：① $\overline{z_1\pm z_2}=\bar{z}_1\pm\bar{z}_2$ ；② $\overline{z_1\times z_2}=\bar{z}_1\times\bar{z}_2$ ；③ $|z|^2=|\bar{z}|^2=z\cdot\bar{z}$ ；④ $\left||z_1|-|z_2|\right|\leqslant|z_1\pm z_2|\leqslant|z_1|+|z_2|$ ；⑤ $|z_1z_2|=|z_1|\times|z_2|$ ；⑥ $\left|\frac{z_1}{z_2}\right|=\frac{|z_1|}{|z_1|}$ 。灵活运用这些性质，可将复数问题转化为实数问题。

复数 $z=a+bi$ $(a, b\in\mathbf{R})$ 用复平面内的点 $Z(a, b)$ 表示，也可以用向量 $\overrightarrow{OZ}$ 来表示，即复数 $z=a+bi(a, b\in\mathbf{R}) \xleftrightarrow{\text{一一对应}}$ 平面向量 $\overrightarrow{OZ}$ ；相等的向量表示同一个复数。对于有关复数的问题，可以利用平面向量知识与复数之间的相互转化来解决。

在处理复数问题时，灵活运用复数的几何意义，以数思形、以形助数、数形对照，可使许多问题变得鲜明、直观，从而迅速获得解决。

【例 7】计算：$(\frac{\sqrt{3}}{2}i-\frac{1}{2})(-\frac{1}{2}+\frac{\sqrt{3}}{2}i)$。

【解析】本题的常规解法是按复数代数形式的乘法运算法则求解，较烦琐。若注意到此式是两个“ω”的乘积，利用“ω”的性质③，即可快速得到答案。

$\omega=-\frac{1}{2}+\frac{\sqrt{3}}{2}i$ （$\bar{\omega}=-\frac{1}{2}-\frac{\sqrt{3}}{2}i$）是 1 的一个立方虚根，它具有以下常用性质：

① $\omega^3=1$ ；② $\omega=\frac{1}{\omega^2}$ ；③ $\omega^2=\bar{\omega}=\frac{1}{\omega}=-\frac{1}{2}-\frac{\sqrt{3}}{2}i$ ；④ $\omega\cdot\bar{\omega}=1$ ；⑤ $1+\omega+\omega^2=1+\bar{\omega}+\bar{\omega}^2=0$ ；⑥ $\omega^{3n}=1$，$\omega^{3n+1}=\omega$，$\omega^{3n+2}=\omega^2$（ω 具有周期性，且最小正周期为 3，$n\in\mathbf{N}$）。

所以 $(\frac{\sqrt{3}}{2}i-\frac{1}{2})(-\frac{1}{2}+\frac{\sqrt{3}}{2}i)=\omega^2=-\frac{1}{2}-\frac{\sqrt{3}}{2}i$。

【变式 1】复数 $(\frac{\sqrt{3}}{2}i-\frac{1}{2})(-\frac{1}{2}-\frac{\sqrt{3}}{2}i)$ 等于（　　）。

A.-1　　B.1　　C.$-i$　　D. i

【解析】此式是“ω”与“$\bar{\omega}$”的乘积，利用“ω”的性质④即得答案，故选 B。

【变式 2】复数 $\dfrac{(-1+\sqrt{3}i)^5}{-1-\sqrt{3}i}$ 等于（　　）。

A.-16　　B.16　　C.$-16i$　　D. 16i

【解析】$-1+\sqrt{3}i=2(-\dfrac{1}{2}+\dfrac{\sqrt{3}}{2}i)=2\omega$，$-1-\sqrt{3}i=2(-\dfrac{1}{2}-\dfrac{\sqrt{3}}{2}i)=2\bar{\omega}$。

$$\frac{(-1+\sqrt{3}i)^5}{-1-\sqrt{3}i}=\frac{2^5(-\frac{1}{2}+\frac{\sqrt{3}}{2}i)^5}{2(-\frac{1}{2}-\frac{\sqrt{3}}{2}i)}=\frac{2^5(-\frac{1}{2}+\frac{\sqrt{3}}{2}i)^6}{2(-\frac{1}{2}-\frac{\sqrt{3}}{2}i)(-\frac{1}{2}+\frac{\sqrt{3}}{2}i)}=\frac{2^4}{1}=16，故选 B。$$

【点评】在计算实部和虚部分别为 -1 和 $\sqrt{3}$ 的题目时，可以考虑化为“ω”的有关式子，利用“ω”的性质简化计算。

【变式 3】计算：$(-\dfrac{\sqrt{3}}{2}-\dfrac{1}{2}i)^{12}+(\dfrac{2+2i}{1-\sqrt{3}i})^8$ 的值。

【解析】$-\dfrac{\sqrt{3}}{2}-\dfrac{1}{2}i=-(-\dfrac{1}{2}+\dfrac{\sqrt{3}}{2}i)\times\dfrac{1}{i}=-\dfrac{\omega}{i}$，$1-\sqrt{3}i=\dfrac{4}{1+\sqrt{3}i}=-\dfrac{2}{\omega}$。

$$(-\frac{\sqrt{3}}{2}-\frac{1}{2}i)^{12}+(\frac{2+2i}{1-\sqrt{3}i})^8=(-\frac{\omega}{i})^{12}+\frac{(8i)^4}{(-\frac{2}{\omega})^8}=1+16\bar{\omega}^2=1+16\omega=-7+8\sqrt{3}i。$$

【点评】代数形式的复数运算，基本思路是运用复数的运算法则。但是观察所给表达式的结构特征，若通过适当变形可转化为利用 i、ω 的性质时，则无疑能够简化运算，优化解题过程。所以说“观察是解题的门户”，要善于观察并善于联想相关知识，进而找到快捷的解题途径。

【变式 4】设等比数列 $\{z_n\}$，其中 $z_1=1$，$z_2=\dfrac{\sqrt{3}}{2}+\dfrac{1}{2}i$。

（1）求使 $z_1+z_2+z_3+\cdots+z_n=0$ 的最小正整数 n；

（2）对（1）中的正整数 n，求 $z_1\cdot z_2\cdot z_3\cdot\cdots\cdot z_n$ 的值。

【解析】$\dfrac{\sqrt{3}}{2}+\dfrac{1}{2}i=(-i)(-\dfrac{1}{2}+\dfrac{\sqrt{3}}{2}i)=(-i)\omega$。

（1）因为 $z_1=1$，$z_2=\dfrac{\sqrt{3}}{2}+\dfrac{1}{2}i$，所以公比 $q=\dfrac{\sqrt{3}}{2}+\dfrac{1}{2}i$。

于是 $z_n=\left(\frac{\sqrt{3}}{2}+\frac{1}{2}\text{i}\right)^n$，$z_1+z_2+z_3+\cdots+z_n=1+q+q^2+\cdots+q^{n-1}=\frac{1-q^n}{1-q}=0$，

所以 $q^n=\left(\frac{\sqrt{3}}{2}+\frac{1}{2}\text{i}\right)^n=(-\text{i})^n\left(-\frac{1}{2}+\frac{\sqrt{3}}{2}\text{i}\right)^n=1$。

因为 $(-\text{i})^{4k}=1$，$\left(-\frac{1}{2}+\frac{\sqrt{3}}{2}\text{i}\right)^{3k}=1$，$k\in\mathbf{Z}$，即 n 既是 3 的倍数又是 4 的倍数，故 n 的最小值为 12。

（2）$z_1\cdot z_2\cdot\cdots\cdot z_{12}=1\cdot\left(\frac{\sqrt{3}}{2}+\frac{1}{2}\text{i}\right)\cdot\cdots\cdot\left(\frac{\sqrt{3}}{2}+\frac{1}{2}\text{i}\right)^{11}=\left(\frac{\sqrt{3}}{2}+\frac{1}{2}\text{i}\right)^{1+2+\cdots+11}=\left(\frac{\sqrt{3}}{2}+\frac{1}{2}\text{i}\right)^{66}=$

$\left[(-\text{i})\cdot\left(-\frac{1}{2}+\frac{\sqrt{3}}{2}\text{i}\right)\right]^{66}=(-\text{i})^{66}\left(-\frac{1}{2}+\frac{\sqrt{3}}{2}\text{i}\right)^{66}=-1$。

【点评】变形寻找“ω”的性质和虚数单位“i”的周期性，是简化解题过程的一条捷径。注意本题体现了复数和数列知识的交汇结合。

【感悟】在解决复数的有关问题时，如果能合理地运用“ω”的这些性质或通过适当变形创造条件，从而转化为 ω 的计算问题，就可以避免复杂的运算，达到优化解题过程、事半功倍的效果。

【例 8】已知 $2\text{i}-3$ 是关于 x 的方程 $2x^2+px+q=0$ 的一个根，求实数 p、q 的值。

【解析】由 $2(2\text{i}-3)^2+p(2\text{i}-3)+q=0$，得 $(10-3p+q)+(2p-24)\text{i}=0$。

于是，有 $\begin{cases}10-3p+q=0\\2p-24=0\end{cases}$，解得 $p=12$，$q=26$。

【点评】考查复数方程其实是考查复数相等的充要条件，基本思想是设复数的代数形式，把复数问题实数化，然后对实部和虚部分别整理，再用复数相等的充要条件建立方程即可。

【变式 1】已知 $2\text{i}-3$ 是关于 x 的方程 $2x^2+px+q=0\,(p,\ q\in\mathbf{R})$ 的一个根，试求方程的另一个根。

【解析】由原题的解析知 $p=12$，$q=26$。

设方程的另一个根为 $z(z\in\mathbf{C})$，则由根据与系数的关系得 $z+(2\text{i}-3)=-\frac{p}{2}=-6$，解得 $z=-3-2\text{i}$，即方程的另一个根为 $-3-2\text{i}$。

【点评】由此题可以看出，若实系数一元二次方程有虚数根，则两虚数根互为共轭复数，这是解相关题目时常用的一个结论。

【变式 2】（2007 · 上海卷）已知a，$b\in\mathbf{R}$，且$2+a\mathrm{i}$，$b+\mathrm{i}$（i是虚数单位）是实数，系一元二次方程$x^2+px+q=0$的两个根，则p、q的值分别是（　　）。

A. $p=-4$，$q=5$　　　　B. $p=-4$，$q=3$

C. $p=4$，$q=5$　　　　D. $p=4$，$q=3$

【解法 1】由题意知$\begin{cases}(2+a\mathrm{i})^2+p(2+a\mathrm{i})+q=0\\(b+\mathrm{i})^2+p(b+\mathrm{i})+q=0\end{cases}$，即$\begin{cases}(4-a^2+2p+q)+(4a+pa)\mathrm{i}=0\\(b^2+pb-1+q)+(2b+p)\mathrm{i}=0\end{cases}$

所以$\begin{cases}4-a^2+2p+q=0 & ①\\4a+pa=0 & ②\\b^2+pb-1+q=0 & ③\\2b+p=0 & ④\end{cases}$由②得$a=0$，或$p=-4$。

当$a=0$时，p、q无解；所以$p=-4$。

分别代入③④消去b，得$q=5$。

故选 A。

【解法 2】由于$2+a\mathrm{i}$与$b+\mathrm{i}$为实数系二次方程，且$b+\mathrm{i}$为虚数，则$2+a\mathrm{i}$也为虚数且$2+a\mathrm{i}$与$b+\mathrm{i}$为共轭复数，所以$b=2$，$a=-1$，即$x^2+px+q=0$的两根为$2-\mathrm{i}$与$2+\mathrm{i}$。

由根与系数的关系，得$p=-(2-\mathrm{i}+2+\mathrm{i})=-4$，$q=(2-\mathrm{i})(2+\mathrm{i})=4-\mathrm{i}^2=5$。

故选 A。

【变式 3】已知$2\mathrm{i}-3$是关于x的方程$2x^2+px+q=0$ $(p，q\in\mathbf{R})$的一个根，方程的另一个根为$z\,(z\in\mathbf{C})$，则当$-1<\mu<1$时，复数$2\mathrm{i}-3+\mu z$在复平面内对应的点位于（　　）。

A. 第一象限　　B. 第二象限　　C. 第三象限　　D. 第四象限

【解析】由变式 1 的解析知$z=-3-2\mathrm{i}$，

所以$2\mathrm{i}-3+\mu z=2\mathrm{i}-3+\mu(-3-2\mathrm{i})=-3(\mu+1)+2(1-\mu)\ \mathrm{i}$。

由$-1<\mu<1$得$\mu+1>0,1-\mu>0$。所以$-3(\mu+1)<0$，$2(1-\mu)>0$。

所以复数$2\mathrm{i}-3+\mu z$在复平面内对应的点位于第二象限，故选 B。

【点评】复数的几何意义是复数的重要内容。本题主要考查复平面内的点与复数的对应关系。

【变式 4】已知$2\mathrm{i}-3$是关于x的方程$2x^2+px+q=0$ $(p，q\in\mathbf{R})$的一个根，方程的另一个

根为 $z\,(z\in \boldsymbol{C})$。在复平面内，复数 $2\mathrm{i}-3$ 对应的向量为 $\overrightarrow{OA}$，复数 z 对应的向量为 $\overrightarrow{OB}$，其中 O 是原点，求向量为 $\overrightarrow{AB}$、$\overrightarrow{BA}$ 对应的复数。

【解析】由变式 1 的解析知 $z=-3-2\mathrm{i}$，所以向量 $\overrightarrow{AB}$ 对应的复数为 $-3-2\mathrm{i}-(2\mathrm{i}-3)=-4\mathrm{i}$；向量 $\overrightarrow{BA}$ 对应的复数为 $2\mathrm{i}-3-(-3-2\mathrm{i})=4\mathrm{i}$。

【点评】本题主要考查复平面内的复数与向量的对应关系。用向量表示复数不仅使抽象的复数有了直观形象的表示，而且体现了数和形之间的有机结合。

【变式 5】关于 x 的方程是 $x^2-(3+2\mathrm{i})x+3a\mathrm{i}=0$ 有非零实根，求实数 a 及方程的实数根。

【解析】设方程的实数根为 $b\ (b\neq 0)$，代入方程 $x^2-(3+2\mathrm{i})x+3a\mathrm{i}=0$，

化为 $b^2+3b+(2b+3a)\mathrm{i}=0$。

所以有 $\begin{cases} b^2+3b=0 \\ 2b+3a=0 \end{cases}$。

因为 $b\neq 0$，解得 $b=-3$，$a=2$，即实数 a 的值及方程的实数根分别为 2 和 -3。

【点评】设出复数的代数形式，利用复数相等的充要条件将复数问题化为实数问题是解决复数问题常用的方法。解决这类问题的关键是设出实数根，找出方程左边的复数的实部和虚部，然后利用复数相等的充要条件转化为关于参数的方程（组），利用待定系数法求解。

【感悟】复数方程问题主要是解简单的复数方程或根据方程解的情况求参数的值或范围。设复数的代数形式，利用复数相等的充要条件是求解这类试题的基本方法。另外，对于实系数一元二次方程的求参数问题，常利用根与系数的关系求解。

第五讲　数列与不等式

【例 1】（人教版 A 版必修 5 第 34 页第 6 题）分别写出三角形数构成的数列的第 5 项、第 6 项和第 7 项，并写出它的一个递推公式。

【解析】三角形数构成的数列为 1，3，6，10，…（见人教版 A 版必须 5 课本第 32 页），所以第 5 项、第 6 项和第 7 项分别为 15，21，28。

由数列知 $a_2-a_1=2$，$a_3-a_2=3$，$a_4-a_3=4$，…，

所以该数列的一个递推公式为 $a_n=\begin{cases}1, & n=1\\ a_{n-1}+n, & n\geqslant 2\end{cases}$。

【点评】本题是给出数列的前几项，写出递推公式的题目，发现数列前后两项的数量关系及规律是求解的关键。

【变式 1】分别写出正方形数构成的数列的第 5 项、第 6 项和第 7 项，并写出它的一个递推公式。

【解析】正方形数构成的数列为 1，4，9，16，…，所以第 5 项、第 6 项和第 7 项分别为 25，36，49。

由数列知 $a_2-a_1=3=2\times 2-1$，$a_3-a_2=2\times 3-1$，$a_4-a_3=2\times 4-1$，…，所以该数列的一个递推公式为 $a_n=\begin{cases}1, & n=1\\ a_{n-1}+2n-1, & n\geqslant 2\end{cases}$。

即同样该数列的一个递推公式为 $a_{n+1}=a_n+2n+1$。

【点评】递推公式法是表示数列的重要方法。已知数列 $\{a_n\}$ 的第 1 项（或前几项）是构成数列的基础，任一项 a_n 与它的前一项 a_{n-1}（或前几项）间的关系是数列形成的核心和依据。

【变式 2】写出正方形数构成的数列的一个通项公式。

【解析】观察、分析正方形数构成的数列，知 $1=1^2$，$4=2^2$，$9=3^2$，$16=4^2$，…，则数列的每一项都是平方的形式，且底数与序号相同，由此得到数列的一个通项公式为 $a_n=n^2$。

【点评】通过观察数列的项与序号的对应关系求通项是一种基本方法，需在分析外形结构特点与数字特征的基础上，重点寻找项 a_n 与 n 之间的对应关系。

【变式 3】写出三角形数构成的数列的一个通项公式。

【解析】此数列可化为 $1=\frac{2}{2}=\frac{1\times 2}{2}$，$3=\frac{6}{2}=\frac{2\times 3}{2}$，$6=\frac{12}{2}=\frac{3\times 4}{2}$，$10=\frac{20}{2}=\frac{4\times 5}{2}$，…，

这样每项的分母都是 2，分子是两个连续正整数的乘积，其中前一个与序号相同。

所以该数列的一个通项公式为 $a_n=\dfrac{n(n+1)}{2}$。

【点评】先变形数列项的结构，再进行分解变形，从而使数列的构成规律“隐”化为“显”。变形结构和分解求通项是探究数列通项规律的有效途径。

【变式 4】已知数列 $\{a_n\}$ 满足 $a_1=1$，$a_n=a_{n-1}+2020$，求数列 $\{a_n\}$ 的通项公式。

【解析】由已知得 $a_1=1$，$a_n-a_{n-1}=2020$，

所以 $a_2-a_1=2020$，$a_3-a_2=2020$，$a_4-a_3=2020$，…，$a_n-a_{n-1}=2020$。

上面 $n-1$ 个式子相加，得 $a_n-a_1=(n-1)\times 2020=2020n-2020$，所以 $a_n=2020n-2019$。

【点评】由于该变式中的递推公式 $a_n=a_{n-1}+2020$ 给出了数列 $\{a_n\}$ 连续两项的差 $a_n-a_{n-1}=2020$，故通过“累加”求出通项公式。这种方法称为“累加法”。运用“累加法”求通项公式，就是将递推公式变形为 $a_{n+1}-a_n=c$（c 为常数），令 $n=1$，2，3，…，$n-1$，再将这 $n-1$ 个式子相加得 a_n-a_1 的表达式，从而求得数列 $\{a_n\}$ 的通项公式。其实，“累加法”还适用于更一般的形式：$a_1=f(1), a_n-a_{n-1}=f(n)\ (n\geqslant 2)$，其中 $f(1)+f(2)+\cdots+f(n)$ 是可求的，以 $n=2,3,\cdots,n-1$，n 代入关系式，得到 $n-1$ 个等式，将此 $n-1$ 个式子相加而求出 a_n。

【变式 5】已知数列 $\{a_n\}$ 满足 $a_1=1$，$a_n=2020a_{n-1}$（$n\geqslant 2$），求数列 $\{a_n\}$ 的通项公式。

【解析】由已知得 $a_1=1$，$\dfrac{a_n}{a_{n-1}}=2020$。

所以 $\dfrac{a_2}{a_1}=2020$，$\dfrac{a_3}{a_2}=2020$，$\dfrac{a_4}{a_3}=2020$，…，$\dfrac{a_n}{a_{n-1}}=2020$。

上面 $n-1$ 个式子相乘，得 $\dfrac{a_n}{a_1}=2020^{n-1}$，所以 $a_n=2020^{n-1}$。

【点评】本变式运用的方法是“累乘法”。运用“累乘法”求通项公式，就是将递推公式变形为 $\dfrac{a_n}{a_{n-1}}=c$（c 为常数）或 $\dfrac{a_n}{a_{n-1}}=f(n)(n\geqslant 2)$，令 $n=2$，3，…，$n-1$，n，再将这 $n-1$ 个式子相乘得 $\dfrac{a_n}{a_1}$ 的表达式，从而求得数列 $\{a_n\}$ 的通项公式.

【感悟】数列的递推公式：

（1）数列的第 n 项 a_n 与它前面相邻一项 a_{n-1}（或相邻几项）所满足的关系式叫做递推公式。给出数列的前几项（初始值）和递推公式的数列叫做递推数列；

（2）根据初始值及递推公式写出数列的前几项，然后归纳、猜想出通项公式，是学习的基本要求，我们必须熟练掌握。

【例 2】（2015 · 山东卷）设数列 $\{a_n\}$ 的前 n 项和为 S_n。已知 $2S_n=3^n+3$，$n\in\mathbf{N}^*$，则 $\{a_n\}$ 的通项公式为__________。

【解析】由 $2S_n=3^n+3\,(n\geqslant1)$，得 $2S_{n-1}=3^{n-1}+3\,(n\geqslant2)$，作差得 $a_n=3^{n-1}\,(n\geqslant2)$。当 $n=1$ 时，$2a_1=3^1+3$，解得 $a_1=3$，不满足上式。故 $a_n=\begin{cases}3, & n=1\\ 3^{n-1}, & n\geqslant2\end{cases}$。

【点评】一般地，对于含有 a_n 和 S_n 的递推式，利用“作差法”求数列通项是最佳方法。特别提醒：利用 $a_n=S_n-S_{n-1}$ 求数列通项时，务必注意成立的前提条件是 $n\geqslant2, n\in\mathbf{N}^*$，同时必须验证 $n=1$ 时所得结果是否符合，若不符合，则数列的通项公式应以分段形式给出。

【变式 1】已知数列 $\{a_n\}$ 的前 n 项和 $S_n=3-3\times2^n, n\in\mathbf{N}^*$，则 $a_n=$__________。

【解析】当 $n\geqslant2$ 时，$a_n=S_n-S_{n-1}=-3\times2^{n-1}$；当 $n=1$ 时，$a_1=S_1=-3$，显然满足上式。故 $a_n=-3\times2^{n-1}$。

【变式 2】已知数列 $\{a_n\}$ 的前 n 项和 $S_n=3n^2-2n+1$，$n\in\mathbf{N}^*$，则其通项公式为__________。

【解析】当 $n\geqslant2$ 时，$a_n=S_n-S_{n-1}=3n^2-2n+1-[3(n-1)^2-2(n-1)+1]=6n-5$；当 n = 1 时，$a_1=S_1=2$，显然不满足上式，故 $a_n=\begin{cases}2, & n=1\\ 6n-5, & n\geqslant2\end{cases}$。

【变式 3】已知数列 $\{a_n\}$ 的前 n 项和 $S_n=3^n+b$，$n\in\mathbf{N}^*$，当 $b=-1$ 时，$\{a_n\}$ 的通项公式为______；当 $b\neq-1$ 时，$\{a_n\}$ 的通项公式为__________。

【解析】$a_1=S_1=3+b$，当 $n\geqslant2$ 时，$a_n=S_n-S_{n-1}=(3^n+b)-(3^{n-1}+b)=2\cdot3^{n-1}$. 当 $b=-1$ 时，a_1 适合此等式；当 $b\neq-1$ 时，a_1 不适合此等式。

所以当 $b=-1$ 时，$a_n=2\cdot3^{n-1}$；当 $b\neq-1$ 时，$a_n=\begin{cases}3+b, & n=1\\ 2\cdot3^{n-1}, & n\geqslant2\end{cases}$。

【变式 4】已知数列 $\{a_n\}$ 的前 n 项和为 S_n，$a_1=3$，且满足 $S_n=a_{n+1}+1$，$n\in\mathbf{N}^*$，则 $a_7=$______。

【解析】因为 $S_n=a_{n+1}+1$，$a_1=3$，所以 $a_{n+1}=S_{n+1}-S_n=a_{n+2}+1-a_{n+1}-1$，

即 $a_{n+2}=2a_{n+1}(n\in\mathbf{N}^*)$。又 $a_2=S_1-1=a_1-1=2\neq0$，

所以数列 $\{a_n\}$ 通项公式为 $a_n=\begin{cases}3,n=1\\2^{n-1},n\geqslant 2\end{cases}$，从而 $a_7=2^{7-1}=64$。

【变式 5】已知数列 $\{a_n\}$ 的前 n 项和为 S_n，若 $S_n=2a_n+n(n\in\mathbf{N}^*)$，则 $a_n=$______。

【解析】因为 $S_n=2a_n+n$ ①，$S_{n+1}=2a_{n+1}+n+1$ ②，所以② − ①得 $a_{n+1}=2a_n-1$，即 $a_{n+1}-1=2(a_n-1)$。又易知 $a_1=-1$，所以数列 $\{a_n-1\}$ 是以 −2 为首项，2 为公比的等比数列，所以 $a_n-1=(-2)\cdot 2^{n-1}=-2^n$，所以 $a_n=1-2^n$。

【变式 6】已知数列 $\{a_n\}$ 的前 n 项和 S_n 满足 $\log_2(S_n+1)=n+1$，$n\in\mathbf{N}^*$，则数列 $\{a_n\}$ 的通项公式为__________。

【解析】因为 $\log_2(S_n+1)=n+1$，所以 $S_n=2^{n+1}-1$，

所以当 $n\geqslant 2$ 时，$a_n=S_n-S_{n-1}=2^{n+1}-1-(2^n-1)=2^n$；

当 $n=1$ 时，$a_1=S_1=2^2-1=3$，不满足上式。故所求 $a_n=\begin{cases}3,\ n=1\\2^n,\ n\geqslant 2\end{cases}$。

【感悟】若给出关于 a_n、S_n 的关系式 $f(a_n,S_n)=0$，可利用公式 $a_n=\begin{cases}S_1,\ n=1\\S_n-S_{n-1},\ n\geqslant 2\end{cases}$ 将条件转化为仅含有 a_n 或 S_n 的关系式求解。需要注意的是，一定不要漏掉 $n=1$ 的情况，两种情况若能统一，则应统一；否则用分段形式表示。

【例 3】(2018 · 全国Ⅱ卷) 记 S_n 为等差数列 $\{a_n\}$ 的前 n 项和，已知 $a_1=-7$，$S_3=-15$。

（1）求 $\{a_n\}$ 的通项公式；

（2）求 S_n，并求 S_n 的最小值。

【解析】（1）设 $\{a_n\}$ 的公差为 d，由题意得 $3a_1+3d=-15$。

由 $a_1=-7$ 得 $d=2$。

所以 $\{a_n\}$ 的通项公式为 $a_n=2n-9$。

（2）由（1）得 $S_n=n^2-8n=(n-4)^2-16$。

所以当 $n=4$ 时，S_n 取得最小值，最小值为 −16。

【点评】本题考查了待定系数法求等差数列的两个基本量 a_1、d，通项公式，等差数列的前 n 项和公式的应用及二次函数最值等基础知识。

课本原型（人教版 A 版必修 5 第 45 页例 4）：已知等差数列 5，$4\frac{2}{7}$，$3\frac{4}{7}$，…的前 n 项和公式为 S_n，求使得 S_n 最大的序号 n 的值。

【变式 1】已知等差数列 $\{a_n\}$ 的前 n 项和公式为 S_n，且 $a_2=1$，$a_5=-5$。求使得 S_n 最大的序号 n 的值。

【解析】设 $\{a_n\}$ 的公差为 d，由已知条件 $\begin{cases}a_1+d=1\\a_1+4d=-5\end{cases}$ 解得 $a_1=3$，$d=-2$，

所以 $S_n=na_1+\dfrac{n(n-1)}{2}d=-n^2+4n=-(n-2)^2+4$。

所以 $n=2$ 时，S_n 取得最大值。

【点评】根据已知条件确定等差数列的两个基本量 a_1、d 的值是求解的关键。

【变式 2】已知 $(1，-10)$，$(3，-2)$ 是等差数列 $\{a_n\}$ 图像上的两点，S_n 是等差数列 $\{a_n\}$ 的前 n 项和公式。求使得 S_n 最大的序号 n 的值。

【解析】因为 $(1，-10)$，$(3，-2)$ 是等差数列 $\{a_n\}$ 图像上的两点，所以 $a_1=-10$，$a_3=-2$。

由 $a_3=a_1+2d=-10+2d=-2$，解得 $d=4$。

所以 $S_n=-10n+\dfrac{n(n-1)}{2}\times 4=2n^2-12n=2(n-3)^2-18$，

所以当 $n=3$ 时，S_n 取得最小值，为 -18。

【点评】本题知识改变了一下已知条件的背景。

【变式 3】数列 $\{a_n\}$ 是等差数列，已知 $a_1=20$，前 n 项和公式为 S_n。若 $a_{11}+a_{12}+a_{13}+a_{14}+a_{15}=0$，求使得 S_n 最大的序号 n 的值。

【解析】因为 $a_{11}+a_{12}+a_{13}+a_{14}+a_{15}=0$，所以 $5a_{13}=0$，即 $a_{13}=0$，所以 $a_1+12d=0$。

又 $a_1=20$，所以 $20+12d=0$，解得 $d=-\dfrac{5}{3}$。

所以 $S_n=20n+\dfrac{n(n-1)}{2}\cdot\left(-\dfrac{5}{3}\right)=-\dfrac{5}{6}n^2+\dfrac{125}{6}n=-\dfrac{5}{6}\left(n-\dfrac{25}{2}\right)^2+\dfrac{3125}{24}$。

故 n 接近于 $\dfrac{25}{2}$ 的正整数有两个，即 $n=12$ 或 $n=13$ 时，S_n 达到最大值。

【点评】等差数列前 n 项和公式 S_n 是关于 n 的二次函数，但由于函数 S_n 与一般二次函数 $f(x)=\dfrac{1}{2}dx^2+\left(a_1-\dfrac{d}{2}\right)x\ (x\in\mathbf{R})$ 的定义域不同，因此求最值的方法又有其特殊性。本题容易出现两个错误：一是利用二次函数求最大值时出现 $n=\dfrac{25}{2}$ 的错误结论，原因是忽视了 $n\in\mathbf{N}^*$ 这一条件；二是在给出结论时，只给出 $n=12$，漏掉 $n=13$ 时 $a_{13}=0$ 这一情况。应引起学生的注意。

【变式 4】数列 $\{a_n\}$ 是等差数列，已知 $a_1=20$，前 n 项和公式为 S_n。若 $S_{10}=S_{15}$，求使得 S_n 最大的序号 n 的值。

【解析】由若 $S_{10}=S_{15}$，得 $a_{11}+a_{12}+a_{13}+a_{14}+a_{15}=0$，下同变式 3 的解法。

【变式 5】设等差数列 $\{a_n\}$ 的前 n 项和为 S_n，且 $a_3=12$，$S_{12}>0$，$S_{13}<0$。

（1）求公差 d 的取值范围；

（2）指出 S_1，S_2，…，S_{12} 中哪个最大，并说明理由。

【解析】（1）依题意，得 $\begin{cases} S_{12}=12a_1+\dfrac{12\times 11}{2}d>0 \\ S_{13}=13a_1+\dfrac{13\times 12}{2}d<0 \end{cases}$ 即 $\begin{cases} 2a_1+11d>0 \\ a_1+6d<0 \end{cases}$。

又 $a_3=a_1+2d=12$，所以 $a_1=12-2d$。

所以 $\begin{cases} 24+7d>0 \\ 3+d<0 \end{cases}$。故 $-\dfrac{24}{7}<d<-3$。

（2）$S_n=na_1+\dfrac{n(n-1)}{2}d=n(12-2d)+\dfrac{n(n-1)}{2}d=\dfrac{d}{2}[n-\dfrac{1}{2}(5-\dfrac{24}{d})]^2-\dfrac{d}{2}[\dfrac{1}{2}(5-\dfrac{24}{d})]^2$，

又 $d<0$，则 $[n-\dfrac{1}{2}(5-\dfrac{24}{d})]^2$ 取最小值时，S_n 最大。

因为 $-\dfrac{24}{7}<d<-3$，所以 $6<\dfrac{1}{2}(5-\dfrac{24}{d})<\dfrac{13}{2}$。

故当 $n=6$ 时，$[n-\dfrac{1}{2}(5-\dfrac{24}{d})]^2$ 最小，因此 S_6 最大。

【点评】本题主要考查等差数列的前 n 项和公式、通项公式。由题设条件可建立起关于 d 的不等式，解得 d 的范围，进而求得 S_n，借助二次函数的最值求解。

【感悟】求等差数列 $\{a_n\}$ 前 n 项和公式 S_n 的最大值，一是利用二次函数来求；二是利用项的符号转折，即对于等差数列 $\{a_n\}$：

（1）当 $a_1>0$，$d<0$ 时，由 $\begin{cases} a_n\geqslant 0 \\ a_{n+1}\leqslant 0 \end{cases}$ 知 S_n 为最大值；

（2）当 $a_1<0$，$d>0$ 时，由 $\begin{cases} a_n\leqslant 0 \\ a_{n+1}\geqslant 0 \end{cases}$ 知 S_n 为最小值。

【例 4】（2015 · 全国Ⅰ卷）数列 $\{a_n\}$ 中 $a_1=2,a_{n+1}=2a_n,S_n$ 为 $\{a_n\}$ 的前 n 项和，若 $S_n=126$，则 $n=$______。

【解析】因为 $a_1=2,a_{n+1}=2a_n$，所以数列 $\{a_n\}$ 是首项为 2，公比为 2 的等比数列，

所以 $S_n=\dfrac{2(1-2^n)}{1-2}=126$，所以 $2^n=64$，所以 $n=6$。

【点评】本题主要考查等比数列的概念与前 n 项和公式，显然熟悉掌握基本知识点是解题的关键。

【变式 1】数列 $\{a_n\}$ 中 $a_1=2,a_{n+1}=2a_n,S_n$ 为 $\{a_n\}$ 的前 n 项和，则 $S_n=$______。

【解析】由已知得 $a_1=2$，$q=2$，所以 $S_n=\dfrac{2(1-2^n)}{1-2}=2^{n+1}-2$。

【变式 2】数列 $\{a_n\}$ 中，$a_{n+1}=2a_n$，$S_{10}=2046$，则 $a_1=$______。

【解析】由已知得 $q=2$，因为 $S_{10}=2046$，所以 $2046=\dfrac{a_1(1-2^{10})}{1-2}$，解得 $a_1=2$。

【变式 3】数列 $\{a_n\}$ 中，$a_1=2,a_{n+1}=2a_n$，S_n 为 $\{a_n\}$ 的前 n 项和，则 $S_6=$______。

【解析】由题设可知 $\{a_n\}$ 是首项为 2，公比为 2 的等比数列，所以 $S_6=\dfrac{2(1-2^6)}{1-2}=126$。

【变式 4】数列 $\{a_n\}$ 中，$a_{n+1}=2a_n$，前 n 项和 $S_n=2^{n+1}-2$，则 $a_{10}=$______。

【解析】由已知得 $q=2$，所以 $\dfrac{a_1(1-2^n)}{1-2}=2^{n+1}-2$，所以 $a_1=2$，故 $a_{10}=2\times2^9=1024$。

【变式 5】数列 $\{a_n\}$ 的前 n 项和为 S_n，$S_{n+1}=2S_n$，$S_1=4$，则 $S_n=$______。

【解析】依题意 $\{S_n\}$ 是首项为 4，公比为 2 的等比数列，所以 $S_n=2^{n+1}$。

【变式 6】数列 $\{a_n\}$ 的前 n 项和为 S_n，$S_{n+1}=2S_n$，$S_{10}=1024$，则 $a_1=$______。

【解析】依题意数列 $\{S_n\}$ 是公比为 2 的等比数列，所以 $S_{10}=S_1\times2^9=1024$，所以 $a_1=S_1=2$。

【感悟】首项 a_1 和公比 q 是等比数列的两个基本量，根据条件列出两个基本量的方程或方程组，从而求解问题。转化成基本量解方程（组）是解决等比数列问题最基本的方法。

【例 5】m 是什么实数时，关于 x 的一元二次方程 $mx^2-(1-m)x+m=0$ 没有实数根？

【解析】因为 $mx^2-(1-m)x+m=0$ 是关于 x 的一元二次方程，所以 $m\neq0$。

由 $\Delta=(1-m)^2-4m^2<0$，整理得 $3m^2+2m-1>0$。

因为方程 $3m^2+2m-1=0$ 有两个实数根 -1 和 $\dfrac{1}{3}$，所以 $m<-1$ 或 $m>\dfrac{1}{3}$。

故实数 m 的取值范围为 $\{m|m<-1$ 或 $m>\dfrac{1}{3}\}$。

【点评】本题利用判别式Δ将方程没有实数根转化为关于参数 m 的一元二次不等式求解，体现了方程与不等式之间的联系和转化关系。

【变式1】m 是什么实数时，关于 x 的一元二次方程 $mx^2-(1-m)x+m=0$ 有两个不等实数根？

【解析】因为 $mx^2-(1-m)x+m=0$ 是关于 x 的一元二次方程，所以 $m\neq 0$。

由 $\Delta=(1-m)^2-4m^2>0$，整理得 $3m^2+2m-1<0$。

因为方程 $3m^2+2m-1=0$ 有两个实数根 -1 和 $\frac{1}{3}$，所以 $-1<m<\frac{1}{3}$ 且 $m\neq0$。

故实数 m 的取值范围为 $\{m|-1<m<\frac{1}{3}$ 且 $m\neq0\}$。

【变式2】m 是什么实数时，关于 x 的一元二次方程 $mx^2-(1-m)x+m=0$ 的一个实数根大于1，另一个实数根小于1？

【解析】因为 $mx^2-(1-m)x+m=0$ 是关于 x 的一元二次方程，所以 $m\neq 0$。

设 $f(x)=mx^2-(1-m)x+m$。

因为方程 $mx^2-(1-m)x+m=0$ 有一个实数根大于1，另一个实数根小于1，结合二次函数的图像，则 $\begin{cases}m>0\\f(1)=3m-1<0\end{cases}$ 或 $\begin{cases}m<0\\f(1)=3m-1>0\end{cases}$，解得 $0<m<\frac{1}{3}$。

故实数 m 的取值范围为 $\{m|0<m<\frac{1}{3}\}$。

【变式3】m 是什么实数时，关于 x 的一元二次方程 $mx^2-(1-m)x+m=0$ 有一个实数根在区间 $(0,1)$ 内，另一个实数根在区间 $(1,2)$ 内？

【解析】因为 $mx^2-(1-m)x+m=0$ 是关于 x 的一元二次方程，所以 $m\neq 0$。

设 $f(x)=mx^2-(1-m)x+m$。

因为方程 $mx^2-(1-m)x+m=0$ 有一个实数根在区间 $(0,1)$ 内，另一个实数根在区间 $(1,2)$ 内，

则 $\begin{cases}m>0\\f(0)=m>0\\f(1)=3m-1<0\\f(2)=7m-2>0\end{cases}$ 或 $\begin{cases}m<0\\f(0)=m<0\\f(1)=3m-1>0\\f(2)=7m-2<0\end{cases}$，解得 $\frac{2}{7}<m<\frac{1}{3}$。

故实数 m 的取值范围为 $\{m|\frac{2}{7}<m<\frac{1}{3}\}$。

【感悟】上述几题是一元二次方程根的分布问题，解决这类问题的最有效途径是借助二次函数的图像进行数形结合，从判别式、对称轴和端点的函数值入手来处理。常见的情形如下。

以二次函数 $y=ax^2+bx+c$ $(a>0)$ 为例，设方程 $ax^2+bx+c=0(a>0)$ 的两个根为 x_1、$x_2(x_1 \neq x_2)$，有以下几种。

（1）若两根都大于 0 或都小于 0，则 $\Delta>0$ 且 $f(0)>0$。

（2）若两根一个大于 0，另一个小于 0，则 $f(0)<0$。

（3）若两根一个大于 k，另一个小于 k，则 $f(k)<0$。

（4）若两根都大于 k，则 $\begin{cases}\Delta>0\\ -\dfrac{b}{2a}>k\\ f(k)>0\end{cases}$。

（5）若两根都小于 k，则 $\begin{cases}\Delta>0\\ -\dfrac{b}{2a}<k\\ f(k)>0\end{cases}$。

（6）若两根都在区间 (α,β) 内，则 $\begin{cases}\Delta>0\\ \alpha<-\dfrac{b}{2a}<\beta\\ f(\alpha)>0\\ f(\beta)>0\end{cases}$；

（7）若两根一个在区间 (α,β) 内，另一个在区间 $(m,n)(\alpha<\beta<m<n)$ 内，则 $\begin{cases}f(\alpha)>0\\ f(\beta)<0\\ f(m)<0\\ f(n)>0\end{cases}$。

【例 6】当 k 取什么值时，一元二次不等式 $2kx^2+kx-\dfrac{3}{8}<0$ 对一切实数 x 都成立？

【解析】因为一元二次不等式 $2kx^2+kx-\dfrac{3}{8}<0$ 对一切实数 x 都成立，

所以 $\begin{cases}k<0\\ \Delta=k^2-4\cdot 2k\cdot(-\dfrac{3}{8})<0\end{cases}$，解之得 $-3<k<0$。

故当 $-3<k<0$ 时，一元二次不等式 $2kx^2+kx-\dfrac{3}{8}<0$ 对一切实数 x 都成立。

【变式 1】当 k 取什么值时，不等式 $2kx^2+kx-\dfrac{3}{8}<0$ 对一切实数 x 都成立？

【解析】此变式与例题的区别在于没有明确不等式 $2kx^2+kx-\dfrac{3}{8}<0$ 是一元二次不等式，所以应首先讨论二次项系数 $2k=0$，即 $k=0$ 的情况。

（1）当 $k=0$ 时，不等式为 $-\frac{3}{8}<0$ 对一切实数 x 都成立，所以符合题意；

（2）当 $k\neq 0$ 时，同上题的解。

综上可得 $-3<k\leqslant 0$。

故当 $-3<k\leqslant 0$ 时，不等式 $2kx^2+kx-\frac{3}{8}<0$ 对一切实数 x 都成立。

【变式 2】当 k 取什么值时，一元二次不等式 $2kx^2+kx-\frac{3}{8}\leqslant 0$ 对一切实数 x 都成立？

【解析】因为一元二次不等式 $2kx^2+kx-\frac{3}{8}\leqslant 0$ 对一切实数 x 都成立，

所以 $\begin{cases} k<0 \\ \Delta=k^2-4\cdot 2k\cdot(-\frac{3}{8})\leqslant 0 \end{cases}$，解之得 $-3\leqslant k<0$。

故当 $-3\leqslant k<0$ 时，一元二次不等式 $2kx^2+kx-\frac{3}{8}\leqslant 0$ 对一切实数 x 都成立。

【变式 3】若二次函数 $f(x)=2kx^2+kx-\frac{3}{8}$ 的图像都在 x 轴的下方，求实数 k 的取值范围。

此变式实质同例题。

【变式 4】若函数 $f(x)=2kx^2+kx-\frac{3}{8}$ 的图像都在 x 轴的下方，求实数 k 的取值范围。

此变式实质同变式 1。

【变式 5】当 k 取什么值时，一元二次不等式 $2kx^2+kx-\frac{3}{8}<0$ 对于 $(-1，1)$ 上的一切实数 x 都成立？

【解析】这里应分 $k>0$ 和 $k<0$ 两种情况，并结合二次函数的图像求解。

设 $f(x)=2kx^2+kx-\frac{3}{8}$，则抛物线的对称轴为 $x=-\frac{1}{4}$。

（1）当 $k>0$ 时，有 $\begin{cases} f(-1)\leqslant 0 \\ f(1)\leqslant 0 \end{cases}$，所以 $\begin{cases} k\leqslant\frac{3}{8} \\ k\leqslant\frac{1}{8} \end{cases}$，解得 $0<k\leqslant\frac{1}{8}$；

（2）当 $k<0$ 时，有 $\Delta<0$，即 $k^2-4\cdot 2k\cdot(-\frac{3}{8})<0$，解得 $-3<k<0$。

综上得 k 的取值范围为 $-3<k\leqslant\frac{1}{8}$ 且 $k\neq 0$。

【变式 6】若一元二次不等式 $2kx^2+kx-\frac{3}{8}<0$ 对满足 $k\in(-1,1)$ 的所有 k 都成立，求变量 x 的取值范围。

【解析】“反客为主”，视 k 为主元，转化为一次函数，利用一次函数的性质求解。

原不等式化为 $(2x^2+x)k-\frac{3}{8}<0$。

令 $\varphi(k)=(2x^2+x)k-\frac{3}{8}$，$k\in(-1,1)$，则 $\begin{cases}\varphi(-1)\leqslant 0\\ \varphi(1)\leqslant 0\end{cases}$，即 $\begin{cases}-2x^2-x-\frac{3}{8}\leqslant 0\\ 2x^2+x-\frac{3}{8}\leqslant 0\end{cases}$，

解得 $-\frac{3}{4}\leqslant x\leqslant\frac{1}{4}$。

【感悟】（1）任何一个一元二次不等式总可以化成 $ax^2+bx+c>0\ (a>0)$ 或 $ax^2+bx+c<0\ (a>0)$ 的形式，由二次函数 $f(x)=ax^2+bx+c$ 的图像和性质，不难得出下面的结论：

①$f(x)>0$ 对一切 $x\in\mathbf{R}$ 恒成立 $\Leftrightarrow$ $a>0$，且 $\Delta=b^2-4ac<0$。

②$f(x)<0$ 对一切 $x\in\mathbf{R}$ 恒成立 $\Leftrightarrow$ $a<0$，且 $\Delta=b^2-4ac<0$。

③$f(x)>0(a>0)$ 在 $m\leqslant x\leqslant n$ 上恒成立 $\Leftrightarrow$ $\Delta<0$，或 $\begin{cases}-\frac{b}{2a}<m\\ f(m)>0\end{cases}$，或 $\begin{cases}-\frac{b}{2a}>n\\ f(n)>0\end{cases}$。

④$f(x)<0(a>0)$ 在 $m\leqslant x\leqslant n$ 上恒成立 $\Leftrightarrow$ $f(m)<0$ 且 $f(n)<0$。

特别需要提醒的是，如果题目中没有明确 $ax^2+bx+c>0$（或 $ax^2+bx+c<0$）是一元二次不等式，应首先考虑二次项系数 $a=0$ 时的情况，即当二次项系数含有参数时，要注意分类讨论。

（2）对于“系数中含有参数的关于 x 的一元二次不等式，其参数在某给定的区间上且最高次数为 1，求当不等式恒成立时，变量 x 的取值范围”的一类问题，求解的方法是“反客为主”，视参数为“主元”，将关于 x 的“二次”不等式转化为关于参数的“一次”不等式，再利用一次函数的性质（直线形），构建出一个关于变量 x 的不等式（组），进而求出变量 x 的范围。

【例 7】已知 $x>0$，求当 x 取什么值时，$x+\frac{2}{x}$ 的值最小？最小值是多少？

【解析】因为 $x>0$，所以 $x+\dfrac{2}{x}\geqslant 2\sqrt{x\cdot\dfrac{2}{x}}=2\sqrt{2}$。

当且仅当 $x=\dfrac{2}{x}$，即 $x=\sqrt{2}$ 时取等号。所以当 $x=\sqrt{2}$ 时，$x+\dfrac{2}{x}$ 的值最小，最小值是 $2\sqrt{2}$。

【点评】在使用基本不等式求最值时，必须具备三个条件：①在所求最值的代数式中，各变数均应是正数（若不是，则进行变号转换）；②各变数的和或积必须为常数，以确保不等式一边为定值（若不是，则进行拆项或分解，务必使不等式一端的和或积为常数）；③各变数有相等的可能（相等时，变量字母有实数解，且在定义域内；若无，则说明拆项、分解不当，此时应重新拆项、分解或改用其他方法）。

【变式 1】已知 $x<0$，当 x 取什么值，$x+\dfrac{2}{x}$ 的值最大？最大值是多少？

【解析】因为 $x<0$，所以 $x+\dfrac{2}{x}=-(-x+\dfrac{2}{-x})\leqslant -2\sqrt{(-x)\cdot\dfrac{2}{-x}}=-2\sqrt{2}$。

当且仅当 $-x=\dfrac{2}{-x}$，即 $x=-\sqrt{2}$ 时取等号，所以当 $x=-\sqrt{2}$ 时，$x+\dfrac{2}{x}$ 的值最大，最大值是 $-2\sqrt{2}$。

【点评】在利用基本不等式求最大（小）值时，必修满足“一正、二定、三相等”的条件，否则需要先做一些适当的变形。本题中，虽然 $x\cdot\dfrac{2}{x}=2$ 是定值，但 x、$\dfrac{2}{x}$ 均为负数，故运用了“变号”的技巧，先变号后再运用基本不等式求最值。

【变式 2】若 $x\neq 0$，求函数 $y=x+\dfrac{2}{x}$ 的值域。

【解析】因为 $x\neq 0$，所以分 $x>0$ 和 $x<0$ 两种情况求解。

若 $x>0$，见例 7 解析；若 $x<0$，见变式 1 解析。

所以函数 $y=x+\dfrac{2}{x}$ 的值域为 $(-\infty, -2\sqrt{2}]\cup[2\sqrt{2}, +\infty)$。

【点评】本题中由于 x 的符号不定，所以分类讨论求解。提醒学生注意的是最值和值域是有区别的两个概念，不能等同。最值是值域中的一个值，函数有值域但不一定有最值。本题的函数有值域就没有最值。

【变式 3】已知 $x>1$，求 $3x+\dfrac{4}{x-1}+1$ 的最小值。

【解析】$3x+\dfrac{4}{x-1}+1=3(x-1)+\dfrac{4}{x-1}+4\geqslant 2\sqrt{3(x-1)\left(\dfrac{4}{x-1}\right)}+4=4\sqrt{3}+4$，

当 $3(x-1)=\dfrac{4}{x-1}$，即 $x=\dfrac{2\sqrt{3}}{3}+1$ 时，等号成立，所求最小值为 $4\sqrt{3}+4$。

【点评】在利用基本不等式求某些式子的最值时，务必注意函数的解析式或变形式是否符合基本不等式使用的前提条件。本题为了使 $3x$ 与 $\dfrac{4}{x-1}$ 乘积为定值，把 $3x$ 变为 $3(x-1)+3$，就相当于减了一个 3，又加了一个 3。注意变形时加上一个常数，同时要再减掉这个常数。这里运用了“添、减”项的技巧。

【变式 4】已知 $x>1$，求函数 $y=\dfrac{x^2-2x+2}{2x-2}$ 的最小值。

【解析】因为 $x>1$，$y=\dfrac{x^2-2x+2}{2x-2}=\dfrac{(x-1)^2+1}{2(x-1)}=\dfrac{1}{2}\left[(x-1)+\dfrac{1}{x-1}\right]\geqslant\dfrac{1}{2}\cdot 2\sqrt{(x-1)\cdot\dfrac{1}{x-1}}=1$，

当且仅当 $x-1=\dfrac{1}{x-1}$ 时，即 $x=2$ 时取等号。

所以当 $x=2$，$y=\dfrac{x^2-2x+2}{2x-2}$ 有最小值，为 1。

【点评】本题中的函数式分子是二次、分母是一次，分子配方后把该函数式拆分为和的形式，利用基本不等式求得最值。这里运用的是“拆”的技巧，即通过将函数“拆分”创设利用基本不等式的条件。

【变式 5】某公司一年购买某种货物 400 t，每次都购买 x t，运费为 4 万元 / 次，一年的总存储费用为 $4x$ 万元，要使一年的总运费与总存储费用之和最小，则 x 等于______。

【解析】由于一年购买某种货物 400 t，每次都购买 x t，所以一年购买 $\dfrac{400}{x}$ 次。

设一年的总费用与总存储费用之和为 y，则 $y=\dfrac{400}{x}\times 4+4x=\dfrac{1600}{x}+4x\geqslant 2\sqrt{\dfrac{1600}{x}\cdot 4x}=160$，当且仅当 $\dfrac{1600}{x}=4x$，即 $x=20$ 时，等号成立。故 x 等于 20 时，一年的总运费与总存储费用之和最小。

【点评】本题是根据题意建立关于 x 的函数关系，直接利用基本不等式求解的。基本不等式往往和应用性问题相联系，此类问题的解决不仅经常涉及函数关系的建立、不等式的性质、最大（小）值等基本知识，还需综合运用所学知识、思想和方法。

【变式 6】围建一个面积为 360 m^2 的矩形场地，要求矩形场地的一面利用旧墙（利用旧墙需维修），其他三面围墙要新建，在旧墙的对面的新墙上要留一个宽度为 2 m 的进出口，如下图所示，已知旧墙的维修费用为每米 45 元，新墙的造价为每米 180 元，设利用的旧墙的长度为 x（单位：m）。

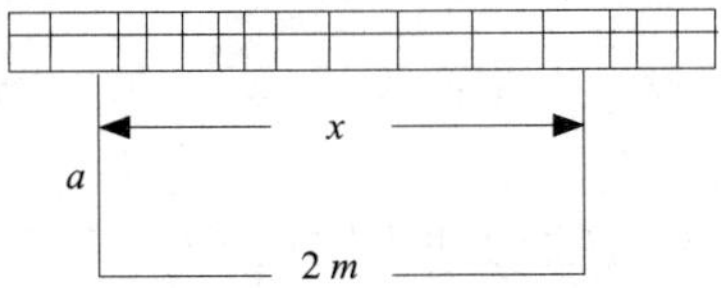

（1）将 y 表示为 x 的函数；

（2）试确定 x，使修建此矩形场地围墙的总费用最小，并求出最小总费用。

【解析】（1）如上图所示，设矩形的另一边为 a m，则 $y=45x+180(x-2)+180\times 2a=225x+360a-360$。

由已知 $xa=360$，得 $a=\dfrac{360}{x}$，所以 $y=225x+\dfrac{360^2}{x}-360(x>0)$。

（2）因为 $x>0$，所以 $225x+\dfrac{360^2}{x}\geqslant 2\sqrt{225\times 360^2}=10\ 800$。

所以 $y=225x+\dfrac{360^2}{x}-360\geqslant 10\ 440$。当且仅当 $225x=\dfrac{360^2}{x}$ 时，等号成立。

即当 $x=24$ m 时，修建此矩形场地围墙的总费用最小，最小总费用是 10 440 元。

【点评】应用基本不等式解决实际问题需经历四个过程：①确定并设定变量，将实际问题数学化；②建立所求问题的函数式或不等式；③运用基本不等式与不等式的性质求出最值及相应因变量的取值；④还原为实际问题检验其正确性。

【感悟】在使用基本不等式求最值时，必须具备三个条件。

一正：在所求最值的代数式中，各变数均应是正数（若不是，则进行变号转换）。

二定：各变数的和或积必须为常数，以确保不等式一边为定值（若不是，则进行拆项或分解，务必使不等式一端的和或积为常数。

三相等：各变数有相等的可能（相等时，变量字母有实数解，且在定义域内；若无，则说明拆项、分解不当，此时应重新拆项、分解或改用其他方法）。

在具体问题中，“正数”条件往往易从题设中获得解决，“相等”条件也易验证确定，而要获得“定值”条件却常常被设计为一个难点，它需要一定的灵活性和变形技巧。因此，“定值”

条件决定着基本不等式应用的可行性，这是解题成败的关键。

在利用基本不等式求函数或代数式的最值时，有时不一定恰好能用上基本不等式，因此还必须对所给的函数或代数式进行变形整理，通过“拆、拼、凑”等技巧的使用（一般是配凑出“和”或者“积”为定值）构造出均值不等式的形式再进行求解。

【例 8】设 $a>0$，$b>0$，$a+b=5$，则 $\sqrt{a+1}+\sqrt{b+3}$ 的最大值为______。

【解法 1】令 $t=\sqrt{a+1}+\sqrt{b+3}$，

则 $t^2=a+1+b+3+2\sqrt{(a+1)(b+3)}=9+2\sqrt{(a+1)(b+2)}\leqslant 9+a+1+b+3=13+a+b=18$，

当且仅当 $a+1=b+3$ 且 $a+b=5$，即 $a=\frac{7}{2}$，$b=\frac{3}{2}$ 时取等号。所以 $t_{\max}=\sqrt{18}=3\sqrt{2}$，

故所求最大值为 $3\sqrt{2}$。

【解法 2】由 $2ab\leqslant a^2+b^2$ 两边同时加上 a^2+b^2 得 $(a+b)^2\leqslant 2(a^2+b^2)$，两边同时开方即得 $a+b\leqslant\sqrt{2(a^2+b^2)}$（$a>0$，$b>0$，当且仅当 $a=b$ 时取等号）。

从而，有 $\sqrt{a+1}+\sqrt{b+3}\leqslant\sqrt{2(a+1+b+3)}=\sqrt{2\times 9}=3\sqrt{2}$，

当且仅当 $a+1=b+3$ 且 $a+b=5$，即 $a=\frac{7}{2}$，$b=\frac{3}{2}$ 时等号成立。故所求最大值为 $3\sqrt{2}$。

【点评】解法 1，令 $t=\sqrt{a+1}+\sqrt{b+3}$，两边平方，为使用基本不等式创造了有利条件；解法 2，先将基本不等式 $2ab\leqslant a^2+b^2$ 转化为 $a+b\leqslant\sqrt{2(a^2+b^2)}$（$a>0$，$b>0$，当且仅当 $a=b$ 时取等号），再利用此不等式求解，注意等号成立的条件与应用。

【变式 1】设 $a>0$，$b>0$，$a+b=5$，则 $\frac{1}{a}+\frac{16}{b}$ 的最小值为______。

【解析】$\frac{1}{a}+\frac{16}{b}=\frac{1}{5}(a+b)(\frac{1}{a}+\frac{16}{b})=\frac{1}{5}(1+\frac{16a}{b}+\frac{b}{a}+16)\geqslant\frac{1}{5}(17+2\sqrt{\frac{16a}{b}\cdot\frac{b}{a}})=5$，当且仅当 $\frac{16a}{b}=\frac{b}{a}$，即 $a=1$，$b=4$ 时等号成立，故所求最小值为 5。

【变式 2】已知直线 $ax+by-4=0(a>0,\ b>0)$ 和函数 $f(x)=d^{x-2}+1$（$d>0$ 且 $d\neq 1$）的图像恒过同一个定点，则 $\frac{1}{a}+\frac{1}{b}$ 的最小值为（　　）。

A.4　　B.2　　C.1　　D.8

【解析】由于 $f(x)$ 图像恒过定点 $(2,\ 2)$，则有 $2a+2b-4=0$，即 $a+b=2$，

所以$\frac{1}{a}+\frac{1}{b}=\frac{1}{2}(a+b)(\frac{1}{a}+\frac{1}{b})=\frac{1}{2}(2+\frac{a}{b}+\frac{b}{a})\geqslant\frac{1}{2}(2+2\sqrt{\frac{a}{b}\cdot\frac{b}{a}})=2$，

当且仅当$a=b=1$时等号成立，故选B。

【变式3】设$a>0$，$b>0$，$a+b=2$，则$(a+\frac{1}{a})^2+(b+\frac{1}{b})^2$的最小值为______。

【解析】因为$a>0$，$b>0$，$a+b=2$，所以$\frac{1}{a}+\frac{1}{b}=\frac{1}{2}(a+b)(\frac{1}{a}+\frac{1}{b})=\frac{1}{2}(1+\frac{a}{b}+\frac{b}{a}+1)\geqslant$

$\frac{1}{2}(2+2\sqrt{\frac{a}{b}\cdot\frac{b}{a}})=2$，当且仅当$\frac{a}{b}=\frac{b}{a}$，即$a=b=1$时等号成立，

所以$(a+\frac{1}{a})^2+(b+\frac{1}{b})^2=\frac{1}{2}[2(a+\frac{1}{a})^2+2(b+\frac{1}{b})^2]\geqslant\frac{1}{2}[(a+\frac{1}{a})^2+(b+\frac{1}{b})^2+2(a+\frac{1}{a})(b+\frac{1}{b})]=\frac{1}{2}(a+\frac{1}{a}+b+\frac{1}{b})^2\geqslant\frac{1}{2}(2+2)^2=8$，当且仅当$a=b=1$时等号成立，

所以当且仅当$a=b=1$时，$(a+\frac{1}{a})^2+(b+\frac{1}{b})^2$取得最小值为8。

【变式4】已知$a>0$，$b>0$，$c>0$，且$a+b+c=1$，则$\frac{1}{a}+\frac{1}{b}+\frac{1}{c}$的最小值为____。

【解析】$\frac{1}{a}+\frac{1}{b}+\frac{1}{c}=\frac{a+b+c}{a}+\frac{a+b+c}{b}+\frac{a+b+c}{c}=3+\frac{b}{a}+\frac{c}{a}+\frac{a}{b}+\frac{c}{b}+\frac{a}{c}+\frac{b}{c}=3+(\frac{b}{a}+\frac{a}{b})+(\frac{c}{a}+\frac{a}{c})+(\frac{c}{b}+\frac{b}{c})\geqslant3+2+2+2=9$，当且仅当$a=b=c=\frac{1}{3}$时取等号。

【变式5】已知正数a，b满足$4a+b=30$，使得$\frac{1}{a}+\frac{1}{b}$取最小值时，则实数对(a,b)是______。

【解析】$\frac{1}{a}+\frac{1}{b}=\frac{1}{30}(4a+b)(\frac{1}{a}+\frac{1}{b})=\frac{1}{30}(4+1+\frac{b}{a}+\frac{4a}{b})\geqslant\frac{1}{30}(5+4)=\frac{3}{10}$，

当且仅当$\begin{cases}b=2a\\4a+b=30\end{cases}$，即$\begin{cases}a=5\\b=10\end{cases}$时取等号，故实数对$(a, b)$是$(5, 10)$。

【变式6】已知正实数a，b满足$\frac{1}{a}+\frac{2}{b}=3$，则$(a+1)(b+2)$的最小值是______。

【解析】因为$3=\frac{1}{a}+\frac{2}{b}\geqslant2\sqrt{\frac{1}{a}\cdot\frac{2}{b}}$，所以$\sqrt{ab}\geqslant\frac{2\sqrt{2}}{3}$，所以$ab\geqslant\frac{8}{9}$，

当且仅当$\begin{cases}\dfrac{1}{a}=\dfrac{2}{b}\\ \dfrac{1}{a}+\dfrac{2}{b}=3\end{cases}$，即$\begin{cases}a=\dfrac{2}{3}\\ b=\dfrac{4}{3}\end{cases}$时等号成立。因$(a>0,b>0)$，$\dfrac{1}{a}+\dfrac{2}{b}=3$得$2a+b=3ab$，

所以$(a+1)(b+2)=ab+2a+b+2=4ab+2\geqslant 4\times\dfrac{8}{9}+2=\dfrac{50}{9}$。

【变式 7】函数$y=\sqrt{2x-1}+\sqrt{5-2x}$ $(\dfrac{1}{2}<x<\dfrac{5}{2})$的最大值为______。

【解析】$y^2=4+2\sqrt{(2x-1)(5-2x)}\leqslant 4+(2x-1)+(5-2x)=8$，当且仅当$2x-1=5-2x$，即$x=\dfrac{3}{2}$时取等号，故$y_{\max}=2\sqrt{2}$。

【变式 8】已知关于x的不等式$\sqrt{2-x}+\sqrt{x+1}<m$对于任意的$x\in[-1,2]$恒成立，则实数m的取值范围是______。

【解析】令$y=\sqrt{2-x}+\sqrt{x+1}$，则$y^2=3+2\sqrt{(2-x)(x+1)}\leqslant 3+2-x+x+1=6$，所以$y\leqslant\sqrt{6}$，当且仅当$2-x=x+1$，即$x=\dfrac{1}{2}$时取等号。又由题设知$m>(\sqrt{2-x}+\sqrt{x+1})_{\max}$，故$m>\sqrt{6}$。

【变式 9】已知两点$A(1，0)$，$B(0，\dfrac{1}{2})$，且点$P(m，n)$在线段AB上（不与端点重合），则$\dfrac{1}{m}+\dfrac{2}{n}$的最小值是______。

【解析】因为直线AB的方程为$x+2y=1$，所以由题设知$m>0,n>0$，且$m+2n=1$。于是，$\dfrac{1}{m}+\dfrac{2}{n}=(\dfrac{1}{m}+\dfrac{2}{n})(m+2n)=5+\dfrac{2n}{m}+\dfrac{2m}{n}\geqslant 5+2\sqrt{4}=9$，当且仅当$\dfrac{2n}{m}=\dfrac{2m}{n}$且$m+2n=1$，即$n=m=\dfrac{1}{3}$时不等式取等号。此时得最小值为9。

【变式 10】已知$a>0,b>0,a+b=ab$，若$k\leqslant 3a+b$恒成立，则实数k的最大值为______。

【解析】由题设知$\dfrac{1}{a}+\dfrac{1}{b}=1$ $(a>0,b>0)$，所以$3a+b=(3a+b)\cdot(\dfrac{1}{a}+\dfrac{1}{b})=4+\dfrac{b}{a}+\dfrac{3a}{b}\geqslant 4+2\sqrt{3}$，当且仅当$a=1+\dfrac{\sqrt{3}}{3},b=\sqrt{3}+1$时取等号。故由$k\leqslant 3a+b$恒成立，得$k\leqslant 4+2\sqrt{3}$。

【变式 11】设$0<m<\dfrac{1}{2}$，若$\dfrac{1}{m}+\dfrac{1}{1-2m}\geqslant k$恒成立，则实数$k$的最大值为______。

【解析】$\frac{1}{m}+\frac{1}{1-2m}=[2m+(1-2m)](\frac{1}{m}+\frac{1}{1-2m})=3+\frac{1-2m}{m}+\frac{2m}{1-2m}\geqslant 3+2\sqrt{2}$，当且仅当 $1-2m=\sqrt{2}m$，即 $m=1-\frac{\sqrt{2}}{2}\in(0,\frac{1}{2})$ 时取等号，故由题设不等式恒成立，得 $k\leqslant 3+2\sqrt{2}$。

【感悟】在运用基本不等式求最值时，要注意常数“1”的代换。“1”的代换是一种重要的常用策略，通过“1”的传递，架设起已知与待求之间的沟通桥梁，最终使问题得解。

第六讲　平面解析几何

【例 1】（人教版 A 版必修 2 第 100 页第 9 题）求过点 $P(2,3)$，并且在两轴上的截距相等的直线方程。

【解析】（1）若直线过原点，设直线方程为 $y=kx$，把点 $P(2,3)$ 代入得点 $k=\frac{3}{2}$，此时直线方程为 $y=\frac{3}{2}x$，即 $3x-2y=0$。

（2）若直线不经过原点，则设直线方程为 $\frac{x}{a}+\frac{y}{a}=1$，即 $x+y=a$。把点 $P(2,3)$ 代入得 $a=5$，所以直线方程为 $x+y=5$，即 $x+y-5=0$。

综上可得，所求的直线方程为 $3x-2y=0$ 或 $x+y-5=0$。

【点评】"截距"是直线方程的重要参数，它不是"距离"，它的取值可正可负，还可为零。对于涉及直线截距的问题，一定要考虑特殊情形，如下面变式 1 ～ 3，都要考虑直线过原点的情形。另外，所求的直线方程最终都要化为一般式方程。

【变式 1】求过点 $P(2,3)$，并且在两轴上的截距互为相反数的直线方程。

【解析】（1）若直线过原点，同例 1 解析（1）。

（2）若直线不经过原点，则设直线方程为 $\frac{x}{a}+\frac{y}{-a}=1$，即 $x-y=a$。把点 $P(2,3)$ 代入得 $a=-1$，所以直线方程为 $x-y=-1$，即 $x-y+1=0$。

综上可得，所求的直线方程为 $3x-2y=0$ 或 $x-y+1=0$。

【变式 2】求过点 $P(2,3)$，并且在两轴上的截距绝对值相等的直线方程。

【解析】（1）若直线过原点，同例 1 解析（1）。

（2）若直线不经过原点，则当截距相等时，由例题解析（2）得直线方程为 $x+y-5=0$；当截距互为相反数时，由变式 1 解析（2）得直线方程为 $x-y+1=0$。

综上可得，所求的直线方程为 $3x-2y=0$ 或 $x+y-5=0$ 或 $x-y+1=0$。

【变式 3】求过点 $P(2,3)$，并且在 x 轴上的截距是在 y 轴上的截距的 2 倍的直线方程。

【解析】（1）若直线过原点，同例 1 解析（1）。

（2）若直线不经过原点，则设直线方程为 $\frac{x}{2a}+\frac{y}{a}=1$，即 $x+2y=2a$。把点 $P(2,3)$ 代入得 $a=4$，所以直线方程为 $x+2y=8$，即 $x+2y-8=0$。

综上可得，所求的直线方程为 $3x-2y=0$ 或 $x+2y-8=0$。

【点评】上述三个变式当直线过原点时都适合，都需考虑直线过原点的情形，但是若将变式 3 中的“直线在两轴上的截距成倍数关系”改为“直线在两轴上的截距成比例关系”还需要考虑直线过原点的情形吗？

【变式 4】求过点 $P(2,3)$，并且在 x 轴上的截距与在 y 轴上的截距的比是 2 ∶ 1 的直线方程．

【解析】由题意知直线不过原点。

设直线方程为 $\frac{x}{2a}+\frac{y}{a}=1$，即 $x+2y=2a$。把点 $P(2,3)$ 代入得 $a=4$，所以直线方程为 $x+2y=8$，即 $x+2y-8=0$。

所以，所求的直线方程为 $x+2y-8=0$。

【点评】通过该变式，学生应体会到在解题的时候，要具体问题具体分析，把握好题目的条件和要求。

【变式 5】设直线 l 的方程为 $(a+1)x-2y+4-2a=0$ ($a\in\mathbf{R}$)。若 l 在两坐标轴上的截距相等，求 l 的方程。

【解析】（1）当直线 l 过原点时，该直线在 x 轴和 y 轴上的截距相等都为零，显然符合条件，则有 $a=2$，直线方程为 $3x-2y=0$。

（2）当直线 l 不过原点，即 $a\neq 2$ 时，由于截距相等且存在，则 $\frac{2a-4}{a+1}=2-a$，解得 $a=-3$，则直线 l 的方程为 $x+y-5=0$。

综上可得，直线 l 的方程为 $3x-2y=0$ 或 $x+y-5=0$。

【变式 6】求过点 $P(2,3)$，并且与两坐标轴围成的三角形的面积为 $\frac{25}{2}$ 的直线方程。

【解析】显然直线不与两坐标轴平行且不过原点，设直线的方程为 $\frac{x}{a}+\frac{y}{b}=1$。

将点 $P(2,3)$ 代入方程得 $\frac{2}{a}+\frac{3}{b}=1$。

又 $\frac{1}{2}|a||b|=\frac{25}{2}$，联立解得 $\begin{cases}a=5\\b=5\end{cases}$，或 $\begin{cases}a=\frac{10}{3}\\b=\frac{15}{2}\end{cases}$。

所以所求直线的方程为 $\frac{x}{5}+\frac{y}{5}=1$ 或 $\frac{3x}{10}+\frac{2y}{15}=1$，即 $x+y-5=0$ 或 $9x+4y-30=0$。

【点评】要区分“截距”和“距离”的概念，必须注意的是直线与两坐标轴围成的三角形的面积为 $\frac{1}{2}|a||b|=\frac{25}{2}$，而不是 $\frac{1}{2}ab=\frac{25}{2}$。

【感悟】对于直线方程五种形式的适用情形、方程特征、求解方法一定要熟练掌握。此外，使用直线方程时，要注意限制条件，如点斜式和斜截式的使用条件是直线必须存在斜率；当直线没有斜率或斜率为 0 时不能用两点式；当直线过原点或与坐标轴垂直时不能用截距式。求直线方程时，一定不要丢掉特殊情况，如斜率不存在、截距为零等。

【例 2】已知三点 $A(1,0)$，$B(0,\sqrt{3})$，$C(2,\sqrt{3})$，若点 $D(1,b)$ 满足 $|DA|=|DB|$，则点 D 到原点的距离为（　　）。

A. $\frac{5}{3}$　　B. $\frac{\sqrt{21}}{3}$　　C. $\frac{2\sqrt{5}}{3}$　　D. $\frac{4}{3}$

【解析】解由 $|DA|=|DB|$，得 $|b|=\sqrt{1+(b-\sqrt{3})^2}\Rightarrow b=\frac{2\sqrt{3}}{3}$，

所以点 D 到原点的距离 $d=\sqrt{1^2+(\frac{2\sqrt{3}}{3})^2}=\frac{\sqrt{21}}{3}$，故选 B。

【点评】两点间的距离和点到直线间的距离（两条平行线间的距离）公式是解析几何的重点内容，也是重要的解题工具，所以它们是历年高考考查的基本点，既在选择、填空题中考查，也常渗透到解答题中考查。

【变式 1】已知 $\triangle ABC$ 的顶点坐标分别是 $A(1,0)$，$B(0,\sqrt{3})$，$C(2,\sqrt{3})$，则 BC 边上中线的长为______。

【解析】因为 BC 的中点 $D(1,\sqrt{3})$，所以 BC 边上的中线长为 $|AD|=\sqrt{(1-1)^2+(\sqrt{3}-0)^2}=\sqrt{3}$。

【变式 2】以 $A(1,0)$，$B(0,\sqrt{3})$，$C(2,\sqrt{3})$ 为顶点的三角形是（　　）。

A. 直角三角形　　B. 等腰三角形　　C. 等边三角形　　D. 等腰直角三角形

【解析】由两点间的距离公式得 $|AB|=\sqrt{(0-1)^2+(\sqrt{3}-0)^2}=2$，

$|BC|=\sqrt{(2-0)^2+(\sqrt{3}-\sqrt{3})^2}=2$，$|AC|=\sqrt{(2-1)^2+(\sqrt{3}-0)^2}=2$。

所以△ABC是等边三角形，故选 C。

【变式 3】已知三点 $A(1,0)$，$B(0,\sqrt{3})$，$C(2,\sqrt{3})$，则点 C 到直线 AB 的距离为______。

【解析】直线 AB 的方程为 $x+\frac{y}{\sqrt{3}}=1$，即 $\sqrt{3}x+y-\sqrt{3}=0$。所以点 C 到直线 AB 的距离为 $d=\frac{|2\sqrt{3}+\sqrt{3}-\sqrt{3}|}{\sqrt{(\sqrt{3})^2+1}}=\sqrt{3}$。

【变式 4】已知三点 $A(1,0)$，$B(0,\sqrt{3})$，$C(2,\sqrt{3})$，则点 C 与直线 AB 上的点的最小距离为______。

【解析】点 C 与直线 AB 上的点的最小距离即点 C 到直线 AB 的距离为 $\sqrt{3}$。

【变式 5】已知三点 $A(1,0)$，$B(0,\sqrt{3})$，$C(2,\sqrt{3})$，则过点 A 且与 B、C 两点距离相等的直线的方程为______。

【解析】由数形结合易知，直线的方程为 $x=1$ 或 $y=0$。

【变式 6】在平面直角坐标系内，到点 $A(1,2)$，$B(1,5)$，$C(3,6)$，$D(7,-1)$ 的距离之和最小的点的坐标是______。

【解析】设平面上任意一点 $M(x，y)$，因为 $|MA|+|MC|\geqslant|AC|$，当且仅当 A、M、C 共线时取等号；同理，$|MB|+|MD|\geqslant|BD|$，当且仅当 B、M、D 共线时取等号。

连接 AC、BD 交于一点 M，若 $|MA|+|MC|+|MB|+|MD|$ 最小，则点 M 为所求。

又 $k_{AC}=\frac{6-2}{3-1}=2$，所以直线 AC 的方程为 $y-2=2(x-1)$，即 $2x-y=0$。 ①

又 $k_{BD}=\frac{5-(-1)}{1-7}=-1$，所以直线 BD 的方程为 $y-5=-(x-1)$，即 $x+y-6=0$。 ②

由①②得 $\begin{cases}2x-y=0\\x+y-6=0\end{cases}$，解得 $\begin{cases}x=2\\y=4\end{cases}$。所以 $M(2，4)$。

【感悟】对于两点间的距离公式应注意：在公式中点 P_1、P_2 位置是对称的，没有先后之分；已知斜率为 k 的直线上两点 $P_1(x_1,y_1)$，$P_2(x_2,y_2)$，则由两点间的距离公式可得 $|P_1P_2|=|x_2-x_1|\sqrt{1+k^2}=|y_2-y_1|\sqrt{1+\frac{1}{k^2}}$。在使用点到直线的距离公式点 $P(x_0,y_0)$ 到直线

$Ax+By+C=0$ 的距离 $d=\dfrac{|Ax_0+By_0+C|}{\sqrt{A^2+B^2}}$ 时，应注意：若给出的方程不是一般式，则必须先把方程化为一般式，再利用公式求点到直线的距离；公式中的分子不要遗漏绝对值符号；从运动的观点来看，点到直线的距离是直线上的点与直线外一点的连线的最短距离。

【例 3】圆心为 $(1,1)$ 且过原点的圆的方程是（　　）。

A. $(x-1)^2+(y-1)^2=1$　　B. $(x+1)^2+(y+1)^2=1$

C. $(x+1)^2+(y+1)^2=2$　　D. $(x-1)^2+(y-1)^2=2$

【解析】因为圆心为 $(1,1)$ 且过原点，所以圆的半径 $r=\sqrt{(0-1)^2+(0-1)^2}=\sqrt{2}$，所以圆的标准方程为 $(x-1)^2+(y-1)^2=2$，故选 D。

【点评】本题主要考查了圆的标准方程的求法。求圆的方程时，应根据条件选用方程形式，一般地，已知圆心或半径，选用圆的标准式，否则选用一般式。无论是圆的标准方程还是圆的一般方程，都有三个待定系数，因此求圆的方程，应用三个条件来求。圆的标准方程突出了圆心和半径，具有“图形”的特点，由此确定方程的重点是求圆心坐标和半径。

【变式 1】圆心为 $(1,1)$ 且过原点的圆的方程是（　　）。

A. $x^2+y^2-2x-2y+1=0$　　B. $x^2+y^2+2x+2y+1=0$

C. $x^2+y^2+2x+2y=0$　　D. $x^2+y^2-2x-2y=0$

【解析】将圆的标准方程 $(x-1)^2+(y-1)^2=2$ 化为一般方程得 $x^2+y^2-2x-2y=0$，故选 D.

【变式 2】以点 $A(0,0)$，$B(2,2)$ 为直径端点的圆的方程是（　　）。

A. $(x-1)^2+(y-1)^2=1$　　B. $(x+1)^2+(y+1)^2=1$

C. $(x+1)^2+(y+1)^2=2$　　D. $(x-1)^2+(y-1)^2=2$

【解析】因为圆心为 $(\dfrac{0+2}{2},\dfrac{0+2}{2})$，即 $(1,1)$，所以圆的半径 $r=\dfrac{1}{2}|AB|=\sqrt{(0-1)^2+(0-1)^2}=\sqrt{2}$，所以圆的标准方程为 $(x-1)^2+(y-1)^2=2$，故选 D。

【变式 3】过三点 $A(0,0)$，$B(2,2)$，$C(2,0)$ 的圆的方程是（　　）。

A. $(x-1)^2+(y-1)^2=1$　　B. $(x+1)^2+(y+1)^2=1$

C. $(x+1)^2+(y+1)^2=2$　　D. $(x-1)^2+(y-1)^2=2$

【解法 1】由已知得 $AC \perp BC$，所以该圆是以点 A, B 为直径端点的圆，圆心为 $(1,1)$，圆的半径 $r=\sqrt{2}$，所以圆的标准方程为 $(x-1)^2+(y-1)^2=2$，故选 D。

【解法 2】设圆的方程为 $x^2+y^2+Dx+Ey+F=0$，则 $\begin{cases} F=0 \\ 2^2+2^2+2D+2E+F=0 \\ 2^2+2D+F=0 \end{cases}$，

解得 $D=-2, E=-2, F=0$，所以圆的方程为 $x^2+y^2-2x-2y=0$，化为圆的标准方程为 $(x-1)^2+(y-1)^2=2$，故选 D。

【变式 4】若点 $(\frac{1}{2},\frac{1}{2})$ 在圆 $(x-1)^2+(y-1)^2=a(a>0)$ 的内部，则 a 的取值范围是______。

【解析】因为点 $(\frac{1}{2},\frac{1}{2})$ 在圆 $(x-1)^2+(y-1)^2=a(a>0)$ 的内部，所以 $(\frac{1}{2}-1)^2+(\frac{1}{2}-1)^2<a$，解得 $a>\frac{1}{2}$，所以 a 的取值范围是 $(\frac{1}{2},+\infty)$。

【变式 5】方程 $|x|-1=\sqrt{2-(y-1)^2}$ 所表示的图形是（　　）。

A. 一个圆　　B. 两个圆　　C. 半个圆　　D. 两个半圆

【解析】当 $x \geqslant 0$ 时，方程 $x-1=\sqrt{2-(y-1)^2}$，两边平方整理得 $(x-1)^2+(y-1)^2=2$，因为 $x-1 \geqslant 0$，即 $x \geqslant 1$，所以此时方程为 $(x-1)^2+(y-1)^2=2(x \geqslant 1)$ 为表示半圆；当 $x \leqslant 0$ 时，方程 $-x-1=\sqrt{2-(y-1)^2}$，两边平方整理得 $(x-1)^2+(y-1)^2=2$，因为 $-x-1 \geqslant 0$，即 $x \leqslant -1$，所以此时方程为 $(x+1)^2+(y-1)^2=2(x \leqslant -1)$，表示半圆。故方程 $|x|-1=\sqrt{2-(y-1)^2}$ 所表示的图形是两个半圆，故选 D。

【感悟】求圆的方程时，应根据条件选用方程形式，一般地，已知圆心或半径的条件，选用圆的标准式，否则选用一般式。无论是圆的标准方程或是圆的一般方程，都有三个待定系数，因此求圆的方程，应用三个条件来求。圆的标准方程突出了圆心和半径，具有“图形”的特点，由此确定方程的重点是求圆心坐标和半径。

要学会选择合适的“圆的方程”，如果方程选择得当，运算量小，解法就简捷。求解直线与圆的位置关系问题时，为避免计算量过大，常运用下面的简化求解策略：① 数形结合，充分运用圆的几何性质；② 设而不求，整体代入等。

【例 4】直线 $3x+4y=b$ 与圆 $x^2+y^2-2x-2y+1=0$ 相切，则 $b=$（　　）。

A. -2 或 12　　B. 2 或 -12　　C. -2 或 -12　　D. 2 或 12

【解析】将方程 $x^2+y^2-2x-2y+1=0$ 化为 $(x-1)^2+(y-1)^2=1$，所以圆心为 $(1,1)$，半径为 1。因为直线 $3x+4y=b$ 与圆相切，所以 $\frac{|3+4-b|}{\sqrt{3^2+4^2}}=1$，解得 $b=2$ 或 12，故选 D。

【点评】本题主要考查了直线与圆的位置关系（相切）和圆的几何性质。判断直线与圆的位置关系常利用几何法，即通过圆心到直线的距离 d 与圆半径 r 的大小关系来研究。当 $d<r$ 时，相交；当 $d=r$ 时，相切；当 $d>r$ 时，相离。

【变式 1】直线 $3x+4y-2=0$ 与圆 $x^2+y^2-2x-2y+1=0$ 的位置关系是（　　）。

A. 相交　　B. 相切　　C. 相离　　D. 不确定

【解析】将方程 $x^2+y^2-2x-2y+1=0$ 化为 $(x-1)^2+(y-1)^2=1$，所以圆心为 $(1,1)$，半径为 1。圆心 $(1,1)$ 到直线 $3x+4y-2=0$ 的距离 $d=\frac{|3\times1+4\times1-2|}{\sqrt{3^2+4^2}}=1$，故选 B。

【变式 2】直线 $3x+4y-3=0$ 与圆 $x^2+y^2-2x-2y+1=0$ 的位置关系是（　　）。

A. 相交　　B. 相切　　C. 相离　　D. 不确定

【解析】将方程 $x^2+y^2-2x-2y+1=0$ 化为 $(x-1)^2+(y-1)^2=1$，所以圆心为 $(1,1)$，半径为 1。因为圆心 $(1,1)$ 到直线 $3x+4y-3=0$ 的距离 $d=\frac{|3\times1+4\times1-3|}{\sqrt{3^2+4^2}}=\frac{4}{5}<1$，所以直线与圆相交。故选 A。

【变式 3】直线 $3x+4y-13=0$ 与圆 $x^2+y^2-2x-2y+1=0$ 的位置关系是（　　）。

A. 相交　　B. 相切　　C. 相离　　D. 不确定

【解析】将方程 $x^2+y^2-2x-2y+1=0$ 化为 $(x-1)^2+(y-1)^2=1$，所以圆心为 $(1,1)$，半径为 1。因为圆心 $(1,1)$ 到直线 $3x+4y-13=0$ 的距离 $d=\frac{|3\times1+4\times1-13|}{\sqrt{3^2+4^2}}=\frac{6}{5}>1$，所以直线与圆相离，故选 C。

【变式 4】若直线 $3x+4y=b$ 与圆 $x^2+y^2-2x-2y+1=0$ 相交，则 b 的取值范围为______。

【解析】将方程 $x^2+y^2-2x-2y+1=0$ 化为 $(x-1)^2+(y-1)^2=1$，所以圆心为 $(1,1)$，半径为 1。因为直线 $3x+4y=b$ 与圆相交，所以 $\frac{|3\times1+4\times1-b|}{\sqrt{3^2+4^2}}<1$，解得 $2<b<12$，所以 b 的取值范围为 $(2,12)$。

【变式 5】圆 $x^2+y^2-2x-2y+1=0$ 上的点到直线 $3x+4y-13=0$ 的距离的最小值为______。

【解析】将方程 $x^2+y^2-2x-2y+1=0$ 化为 $(x-1)^2+(y-1)^2=1$，所以圆心为 $(1,1)$，半径为 1。因为圆心 $(1,1)$ 到直线 $3x+4y-13=0$ 的距离 $d=\dfrac{|3\times1+4\times1-13|}{\sqrt{3^2+4^2}}=\dfrac{6}{5}>1$，所以直线与圆相离。所以圆上的点到直线的距离的最小值为 $d-r=\dfrac{6}{5}-1=\dfrac{1}{5}$。

【感悟】直线与圆的位置关系有相交、相切和相离三种，是解析几何的重点内容。其判定方法为：① 代数法，即求直线方程与圆的方程所组成的方程组的实数解的个数，当 $\Delta>0$ 时，相交；当 $\Delta=0$ 时，相切；当 $\Delta<0$ 时，相离。② 几何法，即通过圆心到直线的距离 d 与圆半径 r 的大小关系来研究，当 $d<r$ 时，相交；当 $d=r$ 时，相切；当 $d>r$ 时，相离。

当直线 l 与圆 C 相交时，求弦长，可利用勾股定理得到如下公式：$L=2\sqrt{r^2-d^2}$（其中 r 为圆 C 的半径，d 为弦心距，L 为相交弦长）。

当直线与圆相离时，可求圆上动点到直线距离的最大值或最小值（采用数形结合法），最大值为 $d+r$，最小值为 $d-r$（其中 d 为圆心到直线的距离，r 为圆的半径）。

【例 5】(2016 · 山东卷) 已知圆 M：$x^2+y^2-2ay=0\ (a>0)$ 截直线 $x+y=0$ 所得线段的长度是 $2\sqrt{2}$，则圆 M 与圆 $N:(x-1)^2+(y-1)^2=1$ 的位置关系是（　　）。

A. 内切　　B. 相交　　C. 外切　　D. 相离

【解析】首先由圆 M 截直线 $x+y=0$ 所得线段的长度求出 a 的值，然后根据两圆的半径与两圆的圆心距之间的关系来判断位置关系。

将方程 $x^2+y^2-2ay=0$ 化为 $x^2+(y-a)^2=a^2$，所以圆心为 $(0,a)$，半径为 a，且圆心到直线 $x+y=0$ 的距离为 $\dfrac{|0+a|}{\sqrt{1^2+1^2}}=\dfrac{a}{\sqrt{2}}$。

由 $(\dfrac{a}{\sqrt{2}})^2+(\sqrt{2})^2=a^2$，解得 $a=2$。

所以圆 M：$x^2+(y-2)^2=4$ 的圆心为 $M(0,2)$，半径为 2；又圆 $N:(x-1)^2+(y-1)^2=1$ 的圆心为 $N(1,1)$，半径为 1，所以 $|MN|=\sqrt{(1-0)^2+(1-2)^2}=\sqrt{2}$。

因为 $2-1<|MN|<2+1$，所以圆 M 与圆 N 相交，故选 B。

【点评】本题综合考查了直线与圆的位置关系和圆与圆的位置关系。在直线与圆的位置关系中，直线与圆相交时研究与弦长有关的问题是一个重点内容。解决这类长度问题时，注意运用由半径、弦心距、弦长的一半构成的直角三角形，即“几何法”。在判断两圆的位置关系时，先把圆的一般方程化为标准方程，再看圆心距与两半径之间的关系。

【变式 1】已知圆 M：$x^2+y^2-2ay=0\ (a>0)$ 截直线 $x+y=0$ 所得线段的长度是 $2\sqrt{2}$，则圆 M 与圆 N：$(x-1)^2+(y-1)^2=1$ 的公切线条数是（　　）。

A.4　　B.3　　C.2　　D.1

【解析】首先判断两圆之间的位置关系，再确定两圆公切线的条数。

由例 5 的解析可知，两圆相交，所以两圆有两条公切线，故选 C。

【点评】当两圆外离时，有 4 条公切线；当两圆外切时，有 3 条公切线；当两圆相交时，有 2 条公切线；当两圆内切时，有 1 条公切线；当两圆内含时，没有公切线。

【变式 2】圆 M：$x^2+y^2-4y=0$ 与圆 $N:(x-1)^2+(y-1)^2=1$ 的公共弦所在的直线方程为__________。

【解析】将圆 N 的方程化为一般方程，两方程相减即得。

由 $(x-1)^2+(y-1)^2=1$ 得 $x^2+y^2-2x-2y+1=0$，

方程 $x^2+y^2-4y=0$ 与 $x^2+y^2-2x-2y+1=0$ 相减得 $2x-2y-1=0$。

【点评】经过圆 C_1：$x^2+y^2+D_1x+E_1y+F_1=0$ 和圆 C_2：$x^2+y^2+D_2x+E_2y+F_2=0$ 交点的圆系方程为 $x^2+y^2+D_1x+E_1y+F_1+\lambda(x^2+y^2+D_2x+E_2y+F_2)=0(\lambda\neq-1)$，该方程不包括圆 C_2；特别地，当 $\lambda=-1$ 时，表示两圆公共弦所在直线的方程。

【变式 3】圆心在直线 $x-y-2=0$ 上，并且经过圆 M：$x^2+y^2-4y=0$ 与圆 $N:(x-1)^2+(y-1)^2=1$ 的交点的圆的方程__________。

【解析】根据变式 2 的点评中的圆系方程，设出所求圆的方程，将圆心坐标代入直线 $x-y-2=0$ 即可。

由 $(x-1)^2+(y-1)^2=1$ 得 $x^2+y^2-2x-2y+1=0$。

设所求圆的方程为 $x^2+y^2-4y+\lambda(x^2+y^2-2x-2y+1)=0(\lambda\neq-1)$，整理得 $(1+\lambda)x^2+(1+\lambda)y^2-2\lambda x-(4+2\lambda)y+\lambda=0$，则圆心为 $(\frac{\lambda}{1+\lambda},\frac{2+\lambda}{1+\lambda})$，代入 $x-y-2=0$，解得 $\lambda=-2$。

故所求的圆的方程为 $x^2+y^2+4x-2y-2=0$。

【点评】本题若联立方程求两圆的交点坐标，则运算量大；这里应用过两圆交点的圆系方程则较为简捷。

【变式 4】圆 M：$x^2+y^2-4y=0$ 与圆 N：$(x-1)^2+(y-1)^2=1$ 的公共弦长为______。

【解析】若直接求出两圆的交点坐标后，再利用两点间的距离公式求出弦长，其过程稍繁；这里先求两圆公共弦所在直线的方程，求出一个圆心到公共弦所在直线的距离，转化到直角三角形中求出公共弦长的问题。

由变式 2 的解析可知，两圆公共弦所在的直线的方程为 $2x-2y-1=0$。

圆 N 的圆心 $N(1,1)$，半径为 1，且圆心 $N(1,1)$ 到直线 $2x-2y-1=0$ 的距离为 $\frac{|2-2-1|}{\sqrt{2^2+2^2}}=\frac{\sqrt{2}}{4}$，所以两圆的公共弦长为 $2\sqrt{1^2-(\frac{\sqrt{2}}{4})^2}=\frac{\sqrt{14}}{2}$。

【点评】本题避开求两圆的交点，依据圆系方程求出公共弦所在直线的方程，进而求解。

【变式 5】若圆 M：$x^2+y^2-2ay=0(a>0)$ 与圆 N：$(x-1)^2+(y-1)^2=1$ 相交，则 a 的取值范围为______。

【解析】求出两圆的圆心和半径，利用两圆相交关系建立不等式（组）求解。

将方程 $x^2+y^2-2ay=0$ 化为 $x^2+(y-a)^2=a^2$，所以圆心为 $M(0,a)$，半径为 a。

圆 N 的圆心 $N(1,1)$，半径为 1，所以两圆的圆心距为 $|MN|=\sqrt{(1-0)^2+(1-a)^2}$。

由两圆相交，得 $|a-1|<\sqrt{(1-0)^2+(1-a)^2}<a+1$，解得 $a>\frac{1}{4}$，故 a 的取值范围为 $(\frac{1}{4},+\infty)$。

【点评】根据两圆的位置关系，列出参数的方程或不等式（组）求解。

【感悟】圆与圆的位置关系有外离、外切、相交、内切、内含五种，是解析几何的重点内容。这些位置关系的判断一般是利用几何法：若两圆的圆心距为 d，半径分别为 r_1，r_2，分别考虑 r_1+r_2，d 与 $|r_1-r_2|$ 之间的大小关系确定圆的位置关系，即外离 $\Leftrightarrow$ $|C_1C_2|>r_1+r_2$；外切 $\Leftrightarrow$ $|C_1C_2|=r_1+r_2$；相交 $\Leftrightarrow$ $|r_1-r_2|<|C_1C_2|<r_1+r_2$；内切 $\Leftrightarrow$ $|C_1C_2|=|r_1-r_2|$；内含 $\Leftrightarrow$ $|C_1C_2|<|r_1-r_2|$。

【例 6】一条光线从点 $(-2,-3)$ 射出，经 y 轴反射后与圆 $(x+3)^2+(y-2)^2=1$ 相切，则反射光线所在的直线的斜率为（　　）。

A. $-\frac{5}{3}$ 或 $-\frac{3}{5}$　　B. $-\frac{2}{3}$ 或 $-\frac{3}{2}$　　C. $-\frac{5}{4}$ 或 $-\frac{4}{5}$　　D. $-\frac{4}{3}$ 或 $-\frac{3}{4}$

【解析】$(-2,-3)$ 关于 y 轴对称点的坐标为 $(2,-3)$，设反射光线所在直线为 $y+3=k(x-2)$，即 $kx-y-2k-3=0$，则 $d=\frac{|-3k-2-2k-3|}{\sqrt{k^2+1}}=1$，$|5k+5|=\sqrt{k^2+1}$，解得 $k=-\frac{4}{3}$ 或 $-\frac{3}{4}$，故选 D。

【点评】反射光线问题是直线与圆的方程综合应用的重要题型，这类问题以物理中“光学原理”为背景，重点考查解析几何中的对称和直线与圆的位置关系等知识，是高考考查的热点。

【变式 1】一条光线从点 $(-2,-3)$ 射出，经 y 轴反射后与圆 $(x+3)^2+(y-2)^2=1$ 相切，则反射光线所在直线的方程为__________。

【解析】由例 6 的解析知，反射光线所在直线的方程为 $y+3=-\frac{4}{3}(x-2)$ 或 $y+3=-\frac{3}{4}(x-2)$，即 $4x+3y+1=0$ 或 $3x+4y+6=0$。

【变式 2】一条光线从点 $(-8,2)$ 射出，经 x 轴反射后与圆 $(x+3)^2+(y-2)^2=1$ 相切，则反射光线所在的直线的斜率为（ ）。

A. $\frac{5}{3}$ 或 $\frac{3}{5}$　　B. $\frac{2}{3}$ 或 $\frac{3}{2}$　　C. $\frac{5}{4}$ 或 $\frac{4}{5}$　　D. $\frac{4}{3}$ 或 $\frac{3}{4}$

【解析】$(-8,2)$ 关于 x 轴对称点的坐标为 $(-8,-2)$，设反射光线所在直线为 $y+2=k(x+8)$，即 $kx-y+8k-2=0$，则 $d=\frac{|-3k-2+8k-3|}{\sqrt{k^2+1}}=1$，所以 $|5k-5|=\sqrt{k^2+1}$，解得 $k=\frac{4}{3}$ 或 $\frac{3}{4}$，故选 D。

【变式 3】一条光线从点 $P(2,2)$ 出发，经 x 轴反射后光线经过点 $Q(0,1)$，则光线与 x 轴交点的坐标为______。

【解析】设所求的交点坐标为 $(x,0)$，依据入射光线的斜率与反射光线的斜率互为相反数可得 $\frac{2-0}{2-x}=-\frac{1-0}{0-x}$，解得 $x=\frac{2}{3}$，所以交点坐标为 $(\frac{2}{3},0)$。

【变式 4】如下图所示，已知 $A(4,0)$，$B(0,4)$，从点 $P(2,0)$ 射出的光线经直线 AB 反射后再射到直线 OB 上，最后经直线 OB 反射后又回到 P 点，则光线所经过的路程是（ ）。

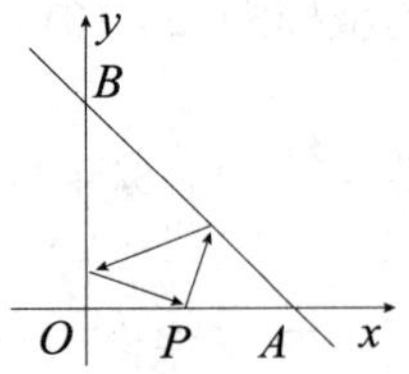

A. $2\sqrt{10}$　　B. 6　　C. $3\sqrt{3}$　　D. $2\sqrt{5}$

【解析】如上图所示，求出P关于直线$x+y=4$及y轴的对称点分别为$P_1(4,2)$，$P_2(-2,0)$，由物理知识可知，光线所经路程即$|P_1P_2|=2\sqrt{10}$，故选A。

【变式5】一条光线沿着直线$y=2x+1$入射，先后在y轴、x轴反射，最后沿着直线l射出，则直线l的方程为________。

【解析】根据光的反射原理知直线l与直线$y=2x+1$平行，因此设直线l的方程为$y=2x+c$。因为$A(0,1)$，$k_{AB}=-2$，所以直线AB的方程为$y=-2x+1$，令$y=0$，则$x=\frac{1}{2}$，即点$B(\frac{1}{2},0)$，将其代入$y=2x+c$得$c=-1$，故所求直线l的方程为$y=2x-1$。

【变式6】一条光线沿着直线$y=2x+1$入射，先后在y轴、x轴反射，最后沿着直线l射出，则与光线所经过的直线均相切的圆的方程为________。

【解析】依题可知，圆心为$\begin{cases}x=\frac{1}{2}\\y=1\end{cases}$的交点，即$(\frac{1}{2},1)$，半径$r=\frac{1}{2}\cdot\frac{|1+1|}{\sqrt{2^2+1^2}}=\frac{\sqrt{5}}{5}$。故所求圆的方程为$(x-\frac{1}{2})^2+(y-1)^2=\frac{1}{5}$。

【感悟】由光学原理“反射角等于入射角”可知，反射光线问题运用对称知识来求解。点关于直线对称问题的理论依据是：①已知点与其对称点的连线与已知直线垂直；②已知点与其对称点构成的线段的中点在已知直线上。点的坐标与点关于直线的对称点坐标之间的关系归纳如下：

（1）点$A(a,b)$关于x 轴的对称点为$A'(a,-b)$；

（2）点$B(a,b)$关于y轴的对称点为$B'(-a,b)$；

（3）点$C(a,b)$关于直线$y=x$的对称点为$C'(b,a)$；

（4）点$D(a,b)$关于直线$y=-x$的对称点为$D'(-b,-a)$；

（5）点$P(a,b)$关于直线$x=m$的对称点为$P'(2m-a,b)$；

（6）点$Q(a,b)$关于直线$y=n$的对称点为$Q'(a,2n-b)$；

（7）点 $E(a,b)$ 关于直线 l：$Ax+By+C=0(A\neq 0且B\neq 0)$ 的对称点 E' 的求法为：

令 $E'(x_0,y_0)$，则有 $\begin{cases}\dfrac{y_0-b}{x_0-a}\cdot(-\dfrac{A}{B})=-1\\ A\cdot\dfrac{x_0+a}{2}+B\cdot\dfrac{y_0+a}{2}+C=0\end{cases}$。解此方程组，可得对称点 E' 的坐标。

【例 7】如下图所示，设 P 是圆 $x^2+y^2=25$ 上的动点，点 D 是 P 在 x 轴上的投影。M 是 PD 上的一点，且 $|MD|=\dfrac{4}{5}|PD|$。

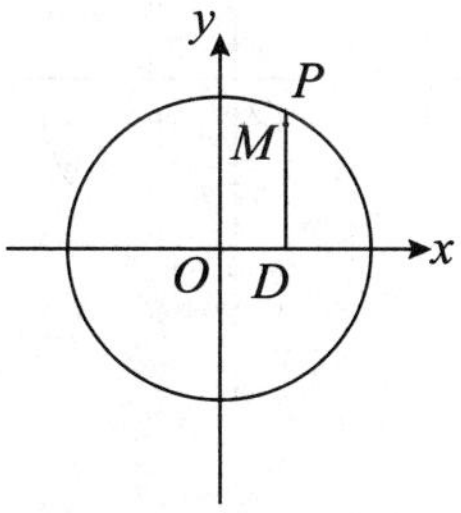

（1）当 P 在圆上运动时，求点 M 的轨迹 C 的方程；

（2）求过点 (3，0) 且斜率为 $\dfrac{4}{5}$ 的直线被 C 所截线段的长度。

【解析】（1）设点 M 的坐标为 (x,y)，点 P 的坐标为 (x_P,y_P)。

由已知得 $\begin{cases}x_P=x\\ y_P=\dfrac{5}{4}y\end{cases}$。

因为点 P 在圆上，所以 $x^2+(\dfrac{5}{4}y)^2=25$，即轨迹 C 的方程为 $\dfrac{x^2}{25}+\dfrac{y^2}{16}=1$。

（2）过点 (3，0) 且斜率为 $\dfrac{4}{5}$ 的直线方程为 $y=\dfrac{4}{5}(x-3)$。

设直线与 C 的交点为 $A(x_1,y_1)$，$B(x_2,y_2)$，将直线方程 $y=\dfrac{4}{5}(x-3)$ 代入 C 的方程 $\dfrac{x^2}{25}+\dfrac{y^2}{16}=1$ 得 $\dfrac{x^2}{25}+\dfrac{(x-3)^2}{25}=1$，即 $x^2-3x-8=0$，解得 $x_1=\dfrac{3-\sqrt{41}}{2}$，$x_2=\dfrac{3+\sqrt{41}}{2}$。

所以线段 AB 的长度 $|AB|=\sqrt{(x_2-x_1)^2+(y_2-y_1)^2}=\sqrt{(1+\dfrac{16}{25})(x_2-x_1)^2}=\sqrt{\dfrac{41}{25}\times 41}=\dfrac{41}{5}$。

【点评】本题在考查相关点法求轨迹方程的基础上，重点考查了直线与椭圆的位置关系。本题是用相关点法求轨迹方程的。相关点法又称代入法或转移法，当一个动点的运动规律与另一个动点的运动有关，而另一个动点的运动规律已知或易于求得时，这时可将所求动点的坐标代入另一个动点所满足的关系中去，由此可求得轨迹方程。寻找与动点变化相关的点，是相关点法应用的关键。需要注意的是，与动点相关的点必须在确定的曲线上运动。

课本原型（人教版 A 版选修 2-1 第 41 页例 2）：如下图所示，在圆 $x^2+y^2=4$ 上任取一点 P，过点 P 作 x 轴的垂线段 PD，D 为垂足。当点 P 在圆上运动时，线段 PD 的中点 M 的轨迹是什么？为什么？

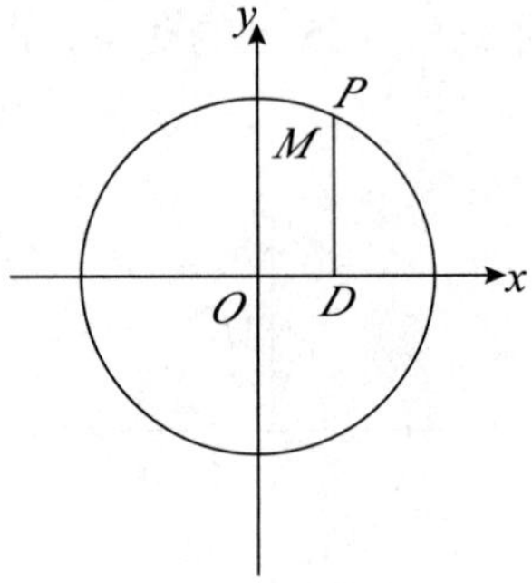

分析与解见课本。

【变式 1】如下图所示，设 P 是圆 $x^2+y^2=4$ 上的动点，点 D 是 P 在 x 轴上的投影。M 是 DP 延长线上的一点，且 $|MD|=\frac{3}{2}|PD|$。当 P 在圆上运动时，求点 M 的轨迹 C 的方程。

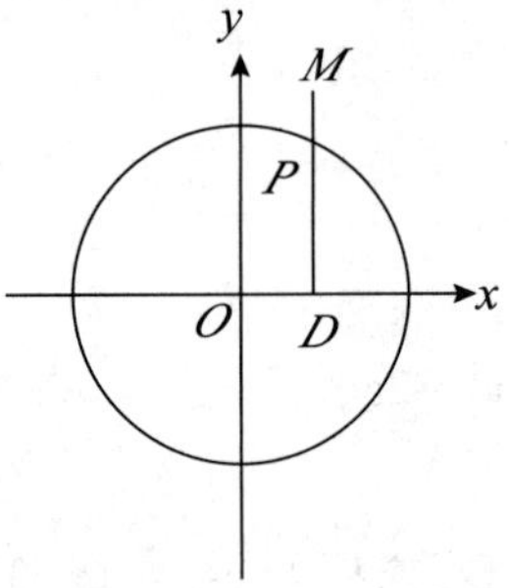

【解析】设点 M 的坐标为 (x, y), 点 P 的坐标为 (x_P, y_P)，

由已知得 $\begin{cases} x_P = x \\ y_P = \frac{2}{3}y \end{cases}$。

因为点 P 在已知圆 $x^2+y^2=4$ 上，所以 $x^2+(\frac{2}{3}y)^2=4$，即轨迹 C 的方程为 $\frac{y^2}{9}+\frac{x^2}{4}=1$。

【点评】该变式所得轨迹是焦点在 y 轴上的椭圆。对于这类问题，需要看动点 M 相对于垂线段 DP 的位置，动点在垂线段上，则轨迹是焦点在 x 轴上的椭圆；动点在垂线段的延长线上，则轨迹是焦点在 y 轴上的椭圆。

【变式 2】在圆 $x^2+y^2=4$ 上任取一点 P，过点 P 作 x 轴的垂线段 PD，D 为垂足。当点 P 在

圆上运动时，线段 PD 的中点 M 的轨迹为 C。已知点 $A(\sqrt{3},0)$ 和 $B(\frac{\sqrt{3}}{2},\frac{1}{2})$，$T$ 是轨迹 C 上的动点，求 $|TA|+|BT|$ 的最大值和最小值。

【解析】由课本例题知，轨迹 C 的方程为 $\frac{x^2}{4}+y^2=1$。

如下图所示，$A(\sqrt{3},0)$ 为椭圆的右焦点，设 A' 为椭圆的左焦点，则 $|TA|+|TA'|=2a=4$。

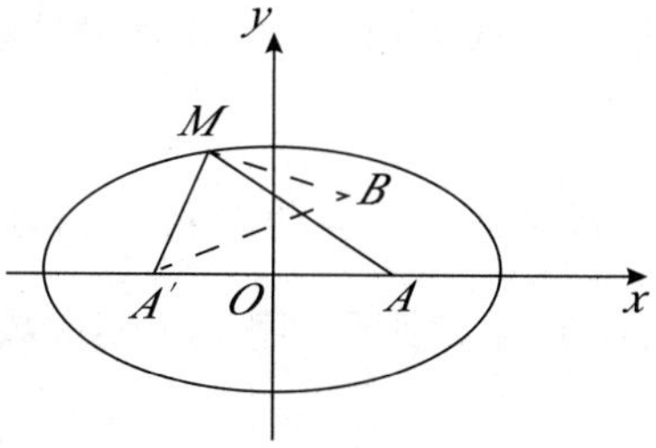

所以 $|TA|+|BT|=2a-|TA'|+|BT|=4+(|BT|-|TA'|)$，

而 $-|A'B|\leqslant|BT|-|TA'|\leqslant|A'B|$，

因为 $|A'B|=1$，所以 $3=4-1\leqslant|TA|+|BT|\leqslant4+1=5$。

所以 $|TA|+|BT|$ 的最小值和最大值分别为 3 和 5。

【点评】该题求出轨迹 C(椭圆)的方程后，运用椭圆的定义求最值。回归定义是求解椭圆问题的重要方法，该变式若设点 T 的坐标为 (x,y)，利用两点间的距离公式转化求最值，运算量较大。这里运用了定义，简化了运算，十分巧妙。

【变式 3】在圆 $x^2+y^2=4$ 上任取一点 P，过点 P 作 x 轴的垂线段 PD，D 为垂足。当点 P 在圆上运动时，线段 PD 的中点 M 的轨迹为 C。已知 $F_1(-\sqrt{3},0)$，$F_2(\sqrt{3},0)$，T 是轨迹 C 上的动点，当 $\angle F_1TF_2$ 为钝角时，求点 T 的横坐标的取值范围。

【解析】由课本例题知，轨迹 C 的方程为 $\frac{x^2}{4}+y^2=1$，所以 F_1、F_2 分别是椭圆的左、右焦点。

依题意 $a=2$，$b=1$，$c=\sqrt{3}$。

以原点为圆心，$c=\sqrt{3}$ 为半径作圆，则 F_1F_2 是圆的直径。

若 T 在圆外，则 $\angle F_1TF_2$ 为锐角；若 T 在圆上，则 $\angle F_1TF_2$ 为直角；若 T 在圆内，则 $\angle F_1TF_2$ 为钝角。

联立 $\begin{cases}\frac{x^2}{4}+y^2=1\\x^2+y^2=3\end{cases}$，消去 y^2，得 $x=\pm\frac{2\sqrt{6}}{3}$。

故由平面几何知识可知，当$\angle F_1TF_2$为钝角时，点T的横坐标的取值范围为$(-\frac{2\sqrt{6}}{3},\frac{2\sqrt{6}}{3})$。

【点评】本题若用$\angle F_1TF_2$为钝角的充要条件$-1<\cos\angle F_1TF_2<0$及余弦定理等知识来求解，运算量过大且易造成错解，而运用平面几何知识则较简单。求解椭圆问题时，若能巧妙地运用平面几何知识，从图形特征中寻找解题切入点来代替复杂的代数运算，可以达到化繁为简的目的。

【感悟】代入法又称相关点法或转移法，当动点$P(x,y)$随另一动点$Q(x_0,y_0)$的变化而变化，并且$Q(x_0,y_0)$又在某已知曲线上时，则可先用x，y的代数式表示x_0，y_0，再将x_0，y_0代入已知曲线得要求的轨迹方程。

【例 8】椭圆$\frac{x^2}{9}+\frac{y^2}{2}=1$的焦点为$F_1$，$F_2$，点$P$在椭圆上，若$|PF_1|=4$，则$|PF_2|=$____，$\angle F_1PF_2$的大小为____。

【解析】由题意得$a=3$，即$2a=6$。所以由椭圆定义得$|PF_2|=2a-|PF_1|=6-4=2$。

在$\triangle F_1PF_2$中，$\cos\angle F_1PF_2=\frac{|PF_1|^2+|PF_2|^2-|F_1F_2|^2}{2|PF_1||PF_2|}=\frac{16+4-28}{2\times4\times2}=-\frac{1}{2}$，

所以$\angle F_1PF_2=120°$。

课本原型（人教版 A 版选修 2-1 第 42 页第 1 题）：如果椭圆$\frac{x^2}{100}+\frac{y^2}{36}=1$上一点$P$到左焦点$F_1$的距离等于 6，那么点$P$到右焦点$F_2$的距离是______。

【解析】本题若设$P(x_0,y_0)$，因为$F_1(-8,0)$，由$\begin{cases}\frac{x_0^2}{100}+\frac{y_0^2}{36}=1\\ \sqrt{(x_0+8)^2+y_0^2}=6\end{cases}$，求得$x_0$，$y_0$，进而求出点$P$到右焦点$F_2$的距离，这样做运算量较大，利用椭圆的定义求解则很简捷。

由题意得$2a=20$，即$a=10$，所以由椭圆定义得$|PF_2|=2a-|PF_1|=20-6=14$。

【变式 1】如果椭圆$\frac{x^2}{100}+\frac{y^2}{36}=1$上一点$P$到左焦点$F_1$的距离等于 6，$F_2$是椭圆的右焦点，则$\angle F_1PF_2$的余弦值为______。

【解析】因为$F_1(-8,0)$，$F_2(8,0)$，所以$|F_1F_2|=16$。

由上题的解析知 $|PF_2|=14$，又由已知 $|PF_1|=6$，所以

在△ F_1PF_2 中，$\cos\angle F_1PF_2=\dfrac{|PF_1|^2+|PF_2|^2-|F_1F_2|^2}{2|PF_1||PF_2|}=\dfrac{36+196-256}{2\times6\times14}=-\dfrac{1}{7}$。

故∠ F_1PF_2 的余弦值为 $-\dfrac{1}{7}$。

【变式 2】已知椭圆 $\dfrac{x^2}{100}+\dfrac{y^2}{36}=1$ 上一点 P 的横坐标为 -5，分别求点 P 到焦点 F_1 和 F_2 的距离。

【解析】将点 P 的横坐标代入椭圆方程求出点 P 的纵坐标，又易知焦点 F_1 和 F_2 的坐标，利用两点间的距离公式求得 $|PF_1|$、$|PF_2|$ 分别为 6 和 14。

【点评】这一方法虽是基本方法，但运算量还是大了一些。若能掌握并运用椭圆的焦半径公式，则求解选择、填空题会变得相当便捷。下面就来看焦半径公式和它的证明。

设 $P(x_0,y_0)$ 是椭圆 $\dfrac{x^2}{a^2}+\dfrac{y^2}{b^2}=1(a>b>0)$ 上一点，$F_1(-c,0)$，$F_2(c,0)$ 分别是椭圆的左、右焦点，则 $|PF_1|=a+ex_0$，$|PF_2|=a-ex_0$，其中 e 是椭圆的离心率。

椭圆上任意一点 P 与两焦点 F_1，F_2 的距离 $|PF_1|$、$|PF_2|$，叫作椭圆的焦半径，也称 $|PF_1|$ 为左焦半径，$|PF_2|$ 为右焦半径。

【证明】：由椭圆的定义有 $|PF_1|+|PF_2|=2a$。　　①

由题意知 $|PF_1|^2=(x_0+c)^2+y_0^2$，$|PF_2|^2=(x_0-c)^2+y_0^2$，两式相减得 $(|PF_1|+|PF_2|)(|PF_1|-|PF_2|)=4cx_0$。

所以 $|PF_1|-|PF_2|=\dfrac{4cx_0}{|PF_1|+|PF_2|}=\dfrac{4cx_0}{2a}=2ex_0$。　　②

联立①②解得 $|PF_1|=a+ex_0$，$|PF_2|=a-ex_0$。

注意：在 $|PF_1|=a+ex_0$，$|PF_2|=a-ex_0$ 中，ex_0 前的符号不表示正、负，真正的正、负由 x_0 确定。有了焦半径公式，再解答变式 2 就轻松多了。

【变式 3】已知 P 是椭圆 $\dfrac{x^2}{100}+\dfrac{y^2}{36}=1$ 上一点，若∠ $F_1PF_2=60°$，则△ F_1PF_2 的面积 $S=$______。

【解析】由变式 2 的解析知 $|PF_1|=6$，$|PF_2|=14$。

所以△ F_1PF_2 的面积 $S=\dfrac{1}{2}|PF_1|\cdot|PF_2|\cdot\sin\angle F_1PF_2=\dfrac{1}{2}\times6\times14\times\sin60°=12\sqrt{3}$。

【点评】这里先求出两条焦半径的长，再由三角形面积公式求解。若能掌握下面焦点三角形的面积公式，则更简捷。

设 P 是椭圆 $\frac{x^2}{a^2}+\frac{y^2}{b^2}=1(a>b>0)$ 上一点，$F_1(-c，0)$，$F_2(c，0)$ 分别是椭圆的左、右焦点，若∠ $F_1PF_2=\theta$，则△ F_1PF_2 的面积 $S=b^2\tan\frac{\theta}{2}$。

我们把△ F_1PF_2 叫作椭圆的焦点三角形。

【证明】：由椭圆的定义有 $|PF_1|+|PF_2|=2a$，

所以 $|PF_1|^2+2|PF_1||PF_2|+|PF_2|^2=4a^2$。 ①

在△ F_1PF_2 中，由余弦定理得 $|PF_1|^2+|PF_2|^2-2|PF_1|\cdot|PF_2|\cos\theta=4c^2$。 ②

① − ②得 $2(1-\cos\theta)|PF_1|\cdot|PF_2|=4a^2-4c^2=4b^2$，所以 $|PF_1|\cdot|PF_2|=\frac{2b^2}{1-\cos\theta}$。

所以△ F_1PF_2 的面积 $S=\frac{1}{2}|PF_1||PF_2|\cdot\sin\theta=b^2\cdot\frac{\sin\theta}{1-\cos\theta}=b^2\cdot\frac{2\sin\frac{\theta}{2}\cos\frac{\theta}{2}}{2\cos^2\frac{\theta}{2}}=b^2\tan\frac{\theta}{2}$，

从而 $S=b^2\tan\frac{\theta}{2}$。

显然，由公式易得变式 3 中的面积为 $S=36\tan30°=12\sqrt{3}$。

【感悟】（1）定义法是一种最基本、最原始的解题方法，在应用定义法解题时，首先要透彻理解概念，把握题目中所反映的本质属性，正确建立等量关系，使问题得到解决。本题由椭圆定义知 $|PF_1|+|PF_2|=2a$，再由题设求得 $|PF_1|\cdot|PF_2|$，这样为解题创造了条件。

（2）椭圆中的焦点弦和焦点三角形问题是学习的重点。有关椭圆的焦点三角形问题一般都运用椭圆定义，并且结合三角形中的正弦定理和余弦定理加以解决以求高效。像上面推导的焦点三角形的面积公式对于求解变式 3 这样的选择、填空题可谓太方便了。

【例 9】若双曲线 E：$\frac{x^2}{9}-\frac{y^2}{16}=1$ 的左、右焦点分别为 F_1，F_2，点 P 在双曲线 E 上，且 $|PF_1|=3$，则 $|PF_2|$ 等于（　　）。

A．11　　B．9　　C．5　　D．3

【解析】$|PF_1|=3<c+a=5+3=8$，所以点 P 在双曲线 E 的左支上。

由双曲线定义得 $|PF_2|-|PF_1|=2a=6$，即 $|PF_2|-3=6$，解得 $|PF_2|=9$，故选 B。

对于例9这一类问题可归纳出一般结论：一般地，已知 F_1，F_2 分别是双曲线 $\frac{x^2}{a^2}-\frac{y^2}{b^2}=1(a>0,b>0)$ 的两个焦点，P 是双曲线上的一点。若 $|PF_1|=d\geqslant c+a$（c是半焦距），则 $|PF_2|=d\pm 2a$；若 $|PF_1|=d<c+a$（c是半焦距），则 $|PF_2|=d+2a$。

【变式1】若双曲线 E：$\frac{x^2}{9}-\frac{y^2}{16}=1$ 的左、右焦点分别为 F_1，F_2，点 P 在双曲线 E 上，且 $|PF_1|=8$，则 $|PF_2|=$______。

【解析】因为 $|PF_1|=8=c+a$，所以点 P 在双曲线 E 的左支上或右支的顶点处。

由双曲线定义得 $||PF_2|-|PF_1||=2a=6$，即 $||PF_2|-8|=6$，解得 $|PF_2|=14$ 或 $|PF_2|=2$。

【变式2】若双曲线 E：$\frac{x^2}{9}-\frac{y^2}{16}=1$ 的左、右焦点分别为 F_1，F_2，点 P 在双曲线 E 上，且 $|PF_1|=10$，则 $|PF_2|=$______。

【解析】因为 $|PF_1|=10>c+a=8$，所以点 P 分别在双曲线 E 的左、右两支上。

由双曲线定义得 $||PF_2|-|PF_1||=2a=6$，即 $||PF_2|-10|=6$，解得 $|PF_2|=16$ 或 $|PF_2|=4$。

【变式3】若双曲线 E：$\frac{x^2}{9}-\frac{y^2}{16}=1$ 的左、右焦点分别为 F_1，F_2，点 P 是双曲线 E 上的任意一点，过点 F_1 作 $\angle F_1PF_2$ 的平分线 PQ 的垂线，垂足为 M，交 PF_2 的延长线于点 F_2'，则垂足 M 的轨迹为______。

【解析】如下图所示，设点 $M(x, y)$，因 PQ 是 $\angle F_1PF_2$ 的平分线，故 $|PF_1|=|PF_2'|$。

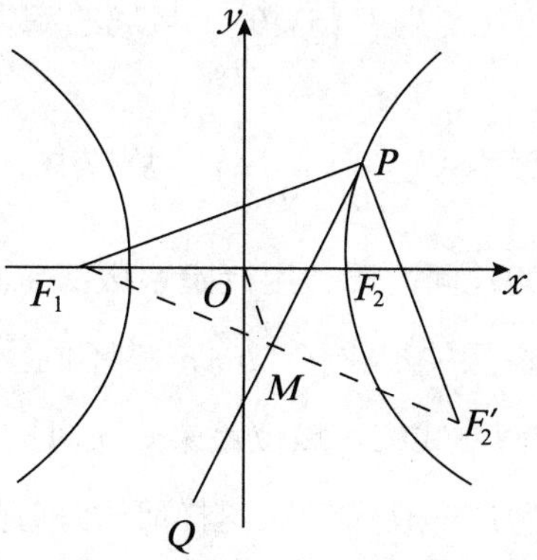

又 $|PF_2'|=|PF_2|+|F_2F_2'|$，则由双曲线的定义可得 $|(|PF_1|-|PF_2|)|=|(|PF_2'|-|PF_2|)|=2a=6$。

连接 OM，在 $\triangle F_1F_2F_2'$ 中，OM 是 $\triangle F_1F_2F_2'$ 两边 F_1F_2，F_1F_2' 上的中位线，故 $|OM|=\frac{1}{2}|F_2F_2'|=3$。

所以垂足 M 的轨迹是以原点为圆心、半径为 3 的圆。

【变式 4】若双曲线 E：$\frac{x^2}{9}-\frac{y^2}{16}=1$ 的左、右焦点分别为 F_1，F_2，点 A 为 $(1,3)$，点 P 是双曲线右支上的动点，则 $|PF_1|+|PA|$ 的最小值为______。

【解析】由题意知 $F_1(-5,0)$，$F_2(5,0)$。

根据双曲线的定义得 $|PF_1|-|PF_2|=2a=6$，即 $|PF_1|=|PF_2|+6$，所以

$|PF_1|+|PA|=6+|PF_2|+|PA|\geqslant 6+|AF_2|=6+\sqrt{(5-1)+(0-3)^2}=6+5=11$。

故 $|PF_1|+|PA|$ 的最小值为 11。

【感悟】双曲线的定义是用双曲线上的点到焦点的距离来刻画的，因此涉及双曲线上的点到焦点的距离问题，可灵活运用定义来完成。需要注意的是，双曲线是开放曲线，且双曲线有两支，故在应用定义时要搞清点在哪一支上。

【例 10】已知双曲线 C：$\frac{x^2}{a^2}-\frac{y^2}{b^2}=1(a>0，b>0)$ 的离心率 $e=\frac{5}{4}$，且其右焦点 $F_2(5,0)$，则双曲线 C 的方程为（　　）。

A. $\frac{x^2}{4}-\frac{y^2}{3}=1$　　B. $\frac{x^2}{16}-\frac{y^2}{9}=1$　　C. $\frac{x^2}{9}-\frac{y^2}{16}=1$　　D. $\frac{x^2}{3}-\frac{y^2}{4}=1$

【解析】因为所求双曲线的右焦点为 $F_2(5，0)$，且离心率为 $e=\frac{c}{a}=\frac{5}{4}$，所以 $c=5$，$a=4$，$b^2=c^2-a^2=9$，所以所求双曲线方程为 $\frac{x^2}{16}-\frac{y^2}{9}=1$，故选 B。

【点评】本题是结合双曲线的几何性质，用待定系数法求方程的。双曲线中 a，b，c 始终满足关系式 $c^2=a^2+b^2$，要区分与椭圆关系式 $a^2=b^2+c^2$ 的不同。

求双曲线的标准方程时，若双曲线的焦点位置未知，可按焦点在 x 轴或 y 轴分类来求；也可设为 $Ax^2-By^2=1(AB>0)$（称为“一般式”），这样可避开分类讨论。

课本原型（人教 A 版选修 2-1 第 62 页第 1 题）：求与椭圆 $\frac{x^2}{49}+\frac{y^2}{24}=1$ 有公共焦点，且离心率 $e=\frac{5}{4}$ 的双曲线方程。

【解析】椭圆 $\frac{x^2}{49}+\frac{y^2}{24}=1$ 的左、右焦点分别为 $F_1(-5,0)$，$F_2(5,0)$，又离心率 $e=\frac{c}{a}=\frac{5}{4}$。所以 $c=5$，$a=4$，$b^2=c^2-a^2=9$，所以所求双曲线方程为 $\frac{x^2}{16}-\frac{y^2}{9}=1$。

【变式 1】已知双曲线 C 的中心在原点，一个顶点的坐标为 (4，0)，且焦距为 10，则双曲线 C 的标准方程为______。

【解析】由题意知双曲线的焦点在 x 轴上。又 a=4，c=5，所以 $b^2=25-16=9$。

所以双曲线 C 的标准方程为 $\frac{x^2}{16}-\frac{y^2}{9}=1$。

【变式 2】与双曲线 $\frac{x^2}{20}-\frac{y^2}{5}=1$ 共焦点，且双曲线上的点到两焦点的距离差的绝对值为 8 的双曲线方程为___________。

【解析】由题意知，所求双曲线的方程为 $\frac{x^2}{4^2}-\frac{y^2}{25-4^2}=1$，即 $\frac{x^2}{16}-\frac{y^2}{9}=1$。

【变式 3】已知双曲线 C：$\frac{x^2}{a^2}-\frac{y^2}{b^2}=1(a>0，b>0)$ 的焦距与虚轴长之比为 5 ：3，且其右焦点 $F_2(5,0)$，则双曲线 C 的方程为___________。

【解析】由 $\begin{cases}\frac{c}{b}=\frac{5}{3}\\ c=5\\ b^2=c^2-a^2\end{cases}$，解得 $a^2=16$，$b^2=9$。所以双曲线 C 的方程为 $\frac{x^2}{16}-\frac{y^2}{9}=1$。

【变式 4】已知双曲线 C 的中心在原点，焦点在坐标轴上，且离心率 $e=\frac{5}{4}$，焦距为 10，则双曲线 C 的方程为______。

【解析】由题意得 $\begin{cases}\frac{c}{a}=\frac{5}{4}\\ 2c=10\\ b^2=c^2-a^2\end{cases}$，解得 $a^2=16$，$b^2=9$。若焦点在 x 轴上，则双曲线 C 的方程为 $\frac{x^2}{16}-\frac{y^2}{9}=1$；若焦点在 y 轴上，则双曲线 C 的方程为 $\frac{y^2}{16}-\frac{x^2}{9}=1$。

【变式 5】若双曲线 C：$\frac{x^2}{m}-\frac{y^2}{9}=1$ 的一个焦点在圆 $x^2+y^2-4x-5=0$ 上，则双曲线 C 的方程为__________。

【解析】依题意得，双曲线焦点坐标为 $(\pm\sqrt{9+m},0)\ (m>0)$。

当双曲线左焦点在圆上时，得 $m=-8$，舍去；当双曲线右焦点在圆上时，$9+m-4\sqrt{9+m}-5=0$，解得 $m=16$。

所以双曲线 C 的标准方程为 $\frac{x^2}{16}-\frac{y^2}{9}=1$。

【感悟】用待定系数法求双曲线的标准方程时，应从“定位”和“定量”两个方面去考虑。先要“定位”，即确定焦点所在的坐标轴，这一点尤为重要；其次是“定量”，即利用条件确定方程中 a，b 的值，常通过待定系数法去求。同时，要注意应用双曲线系方程：若双曲线的焦点位置未知，可按焦点在 x 轴或 y 轴分类来求，也可设为 $Ax^2-By^2=1(AB>0)$（称为一般式），这样可避开分类讨论；与双曲线 $\frac{x^2}{a^2}-\frac{y^2}{b^2}=1\left(a>0,b>0\right)$ 共渐近线的双曲线方程为 $\frac{x^2}{a^2}-\frac{y^2}{b^2}=\lambda\left(\lambda\in R,\ \lambda\neq 0\right)$。

【例 11】[人教版 A 版选修 2-1 第 73 页 A 组 2（2）] 抛物线 $y^2=8x$ 上到焦点的距离等于 6 的点的坐标是______。

【解析】本题的常规解法是：设所求的点的坐标为 $(\frac{{y_0}^2}{8},\ y_0)$，因为焦点 F 为 $(2,\ 0)$，所以由 $\sqrt{(\frac{{y_0}^2}{8}-2)^2+{y_0}^2}=9$ 求得点的坐标即可。这样虽可利用方程思想求得点的坐标，但计算量较大。由于本题是与焦点有关的问题，利用抛物线的定义来求解则很快捷。

设所求点的坐标为 $(x_0,\ y_0)$，由抛物线上的点到焦点的距离等于该点到准线的距离得 $x_0+2=6$，解得 $x_0=4$，代入抛物线的方程得 $y_0=\pm 4\sqrt{2}$，故满足条件的点为 $(4,\ 4\sqrt{2})$，$(4,\ -4\sqrt{2})$。

【变式 1】动点 P 到点 $F(2,0)$ 的距离比它到直线 $x+3=0$ 的距离小 1，求动点 P 的轨迹方程。

【解析】此问题的条件可转化为“动点 P 到点 $F(2,\ 0)$ 和它到定直线 $x+2=0$ 的距离相等”。由抛物线的定义可知，动点 P 的轨迹是以 $F(2,0)$ 为焦点、定直线 $x=-2$ 为准线的抛物线。显然，

$\frac{p}{2}=2$，$p=4$，所以动点 P 的轨迹方程为 $y^2=8x$。

【点评】在求一些特殊轨迹方程时，要注意运用有关曲线的定义去判断所求的点的轨迹是什么曲线。如果是已研究过的曲线，则可用标准方程去分析求解。

【变式 2】过抛物线 $y^2=8x$ 的焦点作直线与抛物线交于 A，B 两点，且线段 AB 的中点 M 的横坐标是 6，则 $|AB|=$______。

【解析】由 A，B，M 三点分别向抛物线的准线作垂线分别交准线于 A_1，B_1，M_1 三点，易知 MM_1 是直角梯形 A_1ABB_1 的中位线，且 $|MM_1|=6+2=8$，所以 $|AA_1|+|BB_1|=2|MM_1|=16$。

因为 $|AF|=|AA_1|$，$|BF|=|BB_1|$，所以 $|AB|=|AF|+|BF|=|AA_1|+|BB_1|=16$。

【点评】有关抛物线的焦点弦问题，可考虑结合抛物线的定义加以转化求解。

【变式 3】已知 F 是抛物线 $y^2=x$ 的焦点，A，B 是该抛物线上的两点，$|AF|+|BF|=3$，则线段 AB 的中点到 y 轴的距离为（　　）。

A. $\frac{3}{4}$　　B.1　　C. $\frac{5}{4}$　　D. $\frac{7}{4}$

【解析】设 A，B 在抛物线准线上的射影分别为 A'，B'，则由抛物线定义得 $|AA'|+|BB'|=3$。在梯形 $ABB'A'$ 中，由中位线定理得线段 AB 的中点到准线的距离为 $\frac{3}{2}$。又 $\frac{p}{2}=\frac{1}{4}$，所以线段 AB 的中点到 y 轴的距离为 $\frac{3}{2}-\frac{1}{4}=\frac{5}{4}$，故选 C。

【点评】定义是解决问题的基础和灵魂，要善于思考定义和应用定义。由本题可以看出，利用抛物线的定义求距离，不仅可以避免烦琐的计算，而且还可以加深对定义的理解。

【变式 4】已知 A，B 为抛物线 $y^2=8x$ 上的动点，$|AB|=6$，求 AB 的中点 P 到 y 轴距离的最小值。

【解析】如下图所示，分别过 A，B，P 作准线 l 的垂线，设垂足分别为 A_1，B_1，P_1，PP_1 交 y 轴于 Q 点，连接 AF，BF。

由抛物线定义可和 $|AF|=|AA_1|$，$|BF|=|BB_1|$，所以 $|AA_1|+|BB_1|=|AF|+|BF|$，又四边形 A_1ABB_1 为梯形，PP_1 为中位线，所以 $|PP_1|=\frac{1}{2}(|AA_1|+|BB_1|)=\frac{1}{2}(|AF|+|BF|)\geqslant\frac{1}{2}|AB|$，因为 $\frac{1}{2}|AB|=3$，所以 $|PQ|=|PP_1|-|P_1Q|=|PP_1|-2\geqslant3-2=1$。所以 AB 的中点 P 到 y 轴距离的最小值为 1。

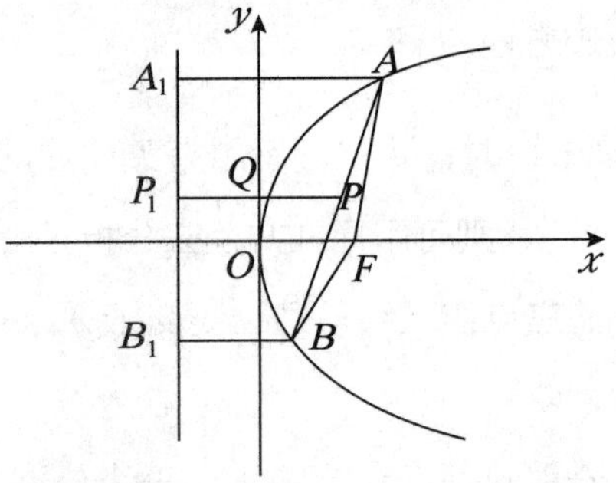

【点评】本题通过回归定义和运用平面几何知识，数形结合使问题化难为易。数形结合思想就是将抽象的数学语言与直观的图形结合起来，也就是对题目中的条件和结论既分析其代数含义又挖掘其几何背景，在代数与几何的结合中找出解题思路。

【感悟】抛物线的定义用处很多，抛物线焦点、准线以及与焦点有关的问题经常与定义发生联系，抛物线上的点与焦点的距离和到准线距离的相互转化是解决相关问题的常用方法。

【例 12】设抛物线 $y^2=8x$ 的焦点为 F，准线为 x，P 为抛物线上一点，$PA\perp x$，A 为垂足，如果直线 AF 的斜率为 $-\sqrt{3}$，那么 $|PF|=$（　　）。

A.$4\sqrt{3}$　　B.8　　C.$8\sqrt{3}$　　D.16

【解析】由抛物线的定义得 $|PF|=|PA|$，又由直线 AF 的斜率为 $-\sqrt{3}$，可知 $\angle PAF=60°$，$\triangle PAF$ 是等边三角形，所以 $|PF|=|AF|=\dfrac{4}{\cos60°}=8$，故选 B。

【点评】本题主要考查了直线的倾斜角与斜率的关系、抛物线的定义、准线方程的求法以及直线与抛物线的位置关系，体现了在知识交汇点处命题的原则。

课本原型（人教 A 版选修 2-1 第 73 页第 5 题）：如下图所示，M 是抛物线 $y^2=4x$ 上一点，F 是抛物线的焦点，以 Fx 为始边、FM 为终边的角 $\angle xFM=60°$，求 $|FM|$。

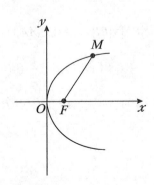

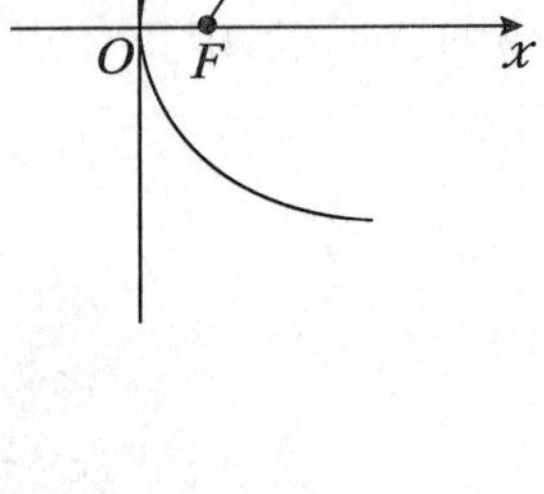

【解析】因为$\angle xFM=60°$，所以线段FM所在直线的斜率为$k=\tan 60°=\sqrt{3}$，因此，直线FM的方程为$y=\sqrt{3}(x-1)$。

与抛物线$y^2=4x$联立，得$\begin{cases} y=\sqrt{3}(x-1) & ① \\ y^2=4x & ② \end{cases}$，

把①代入②得$3x^2-10x+3=0$，解得$x_1=\frac{1}{3}$，$x_2=3$。

把$x_1=\frac{1}{3}$，$x_2=3$分别代入①得$y_1=-\frac{2}{3}\sqrt{3}$，$y_2=2\sqrt{3}$。

由图知$(\frac{1}{3}，-\frac{2}{3}\sqrt{3})$不合题意，所以点$M$的坐标为$(3，2\sqrt{3})$。

因此，$|FM|=\sqrt{(3-1)^2+(2\sqrt{3}-0)^2}=4$。

【变式1】过抛物线$y^2=2px(p>0)$的焦点F作倾斜角为45°的直线交抛物线于A，B两点，若线段AB的长为8，则p=______。

【解析】根据题意，设直线AB的方程为$y=x-\frac{p}{2}$，代入抛物线$y^2=2px$中得$x^2-3px+\frac{p^2}{4}=0$。

若$A(x_1，y_1)$，$B(x_2，y_2)$，则$x_1+x_2=3p$。根据抛物线的定义得$x_1+x_2+p=8$，即$3p+p=8$，所以$p=2$。

【变式2】在直角坐标平面上，设直线$l:y=x+2$与抛物线$C:x^2=4y$相交于P，Q两点。若F是抛物线C的焦点，则$|PF|+|QF|$的值为（　　）。

A.10　　B.11　　C.12　　D.13

【解析】令$P(x_1，y_1)$，$Q(x_2，y_2)$。由$\begin{cases} y=x+2 \\ x^2=4y \end{cases}$得$y^2-8y+4=0$，所以$y_1+y_2=8(y_1>0，y_2>0)$。故$|PF|+|QF|=(y_1+1)+(y_2+1)=10$，故选A。

【变式3】已知抛物线$y^2=4x$的焦点为F，准线与x轴的交点为M，N为抛物线上的一点，且$|NF|=\frac{\sqrt{3}}{2}|MN|$，则$\angle NMF$=（　　）。

A. $\frac{\pi}{6}$　　B. $\frac{\pi}{4}$　　C. $\frac{\pi}{3}$　　D. $\frac{5\pi}{12}$

【解析】如下图所示，过点N向准线引垂线，垂足为P，由抛物线的定义知$|NF|=|NP|$，

又 $|NF|=\dfrac{\sqrt{3}}{2}|MN|$，即 $|NP|=\dfrac{\sqrt{3}}{2}|MN|$，所以在 Rt△NMP 中，$\sin\angle NMP=\dfrac{|NP|}{|NM|}=\dfrac{\sqrt{3}}{2}$，即 $\angle NMP=\dfrac{\pi}{3}$，故 $\angle NMF=\dfrac{\pi}{6}$，故选 A。

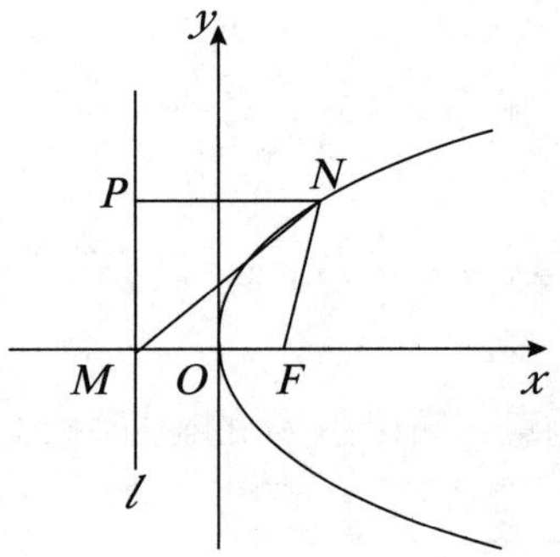

【感悟】抛物线焦点弦的如下性质，值得掌握和应用：

如下图所示，设抛物线 $y^2=2px(p>0)$，则焦点 $F(\dfrac{p}{2}, 0)$，准线 x 的方程：$x=\dfrac{p}{2}$。过焦点 F 的直线交抛物线于 $A(x_1, y_1)$，$B(x_2, y_2)$ 两点，作 $AA'\perp l$，$BB'\perp l$，垂足分别为 A'、B'，则

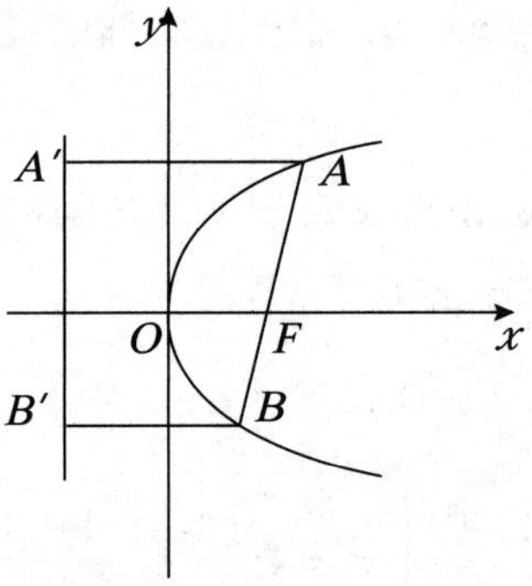

（1）$AB\perp x$ 轴时，$x_1=x_2=\dfrac{p}{2}$，$A(\dfrac{p}{2}, p)$，$B(\dfrac{p}{2}, -p)$，此时弦 AB 叫作抛物线的通径，它的长 $|AB|=2p$.

（2）AB 与 x 轴不垂直也不平行时，设弦 AB 所在直线的斜率为 $k(k\neq0)$，则方程为 $y=k(x-\dfrac{p}{2})$，由 $\begin{cases} y^2=2px \\ y=k(x-\dfrac{p}{2}) \end{cases}$ 消去 y，得：$k^2x^2-(k^2p+2p)x+\dfrac{k^2p^2}{4}=0$，或消去 x，得 $y^2-\dfrac{2p}{k}y-p^2=0$，有：

①$x_1 \cdot x_2 = \frac{p^2}{4}$（定值），$x_1 + x_2 = \frac{k^2 p + 2p}{k^2}$。

②$y_1 \cdot y_2 = -p^2$（定值），$y_1 + y_2 = \frac{2p}{k}$。

③弦长 $|AB| = |AF| + |BF| = |AA'| + |BB'| = x_1 + \frac{p}{2} + x_2 + \frac{p}{2} = x_1 + x_2 + p$。

④若直线 AB 的倾斜角为 α，则 $|AB| = \frac{2p}{\sin^2\alpha}$；特别地当 $\alpha = 90°$ 时，$|AB| = 2p$ 为通径。

⑤抛物线的焦点弦中通径最短。

⑥若焦点弦被焦点 F 分成长度分别为 m、n 的两部分，则 $\frac{1}{m} + \frac{1}{n} = \frac{2}{p}$（定值）。

⑦以焦点弦 AB 为直径的圆与抛物线的准线 l 相切；以抛物线焦半径 $|AF|$（或 $|BF|$）为直径的圆与 y 轴相切。

⑧$A'F \perp B'F$（$\angle A'FB' = 90°$）。

⑨若 M 为 $A'B'$ 的中点，则 $MF \perp AB$。

⑩梯形 $AA'B'B$ 中，两对角线 AB' 与 BA' 相交于抛物线的顶点 O。

第七讲　立体几何

【例 1】如下图所示，有一个水平放置的透明无盖的正方体容器，容器高 8 cm，将一个球放在容器口，再向容器内注水，当球面恰好接触水面时测得水深为 6 cm，如果不计容器的厚度，则球的体积为（　　）。

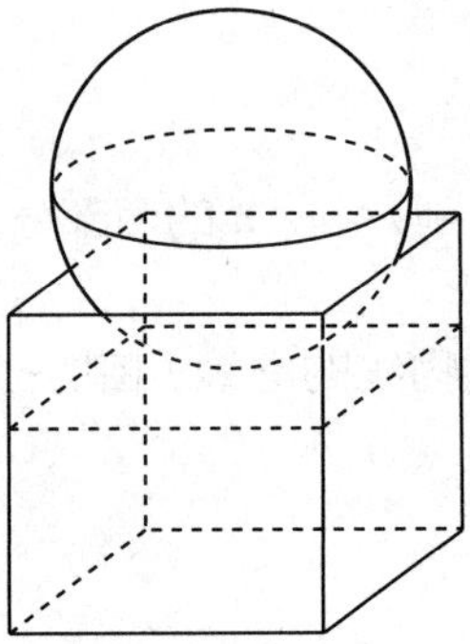

A. $\frac{500\pi}{3}$ cm³　　B. $\frac{866\pi}{3}$ cm³　　C. $\frac{1\,372\pi}{3}$ cm³　　D. $\frac{2\,048\pi}{3}$ cm³

【解析】设球的半径为 R，则由题知球被正方体上面截得圆的半径为 4，球心到截面圆的距离为 $R-2$，则 $R^2=(R-2)^2+4^2$，解得 $R=5$，所以球的体积为 $\frac{4\pi\times5^3}{3}=\frac{500\pi}{3}$ cm³，故选 A。

【点评】本题以球与正方体的组合为背景，在考查球的截面圆性质、球的体积公式的同时，考查了学生直观想象的数学素养、空间想象能力、分析解决问题的能力以及对体积公式的掌握情况，是一道能凸显立体几何的数学本质的优质试题。

【变式 1】（人教 A 版必修 2 第 37 页第 2 题）如下图所示，一个长、宽、高分别是 80 cm、60 cm、55 cm 的水槽中有水 200 000 cm³。现放入一个直径为 50 cm 的木球，如果木球的三分之二在水中，三分之一在水上，那么水是否会从水槽中流出？

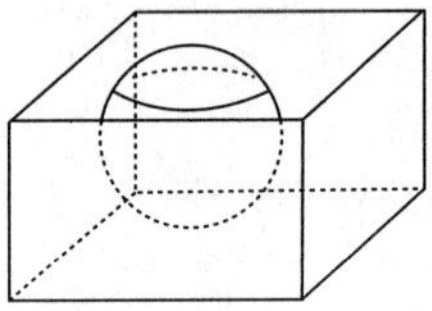

【解析】水槽的容积 $V=80\times60\times55=264\ 000$ cm³，

木球的体积 $V_{木}=\frac{4}{3}\pi\times 25^3\approx 65\,417\ \text{cm}^3$，所以 $200\,000+6\,5417\times\frac{2}{3}\approx 243\,611<V$，所以水不会从水槽中流出。

【变式 2】一个直径为 32 cm 的圆柱形水桶中放入一个铁球，球全部没入水中后，水面升高 9cm 则此球的半径为______cm。

【解析】$V=Sh=\pi r^2h=\frac{4}{3}\pi R^3$，$R=\sqrt[3]{64\times 27}=12$，即此球的半径为 12 cm。

【变式 3】如下图所示，一个圆锥形的空杯子上面放着一个半球形的冰淇淋，如果冰淇淋全部融化（假设从杯底开始融化），会溢出杯子吗？

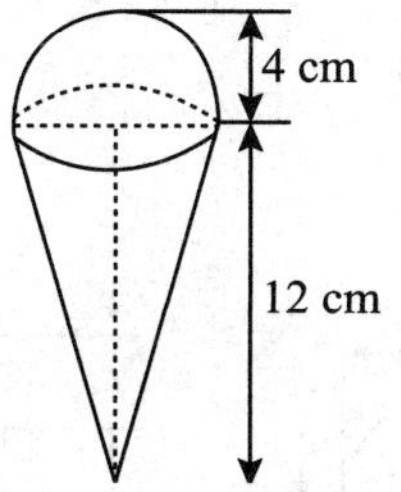

【解析】由图知，半球半径 $R=4$ cm，杯子高 $h=12$ cm。

$V_{半球}=\frac{1}{2}\times\frac{4}{3}\pi\cdot 4^3\approx 134\ \text{cm}^3$，$V_{圆锥}=\frac{1}{3}\pi R^2h=\frac{1}{3}\pi\times 4^2\times 12\approx 201\ \text{cm}^3$。

因为 $V_{圆锥}>V_{半球}$，所以冰淇淋融化了不会溢出杯子。

【变式 4】半径为 1 的球 O 与棱长为 4 的正方体 $ABCD-A_1B_1C_1D_1$ 的上表面 $ABCD$ 相切，切点为正方形 $ABCD$ 的中心，则四棱锥 $O-A_1B_1C_1D_1$ 的外接球的半径为（ ）。

A. $\frac{10}{3}$　B. $\frac{33}{10}$　C. 2　D. $\frac{23}{6}$

【解析】设棱锥 $O-A_1B_1C_1D_1$ 的外接球的球心为 E，其半径为 x，底面正方形的中心为点 F，如下图所示。

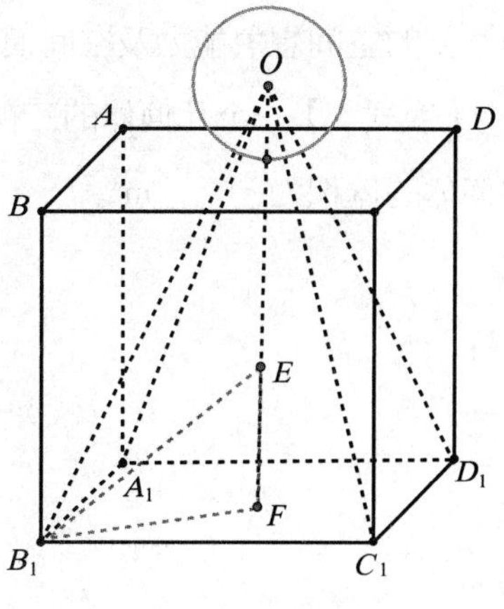

依题意知，$EB_1^2=B_1F^2+EF^2$，所以$x^2=(2\sqrt{2})^2+(4+1-x)^2$，所以$x=\dfrac{33}{10}$，故选 B。

【感悟】球与几何体的切、接问题是一类重点题型，是历年高考考查的重点。解决这类问题时要认真分析图形，首先要明确切与接的位置在哪儿，准确定位；其次确定有关元素间的数量关系。为此往往要过球心及几何体中的特殊点或线，作出一个截面图，在这个截面图中应包括每个几何体的主要元素，且这个截面能反映出各主要元素之间的主要位置关系和数量关系。通过截面图，将空间问题化归为平面问题，再利用平面几何知识寻找几何体中元素间的关系从而解决问题。

【例 2】圆柱被一个平面截去一部分后与半球（半径为 r）组成一个几何体，该几何体三视图中的正视图和俯视图如下图所示。若该几何体的表面积为 16 + 20π，则 r=（　　）。

A.1　　B.2　　C.4　　D.8

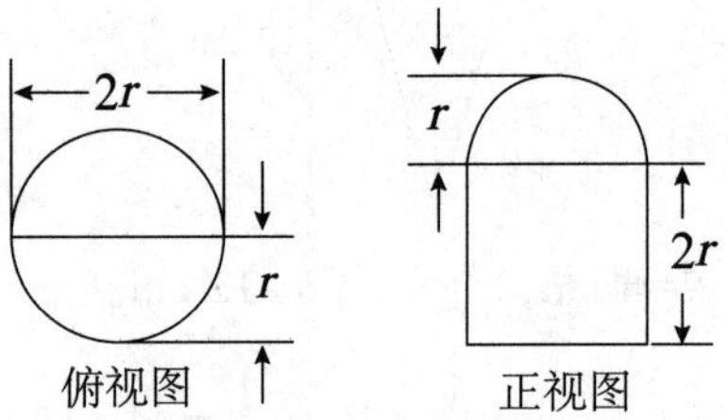

【解析】由正视图和俯视图知，该几何体是半球与半个圆柱的组合体，圆柱的半径与球的半径都为 r，圆柱的高为 $2r$，其表面积为 $\frac{1}{2}\times4\pi r^2+\pi r\times2r+\pi r^2+2r\times2r=5\pi r^2+4r^2=16+20\pi$，解得 $r=2$，故选 B。

【点评】本题考查了通过三视图复原对应的几何体，并求该几何体的体积的方法，考查了同学们的空间想象能力及空间模型的构建能力。

【变式 1】一个几何体的三视图如图所示（单位：m），则该几何体的体积为______m^3。

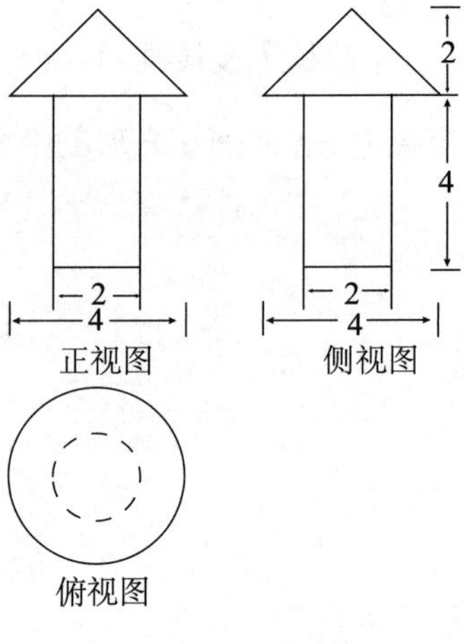

【解析】由三视图可知，该几何体为圆柱与圆锥的组合体，其体积 $V=\pi\times1^2\times4+\frac{1}{3}\pi\times2^2\times2=\frac{20\pi}{3}$。

【变式 2】某几何体的三视图如下图所示，它的体积为（　　）。

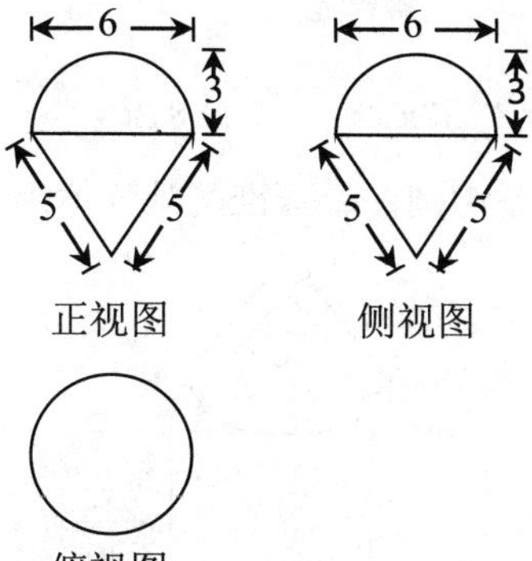

A. 72π　　B. 48π　　C. 30π　　D. 24π

【解析】该几何体是圆锥和半球体的组合体，则它的体积

$V=V_{圆锥}+V_{半球体}=\frac{1}{3}\pi\cdot3^2\cdot4+\frac{1}{2}\cdot\frac{4}{3}\pi\cdot3^3=30\pi$，故选 C.

【变式 3】一个几何体的三视图如下图所示（单位：m），则该几何体的体积为______m^3。

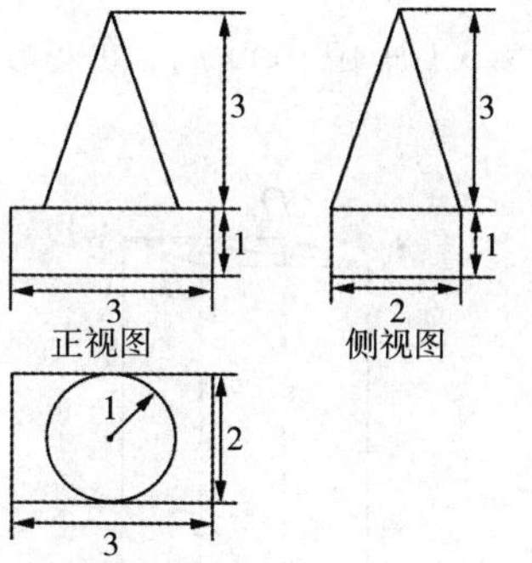

【解析】由三视图可知，该几何体为下面是长方体，上面是圆锥的组合体，长方体的体积 $V_1=3\times2\times1=6$，圆锥的体积 $V_2=\frac{1}{3}\pi\times1^2\times3=\pi$。

所以该几何体的体积 $V=V_1+V_2=6+\pi\ m^3$。

【变式 4】某几何体的三视图如下图所示，它的体积为（　　）。

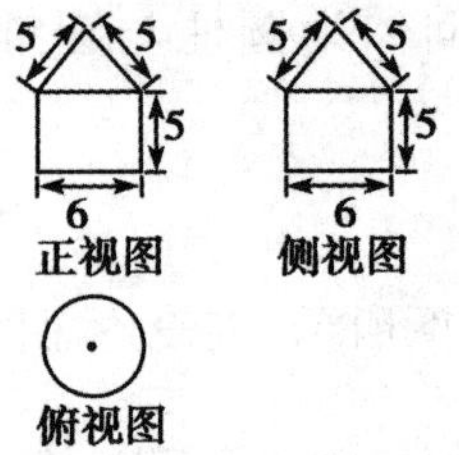

A. 12π　　B. 45π　　C. 57π　　D. 81π

【解析】由三视图知该几何体是由圆柱、圆锥两几何体组合而成的，直观图如下图所示。

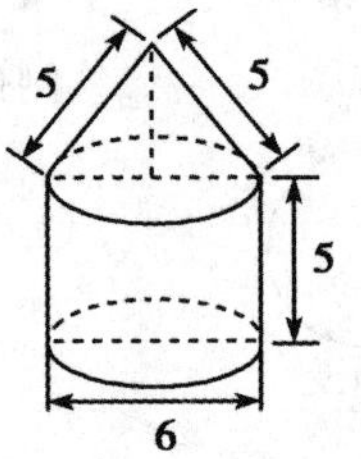

圆锥的底面半径为 3，高为 4，圆柱的底面半径为 3，高为 5，

所以 $V=V_{圆锥}+V_{圆柱}=\frac{1}{3}Sh+Sh=\frac{1}{3}\pi\times3^2\times4+\pi\times3^2\times5=57\pi$，故选 C。

【变式 5】某个实心零部件的形状是如下图所示的几何体，其下部是底面均是正方形，侧面是全等的等腰梯形的四棱台 $A_1B_1C_1D_1-ABCD$，上部是一个底面与四棱台的上底面重合，侧面是全等的矩形的四棱柱 $ABCD-A_2B_2C_2D_2$。现需要对该零部件表面进行防腐处理，已知 AB=10，A_1B_1=20，AA_2=30，AA_1=13（单位：cm），每平方厘米的加工处理费为 0.20 元，需加工处理费多少元?

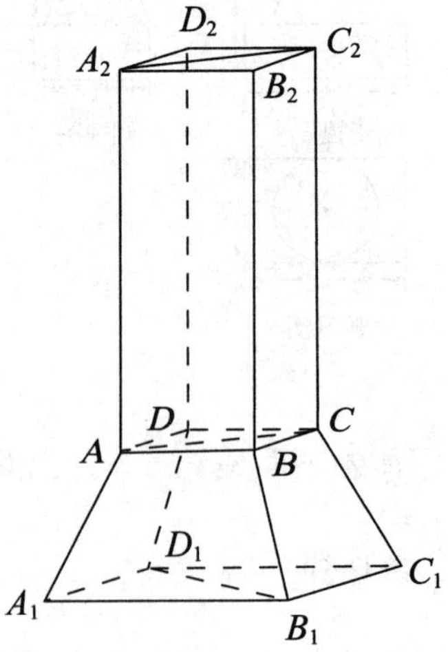

【解析】因为四棱柱 $ABCD-A_2B_2C_2D_2$ 的底面是正方形，侧面是全等的矩形，

所以 $S_1 = S_{四棱柱上底面} + S_{四棱柱侧面} = (A_2B_2)^2 + 4AB \cdot AA_2 = 10^2 + 4\times10\times30 = 1\,300\ \text{cm}^2$。

又因为四棱台 $A_1B_1C_1D_1 - ABCD$ 的上、下底面均是正方形，侧面是全等的等腰梯形，

所以 $S_2 = S_{四棱台下底面} + S_{四棱台侧面} = (A_1B_1)^2 + 4\times\frac{1}{2}(AB + A_1B_1)h_{等腰梯形的高}$

$$= 20^2 + 4\times\frac{1}{2}\times(10+20)\sqrt{13^2 - [\frac{1}{2}(20-10)]^2} = 1\ 120\ \text{cm}^2。$$

于是该实心零部件的表面积为 $S = S_1 + S_2 = 1\,300 + 1\,120 = 2\,420\ \text{cm}^2$，

故所需加工处理费为 $0.2S = 0.2\times2\,420 = 484$ 元。

【点评】本题是空间几何体的表面积在实际问题中的应用，考查了学生的空间想象能力、运算求解能力。四棱柱与四棱台的表面积都是由简单的四边形的面积构成的，只需求解四边形的各边长即可。

【感悟】空间几何体的表面积是几何体表面的面积，它表示几何体表面的大小；体积是几何体所占空间的大小。计算空间几何体的表面积和体积是立体几何的重点内容。柱、锥、台、球等常见几何体的表面积和体积是高考考查的重点，特别是以三视图为载体求空间几何体的表（侧）面积、体积是一类热点题型。求解空间几何体的表面积和体积要求具备一定的计算能力、识图能力及从立体问题向平面问题转化的能力。

【例 3】（2017 · 全国 Ⅰ 卷）如右图所示，圆形纸片的圆心为 O，半径为 5 cm，该纸片上的等边三角形 ABC 的中心为 O。D、E、F 为圆 O 上的点，$\triangle DBC$，$\triangle ECA$，$\triangle FAB$ 分别是以 BC，CA，AB 为底边的等腰三角形 . 沿虚线剪开后，分别以 BC，CA，AB 为折痕折起 $\triangle DBC$，$\triangle ECA$，$\triangle FAB$，使 D、E、F 重合，得到三棱锥。当 $\triangle ABC$ 的边长变化时，所得三棱锥体积（单位：cm³）的最大值为______。

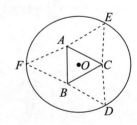

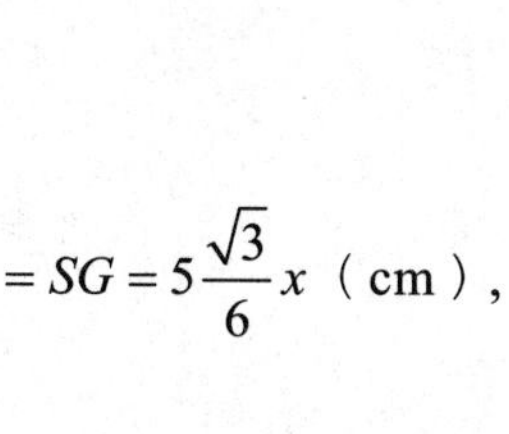

【解析】如下图所示，

设正三角形的边长为 x cm，则 $OG = \frac{1}{3}\times\frac{\sqrt{3}}{2}x = \frac{\sqrt{3}}{6}x$（cm），所以 $FG = SG = 5\frac{\sqrt{3}}{6}x$（cm），

$$SO = h = \sqrt{SG^2 - GO^2} = \sqrt{(5-\frac{\sqrt{3}}{6}x)^2 - (\frac{\sqrt{3}}{6}x)^2} = \sqrt{5(5-\frac{\sqrt{3}}{3})},$$

所以三棱锥的体积 $V = \frac{1}{3}S_{\triangle ABC}\cdot h = \frac{1}{3}\times\frac{\sqrt{3}}{4}x^2\times\sqrt{5(5-\frac{\sqrt{3}}{3})} = \frac{\sqrt{15}}{12}\sqrt{5x^4 - \frac{\sqrt{3}}{2}x^5}$。

令 $n(x)=5x^4-\frac{\sqrt{3}}{3}x^5$，则 $n'(x)=20x^3-\frac{5\sqrt{3}}{3}x^4$；

令 $n'(x)=0$，则 $4x^3-\frac{x^4}{\sqrt{3}}=0$，$x=4\sqrt{3}$，

所以 $V_{\max}=\frac{\sqrt{75}}{12}\times 48\times\sqrt{5-4}=4\sqrt{15}\ \text{cm}^3$。

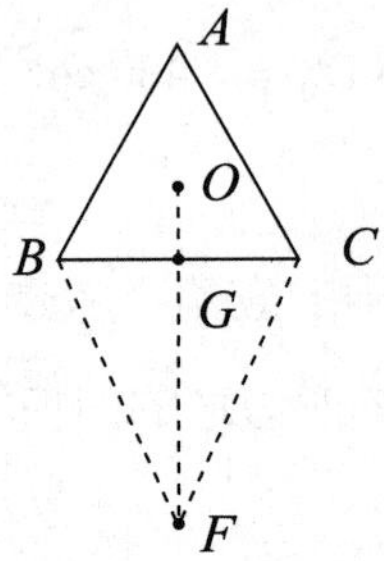

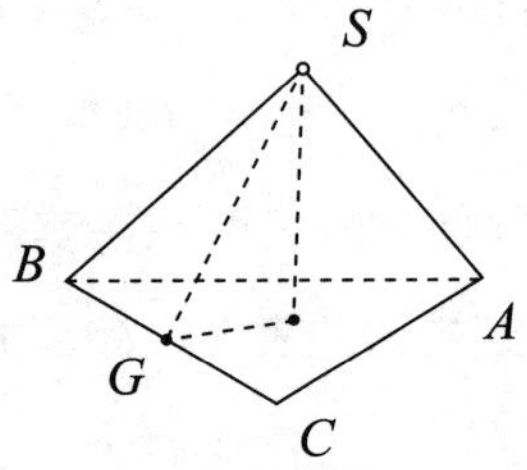

【点评】对于三棱锥最值问题，需要用函数的思想进行解决。本题解决的关键是设好未知量，利用图形特征表示出三棱锥体积。当体积中的变量最高次是 2 次时可以利用二次函数的性质进行解决，当变量最高次大于 2 时需要用到求导数的方式进行解决。

【变式 1】（2016 · 江苏卷）现需要设计一个仓库，它由上下两部分组成，上部分的形状是正四棱锥 $P-A_1B_1C_1D_1$，下部分的形状是正四棱柱 $ABCD-A_1B_1C_1D_1$（见图），并要求正四棱柱的高 O_1O 是正四棱锥的高 PO_1 的 4 倍。

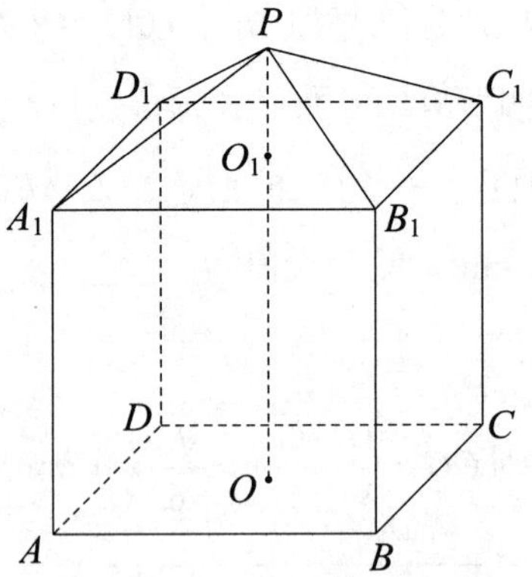

（1）若 AB=6 m，$PO_1=2$ m，则仓库的容积是多少；

（2）若正四棱锥的侧棱长为 6 m，当 PO_1 为多少时，仓库的容积最大？

【解析】（1）PO_1=2 m，则 OO_1=8 m，$V_{P-A_1B_1C_1D_1}=\frac{1}{3}S_{ABCD}\cdot PO_1=\frac{1}{3}\times 6^2\times 2$ =24 m³，$V_{ABCD-A_1B_1C_1D_1}=$

$S_{ABCD}\cdot OO_1=6^2\times 8=288\ \text{m}^3$，$V=V_{P-A_1B_1C_1D_1}+V_{ABCD-A_1B_1C_1D_1}=312$（$\text{m}^3$），故仓库的容积为 312 m^3。

（2）设 $PO_1=x$ m，仓库的容积为 $V(x)\ (0<x<6)$，

则 $OO_1=4x$ m，$A_1O_1=\sqrt{36-x^2}$ m，$A_1B_1=\sqrt{2}\cdot\sqrt{36-x^2}$ m，

$V_{P-A_1B_1C_1D_1}=\frac{1}{3}S_{ABCD}\cdot PO_1=\frac{1}{3}\times\left(\sqrt{72-2x^2}\right)^2\times x=\frac{1}{3}\left(72x-2x^3\right)=24x-\frac{2}{3}x^3\ \text{m}^3$，

$V_{ABCD-A_1B_1C_1D_1}=S_{ABCD}\cdot OO_1=\left(\sqrt{72-2x^2}\right)^2\times 4x=288x-8x^3\ \text{m}^3$，

$V(x)=V_{P-A_1B_1C_1D_1}+V_{ABCD-A_1B_1C_1D_1}=24x-\frac{2}{3}x^3+288x-8x^3=-\frac{26}{3}x^3+312x\ (0<x<6)$，

$V'(x)=-26x^2+312=-26\left(x^2-12\right)\ (0<x<6)$，

当 $x\in\left(0,2\sqrt{3}\right)$ 时，$V'(x)>0$，$V(x)$ 单调递增；当 $x\in\left(2\sqrt{3},6\right)$ 时，$V'(x)<0$，$V(x)$ 单调递减。因此，当 $x=2\sqrt{3}$ 时，$V(x)$ 取到最大值，即 $PO_1=2\sqrt{3}$ m 时，仓库的容积最大。

【变式 2】(2018 · 全国 Ⅰ 卷) 已知正方体的棱长为 1，每条棱所在直线与平面 α 所成的角相等，则 α 截此正方体所得截面面积的最大值为（　　）。

A. $\frac{3\sqrt{3}}{4}$　　B. $\frac{2\sqrt{3}}{3}$　　C. $\frac{3\sqrt{2}}{4}$　　D. $\frac{\sqrt{3}}{2}$

【解析】如下图所示，平面 AB_1C 与正方体的每条棱所在直线与所成的角都相等，所以平面 α // 平面 AB_1C。

作截面 $MNPQRS$ // 平面 AB_1C，设 $A_1S=x$，$SP=\sqrt{2}$，

则 $SR=PQ=MN=\sqrt{2}x$，$SM=RQ=PN=\sqrt{2}(1-x)$。

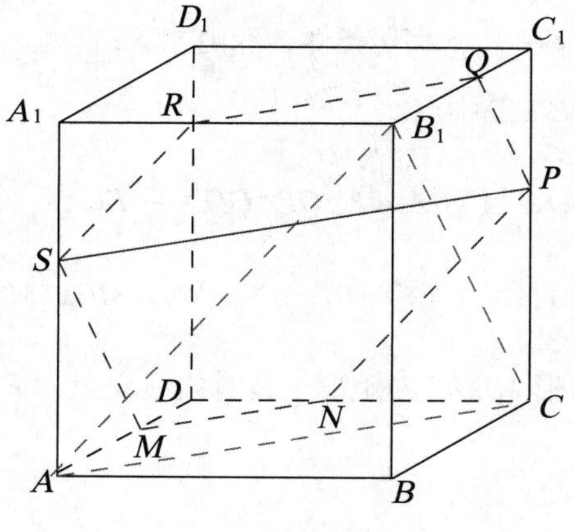

故 $S_{六边形MNPQRS}=S_{SRQP}+S_{SMNP}=\frac{\sqrt{2}+\sqrt{2}(1-x)}{2}\cdot\frac{\sqrt{6}x}{2}+\frac{\sqrt{2}+\sqrt{2}x}{2}\cdot\frac{\sqrt{6}(1-x)}{2}$

$=\frac{\sqrt{3}}{2}(-2x^2+2x+1)$，则当 $x=\frac{1}{2}$ 时，截面 $MNPQRS$ 面积的最大值为 $\frac{3\sqrt{3}}{4}$，故选 A。

【感悟】求空间几何体的面积或体积的最值问题，一般先要得到所求量的目标函数，再借助函数求最值的方法进行求解。

【例 4】如下图所示，在四面体 $PABC$ 中，$PC\perp AB$，$PA\perp BC$，点 D，E，F，G 分别是棱 AP，AC，BC，PB 的中点。

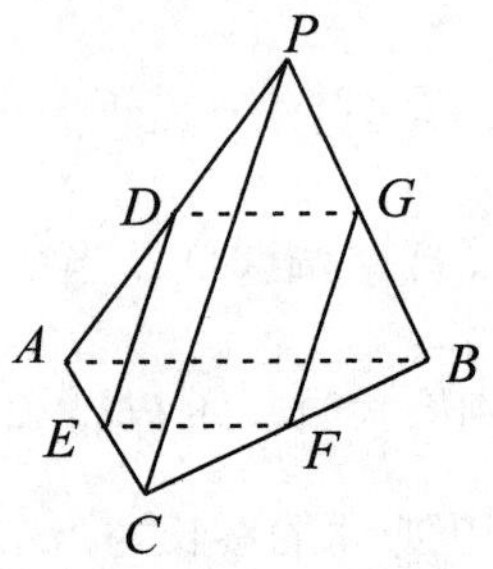

（1）求证：DE ∥平面 BCP；

（2）求证：四边形 $DEFG$ 为矩形；

（3）是否存在点 Q 到四面体 $PABC$ 六条棱的中点的距离相等？说明理由。

【解析】（1）证明：因为 D，E 分别为 AP，AC 的中点，所以 $DE\parallel PC$。

又因为 $DE\not\subset$ 平面 BCP，所以 DE ∥平面 BCP。

（2）证明：因为 D，E，F，G 分别为 AP，AC，BC，PB 的中点，

所以 $DE\parallel PC\parallel FG$，$DG\parallel AB\parallel EF$，所以四边形 $DEFG$ 为平行四边形。

又因为 $PC\perp AB$，所以 $DE\perp DG$，所以四边形 $DEFG$ 为矩形。

（3）解：如下图所示，存在点 Q 满足条件，理由如下：

连接 DF，EG，设 Q 为 EG 的中点。

由（2）知，$DF\cap EG=Q$，且 $QD=QE=QF=QG=\frac{1}{2}EG$。

分别取 PC，AB 的中点 M，N，连接 ME，EN，NG，MG，MN。

与（2）同理，可证四边形 $MENG$ 为矩形，其对角线交点为 EG 的中点 Q，且 $QM=QN=\frac{1}{2}EG$，所以 Q 为满足条件的点。

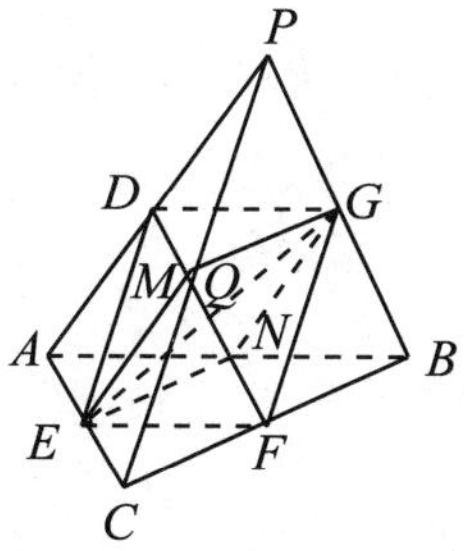

【点评】本题考查了空间直线和平面平行的判定定理，空间线、线平行、垂直的位置关系，考查了学生的空间想象能力及开放探索能力，在证明空间线、面平行的位置关系的问题时，应熟练掌握平行的判定定理与性质定理的转化运用。

课本原型（人教A版必修2第62页第3题）：如下图所示，空间四边形 $ABCD$ 中，E、F、G 分别是 AB、BC、CD 的中点，求证：

（1）BD // 平面 EFG；（2）AC // 平面 EFG。

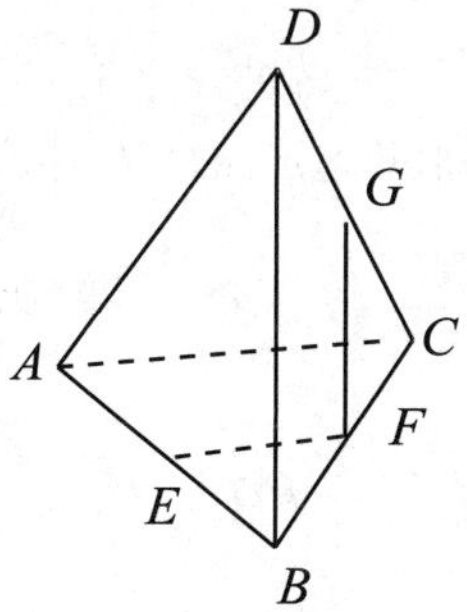

【解析】（1）因为 E、F、G 是各边中点，所以有 $FG \parallel BD$，又 $FG \subset$ 平面 EFG，$BD \not\subset$ 平面 EFG，所以 BD // 平面 EFG。

（2）同理可证 AC // 平面 EFG。

【变式1】在空间四边形 $ABCD$ 中，E、F、G 分别是 AB、BC、CD 上的点，若 $\frac{AE}{EB}=\frac{CF}{FB}=\frac{CG}{GD}$，求证：

（1）BD // 平面 EFG；（2）AC // 平面 EFG。

【解析】（1）因为 E、F、G 分别是 AB、BC、CD 上的点，且 $\frac{CF}{FB}=\frac{CG}{GD}$，所以有 $FG \parallel BD$，又 $FG \subset$ 平面 EFG，$BD \not\subset$ 平面 EFG，所以 BD // 平面 EFG。

（2）同理可证 AC // 平面 EFG。

【变式 2】在空间四边形 $ABCD$ 中，E、F、G 分别是 AB、BC、CD 上的点，若 $\frac{CF}{FB}=\frac{CG}{GD}\neq\frac{AE}{EB}$，求证：

（1）BD // 平面 EFG；（2）AC 与平面 EFG 平行吗？为什么？

【解析】（1）因为 E、F、G 分别是 AB、BC、CD 上的点，且 $\frac{CF}{FB}=\frac{CG}{GD}$，所以有 $FG \parallel BD$。

又 $FG\subset$ 平面 EFG，$BD\not\subset$ 平面 EFG，所以 BD// 平面 EFG。

（2）不平行。

因为 $\frac{CF}{FB}\neq\frac{AE}{EB}$，所以 EF 与 AC 不平行。

若 AC // 平面 EFG，则由直线和平面平行的性质定理知 $EF \parallel AC$，这样就出现了矛盾。

所以 AC 与平面 EFG 不平行。

【变式 3】将课本题变为：在空间四边形 $ABCD$ 中，E、F、G、H 分别是 AB、BC、CD、DA 上的点，若 $\frac{AE}{EB}=\frac{AH}{HD}=\frac{CF}{FB}=\frac{CG}{GD}=2$，求证：四边形 $EFGH$ 是平行四边形。

【证明】由 $\frac{AE}{EB}=\frac{AH}{HD}=2$，得 $EH \parallel \frac{2}{3}BD$。

同理 $FG /\!/ \frac{2}{3}BD$。

所以 $EH \parallel FG$，四边形 $EFGH$ 是平行四边形。

【变式 4】将课本题变为：在空间四边形 $ABCD$ 中，E、F、G、H 分别是 AB、BC、CD、DA 上的点，若 $\frac{AE}{EB}=\frac{AH}{HD}=1$，$\frac{CF}{FB}=\frac{CG}{GD}=2$，求证：四边形 $EFGH$ 是梯形。

【证明】由 $\frac{AE}{EB}=\frac{AH}{HD}=1$，得 $EH /\!/ \frac{1}{2}BD$，由 $\frac{CF}{FB}=\frac{CG}{GD}=2$，得 $FG \parallel \frac{2}{3}BD$。

所以 $EH \parallel FG$，但 $EH\neq FG$。

故四边形 $EFGH$ 是梯形。

【感悟】一般地，在空间四边形 $ABCD$ 中，E、F、G、H 分别是 AB、BC、CD、DA 上的点，若 $\frac{AE}{EB}=\frac{AH}{HD}=\frac{CF}{FB}=\frac{CG}{GD}=\lambda\ (\lambda>0)$，则四边形 $EFGH$ 是平行四边形。

一般地，在空间四边形 $ABCD$ 中，E、F、G、H 分别是 AB、BC、CD、DA 上的点，若 $\frac{AE}{EB}=\frac{AH}{HD}=\lambda$，$\frac{CF}{FB}=\frac{CG}{GD}=\mu$ ($\lambda>0$，$\mu>0$ 且 $\lambda\neq\mu$)，则四边形 $EFGH$ 是梯形。

【例 5】(2018 · 浙江卷）如下图所示，已知多面体 $ABCA_1B_1C_1$，A_1A，B_1B，C_1C 均垂直于平面 ABC，$\angle ABC=120°$，$A_1A=4$，$C_1C=1$，$AB=BC=B_1B=2$。

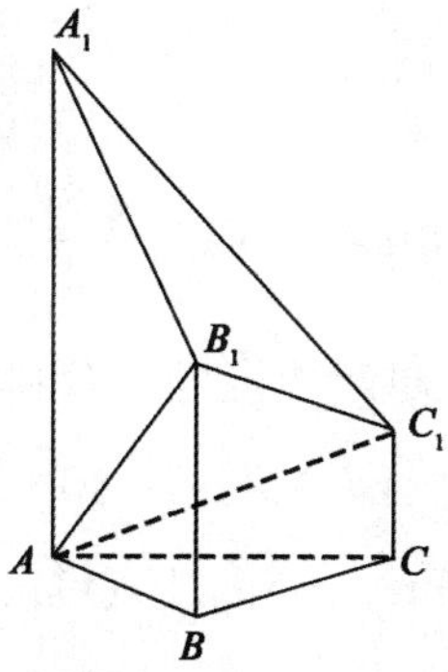

(1) 证明：$AB_1\perp$ 平面 $A_1B_1C_1$；

(2) 求直线 AC_1 与平面 ABB_1 所成的角的正弦值。

【解法 1】(几何法）(1) 由 $AB=2, AA_1=4, BB_1=2, AA_1\perp AB, BB_1\perp AB$ 得 $AB_1=A_1B_1=2\sqrt{2}$，所以 $A_1B_1^2+AB_1^2=AA_1^2$。

故 $AB_1\perp A_1B_1$。

由 $BC=2$，$BB_1=2, CC_1=1$，$BB_1\perp BC, CC_1\perp BC$，得 $B_1C_1=\sqrt{5}$。

由 $AB=BC=2$，$\angle ABC=120°$，得 $AC=2\sqrt{3}$。

由 $CC_1\perp AC$，得 $AC_1=\sqrt{13}$，所以 $AB_1^2+B_1C_1^2=AC_1^2$，故 $AB_1\perp B_1C_1$。

因此 $AB_1\perp$ 平面 $A_1B_1C_1$。

(2) 如下图所示，过点 C_1 作 $C_1D\perp A_1B_1$，交直线 A_1B_1 于点 D，连接 AD。

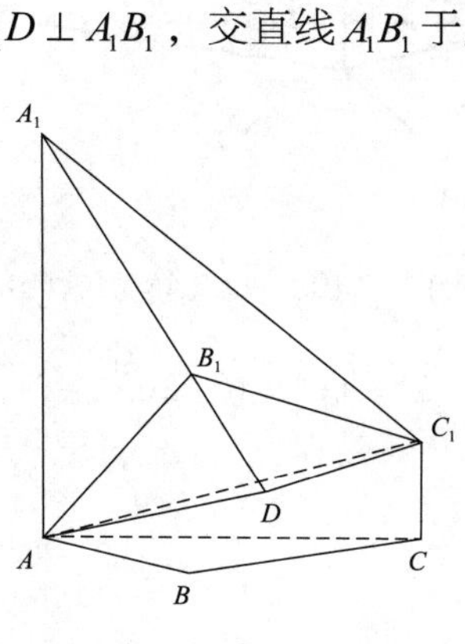

由 $AB_1\perp$ 平面 $A_1B_1C_1$ 得平面 $A_1B_1C_1\perp$ 平面 ABB_1，由 $C_1D\perp A_1B_1$ 得 $C_1D\perp$ 平面 ABB_1，所以 $\angle C_1AD$ 是 AC_1 与平面 ABB_1 所成的角。

由 $B_1C_1=\sqrt{5}$，$A_1B_1=2\sqrt{2}$，$A_1C_1=\sqrt{21}$，得 $\cos\angle C_1A_1B_1=\dfrac{\sqrt{6}}{\sqrt{7}}$，$\sin\angle C_1A_1B_1=\dfrac{1}{\sqrt{7}}$，

所以 $C_1D=\sqrt{3}$，故 $\sin\angle C_1AD=\dfrac{C_1D}{AC_1}=\dfrac{\sqrt{39}}{13}$。

因此，直线 AC_1 与平面 ABB_1 所成角的正弦值是 $\dfrac{\sqrt{39}}{13}$。

【点评】几何法以逻辑推理作为工具解决问题，有利于培养学生的逻辑推理能力，但其逻辑思维量大，常需要构建空间辅助线、面，经过严密的逻辑推理论证和准确计算，对于空间角、距离的计算一般也要转化到三角形中，有时让人难以驾驭。宜用几何法求解的问题有：①较为简单的线、面的平行、垂直关系的判定，尤其以选择、填空题的形式出现的这类问题；②易转化为三角形中的空间角、空间距离的计算问题；③较难用向量法和坐标法解答的问题。

【解法 2】（坐标法）（1）如下图所示，以 AC 的中点 O 为原点，分别以射线 OB，OC 为 x，y 轴的正半轴建立空间直角坐标系 $O-xyz$。

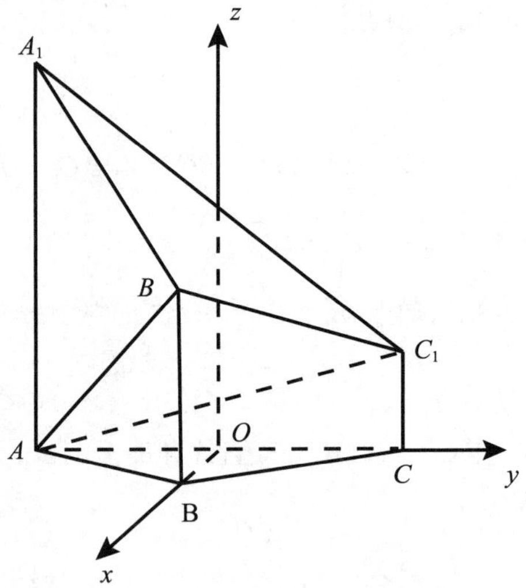

由题意知 $A(0,-\sqrt{3},0)$，$B(1,0,0)$，$A_1(0,-\sqrt{3},4)$，$B_1(1,0,2)$，$C_1(0,\sqrt{3},1)$，

因此 $\overrightarrow{AB_1}=(1,\sqrt{3},2)$，$\overrightarrow{A_1B_1}=(1,\sqrt{3},-2)$，$\overrightarrow{A_1C_1}=(0,2\sqrt{3},-3)$，

由 $\overrightarrow{AB_1}\cdot\overrightarrow{A_1B_1}=0$，得 $AB_1\perp A_1B_1$。

由 $\overrightarrow{AB_1}\cdot\overrightarrow{A_1C_1}=0$，得 $AB_1\perp A_1C_1$。

所以 $AB_1 \perp$ 平面 $A_1B_1C_1$ 。

（2）设直线 AC_1 与平面 ABB_1 所成的角为 θ。

由（1）可知 $\overrightarrow{AC_1}=(0,2\sqrt{3},1)$，$\overrightarrow{AB}=(1,\sqrt{3},0)$，$\overrightarrow{BB_1}=(0,0,2)$，设平面 ABB_1 的法向量 $\vec{n}=(x,y,z)$，

由 $\begin{cases}\vec{n}\cdot\overrightarrow{AB}=0\\ \vec{n}\cdot\overrightarrow{BB_1}=0\end{cases}$，得 $\begin{cases}x+\sqrt{3}y=0\\ 2z=0\end{cases}$，可取 $\vec{n}=(-\sqrt{3},\ 1,\ 0)$。

所以 $\sin\theta=|\cos<\overrightarrow{AC_1},\ \vec{n}>|=\dfrac{|\overrightarrow{AC_1}\cdot\vec{n}|}{|\overrightarrow{AC_1}||\vec{n}|}=\dfrac{\sqrt{39}}{13}$。

因此，直线 AC_1 与平面 ABB_1 所成的角的正弦值是 $\dfrac{\sqrt{39}}{13}$。

【点评】坐标法是通过构建空间直角坐标系，将几何问题代数化，利用数及其运算来解决问题的。在解决立体几何问题时，依据图形的特点，通过建立适当的空间直角坐标系，把“定性”问题转化为“定量”问题来研究，可以避开几何法中的一些纷繁复杂的几何性质的论证，也可以避开用向量法难寻向量之间的关系的弊端，其优势明显。通常情况下，对于出现垂直关系的特殊几何体，通过构建空间直角坐标系，利用坐标法解决比较方便 . 对于求解高考立体几何问题，坐标法是最主要的手段。

【解法 3】（法向量法）在平面 ABC 内，过 C 作 $CH \perp AB$ 。

由 A_1A 垂直于平面 ABC，得 $CH \perp A_1A$ 。

又 $AB \cap A_1A = A$ ，所以 $CH \perp$ 平面ABB_1 ，即 $\overrightarrow{CH}$ 是平面 ABB_1 的法向量。

由解法 1 知 $AC=2\sqrt{3}$ ，

所以在 Rt$\triangle AHC$ 中，$AH=AC\cos 30^\circ=2\sqrt{3}\times\dfrac{\sqrt{3}}{2}=3$ ，$CH=AC\sin 30^\circ=\sqrt{3}$ 。

$$
\begin{aligned}
\text{所以}\ \overrightarrow{AC_1}\cdot\overrightarrow{CH}&=(\overrightarrow{AC}+\overrightarrow{CC_1})\cdot(\overrightarrow{CA}+\overrightarrow{AH})=\overrightarrow{AC}\cdot\overrightarrow{CA}+\overrightarrow{CC_1}\cdot\overrightarrow{CA}+\overrightarrow{AC}\cdot\overrightarrow{AH}+\overrightarrow{CC_1}\cdot\overrightarrow{AH}\\
&=-(2\sqrt{3})^2+0+2\sqrt{3}\times 3\cos 30^\circ+0=-3\ 。
\end{aligned}
$$

又由解法 1 得 $AC_1=\sqrt{13}$ ，设直线 AC_1 与平面 ABB_1 所成的角为 θ。

所以 $\sin\theta=|\cos<\overrightarrow{AC_1},\overrightarrow{CH}>|=\dfrac{|\overrightarrow{AC_1}\cdot\overrightarrow{CH}|}{|\overrightarrow{AC_1}||\overrightarrow{CH}|}=\dfrac{3}{\sqrt{3}\times\sqrt{13}}=\dfrac{\sqrt{39}}{13}$ 。

因此，直线 AC_1 与平面 ABB_1 所成的角的正弦值是 $\dfrac{\sqrt{39}}{13}$。

【解法 4】（基底向量法）记 $\overrightarrow{AB}=\vec{a},\overrightarrow{AC}=\vec{b},\overrightarrow{AA_1}=\vec{c}$，设平面 ABB_1 的法向量 $\vec{n}=x\vec{a}+y\vec{b}+z\vec{c}$，则根据题意，可得 $\vec{c}\cdot\vec{a}=\vec{c}\cdot\vec{b}=0,\vec{a}\cdot\vec{b}=2\times2\sqrt{3}\cos30^\circ=6$。

由 $\begin{cases}\vec{n}\cdot\vec{a}=(x\vec{a}+y\vec{b}+z\vec{c})\cdot\vec{a}=0\\ \vec{n}\cdot\vec{c}=(x\vec{a}+y\vec{b}+z\vec{c})\cdot\vec{c}=0\end{cases}$，得 $\begin{cases}2x+3y=0\\ z=0\end{cases}$。

取 $\begin{cases}x=3\\ y=-2\\ z=0\end{cases}$，则 $\vec{n}=3\vec{a}-2\vec{b}$。

又 $\overrightarrow{AC_1}=\overrightarrow{AC}+\overrightarrow{CC_1}=\vec{b}+\frac{1}{4}\vec{c}$，设直线 AC_1 与平面 ABB_1 所成的角为 θ。

所以 $\sin\theta=|\cos<\overrightarrow{AC_1},\vec{n}>|=\dfrac{|\overrightarrow{AC_1}\cdot\vec{n}|}{|\overrightarrow{AC_1}||\vec{n}|}=\dfrac{|(\vec{b}+\frac{1}{4}\vec{c})\cdot(3\vec{a}-2\vec{b})|}{|\vec{b}+\frac{1}{4}\vec{c}||3\vec{a}-2\vec{b}|}=\dfrac{6}{\sqrt{13}\times2\sqrt{3}}=\dfrac{\sqrt{39}}{13}$。

因此，直线 AC_1 与平面 ABB_1 所成的角的正弦值是 $\dfrac{\sqrt{39}}{13}$。

【点评】向量法是通过构设基向量，利用向量的概念及其基本运算解决问题。利用向量法解决立体几何问题，可以避开纷繁复杂的逻辑推理，使解题过程变得明快。但用向量法解题一般运算量较大，且未知向量有时难以用基向量表示或向量与向量之间难以寻找关系。因此，向量法仅仅限于一些不便用坐标法求解的问题。比如，求简单的空间角或求空间两点之间的距离等。

【解法 5】（等积法）考虑三棱锥 $A-A_1B_1C_1$，根据 $V_{A-A_1B_1C_1}=V_{C_1-AA_1B_1}$ 求 C_1 到平面 ABB_1 的距离 h。

在 $\triangle A_1B_1C_1$ 中，由解法 1 知 $B_1C_1=\sqrt{5}$，$A_1B_1=2\sqrt{2}$，$A_1C_1=\sqrt{21}$，

$\sin\angle B_1A_1C_1=\dfrac{1}{\sqrt{7}}$，所以 $S_{\Delta A_1B_1C_1}=\dfrac{1}{2}A_1B_1\cdot A_1C_1\cdot\sin\angle B_1A_1C_1=\sqrt{6}$。

因为 $AB_1\perp$ 平面 $A_1B_1C_1$，所以 $V_{A-A_1B_1C_1}=\dfrac{1}{3}AB_1\cdot S_{\Delta A_1B_1C_1}=\dfrac{1}{3}\times2\sqrt{2}\times\sqrt{6}=\dfrac{4}{3}\sqrt{3}$。

又 $S_{\Delta AA_1B_1}=\dfrac{1}{2}AB_1\cdot A_1B_1=\dfrac{1}{2}\times2\sqrt{2}\times2\sqrt{2}=4$，所以由 $V_{A-A_1B_1C_1}=V_{C_1-AA_1B_1}$，得 $\dfrac{1}{3}\times4h=\dfrac{4}{3}\sqrt{3}$，解得 $h=\sqrt{3}$。

设直线 AC_1 与平面 ABB_1 所成的角为 θ，则 $\sin\theta=\dfrac{\sqrt{3}}{\sqrt{13}}=\dfrac{\sqrt{39}}{13}$。

因此，直线 AC_1 与平面 ABB_1 所成的角的正弦值是 $\frac{\sqrt{39}}{13}$。

【点评】等积法就是通过变换顶点和底面，利用体积相等来求距离，它属于几何法的范畴。其依据的规则：①完全相同的几何体，它们的体积相等；②一个几何体的体积等于它的各部分体积的和。

课本原型（人教版A版选修2–1第117页第3题）：如下图所示，在直三棱柱 $ABC-A_1B_1C_1$ 中，$\angle ABC=90°$，$CB=1$，$CA=2$，$AA_1=\sqrt{6}$，点 M 是 CC_1 的中点，求证：$AM\perp BA_1$。

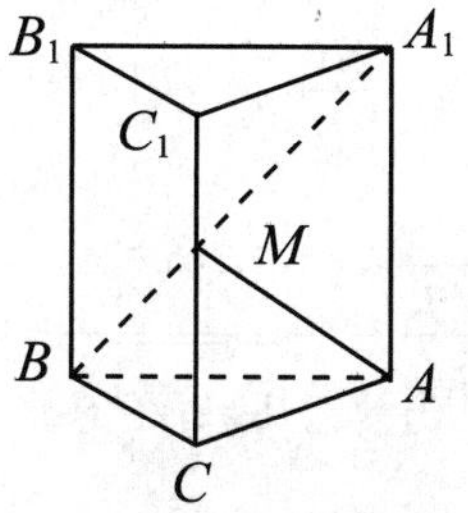

【证法1】由题意可得 $\overrightarrow{AM}=\overrightarrow{AB}+\overrightarrow{BC}+\overrightarrow{CM}$，$\overrightarrow{BA_1}=\overrightarrow{BA}+\overrightarrow{AA_1}$。

所以 $\overrightarrow{AM}\cdot\overrightarrow{BA_1}=(\overrightarrow{AB}+\overrightarrow{BC}+\overrightarrow{CM})\cdot(\overrightarrow{BA}+\overrightarrow{AA_1})=\overrightarrow{AB}\cdot\overrightarrow{BA}+\overrightarrow{CM}\cdot\overrightarrow{AA_1}=-3+\frac{6}{2}=0$，

所以 $AM\perp BA_1$。

【证法2】如下图所示，建立空间直角坐标系，则有 $B(0,0,0)$，$A(0,\sqrt{3},0)$，$M\left(1,0,\frac{\sqrt{6}}{2}\right)$，$A_1(0,\sqrt{3},\sqrt{6})$，所以 $\overrightarrow{AM}=\left(1,-\sqrt{3},\frac{\sqrt{6}}{2}\right)$，$\overrightarrow{BA_1}=(0,\sqrt{3},\sqrt{6})$，

所以 $\overrightarrow{AM}\cdot\overrightarrow{BA_1}=\left(1,-\sqrt{3},\frac{\sqrt{6}}{2}\right)\cdot(0,\sqrt{3},\sqrt{6})=-3+3=0$。

所以 $\overrightarrow{AM}\perp\overrightarrow{BA_1}$，即 $AM\perp BA_1$。

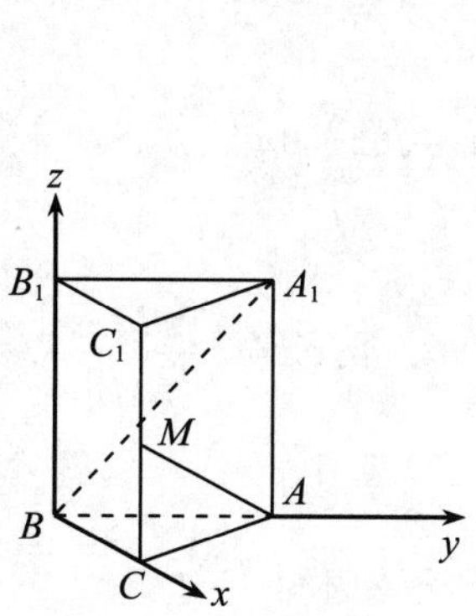

【变式1】在直角坐标系 $ABC-A_1B_1C_1$ 中，$\angle ABC=90°$，$CB=1$，$CA=2$，$AA_1=\sqrt{6}$，是否在

CC_1 上存在点 M，使得 $AM\perp BA_1$？若存在，确定点 M 的位置。

【解析】设$M(1,0,z)$，由证法2知$\overrightarrow{AM}=(1,-\sqrt{3},z)$，$\overrightarrow{BA_1}=(0,\sqrt{3},\sqrt{6})$，则由$\overrightarrow{AM}\cdot\overrightarrow{BA_1}=(1,-\sqrt{3},z)\cdot(0,\sqrt{3},\sqrt{6})=-3+\sqrt{6}z=0$，解得 $z=\dfrac{\sqrt{6}}{2}$，即 $|CM|=\dfrac{1}{2}|CC_1|$。

所以当 M 是 CC_1 的中点时，$AM\perp BA_1$。

【变式 2】在直三棱柱 $ABC-A_1B_1C_1$ 中，$\angle ABC=90°$，$CB=1$，$CA=2$，$AA_1=\sqrt{6}$，M 是 CC_1 上一点，且 $CM=\dfrac{1}{4}CC_1$，试求异面直线 AM 与 BA_1 所成角的余弦值。

【解析】由本题证法 2 知，$M(1,0,\dfrac{\sqrt{6}}{4})$，所以$\overrightarrow{AM}=(1,-\sqrt{3},\dfrac{\sqrt{6}}{4})$，$\overrightarrow{BA_1}=(0,\sqrt{3},\sqrt{6})$，则 $\cos<\overrightarrow{AM},\overrightarrow{BA_1}>=\dfrac{\overrightarrow{AM}\bullet\overrightarrow{BA_1}}{|\overrightarrow{AM}||\overrightarrow{BA_1}|}=\dfrac{-3+\dfrac{3}{2}}{\sqrt{1+3+\dfrac{3}{8}\times 3}}=\dfrac{-\dfrac{3}{2}}{\sqrt{\dfrac{35}{8}\times 3}}=\dfrac{2\sqrt{2}\times(-\dfrac{3}{2})}{3\sqrt{35}}=-\dfrac{\sqrt{70}}{35}$，所以异面直线 AM 与 BA_1 所成角的余弦值为$\dfrac{\sqrt{70}}{35}$。

【变式 3】如上页第一个图所示，在直三棱柱 $ABC-A_1B_1C_1$ 中，$\angle ABC=90°$，$CB=1$，$CA=2$，$AA_1=\sqrt{6}$，点 M 是 CC_1 的中点，求 BM 与平面 A_1BC 所成角的正弦值。

【解析】由课本题证法 2 知，$B(0,0,0)$，$C(1,0,0)$，$A(0,\sqrt{3},0)$，$M(1,0,\dfrac{\sqrt{6}}{2})$，$A_1(0,\sqrt{3},\sqrt{6})$，所以$\overrightarrow{BM}=(1,0,\dfrac{\sqrt{6}}{2})$，$\overrightarrow{BA_1}=(0,\sqrt{3},\sqrt{6})$，$\overrightarrow{BC}=(1,0,0)$。

设 $\vec{v}=(x,y,z)$ 为平面 A_1BC 的一个法向量，

则$\begin{cases}\vec{v}\cdot\overrightarrow{BC}=(x,y,z)\cdot(1,0,0)=x=0\\ \vec{v}\cdot\overrightarrow{BA_1}=(x,y,z)\cdot(0,\sqrt{3},\sqrt{6})=\sqrt{3}y+\sqrt{6}z=0\end{cases}$，令 $z=1$，则$y=-\sqrt{2}$，所以 $\vec{v}=(0,-\sqrt{2},1)$。

设 BM 与平面 A_1BC 所成的角为 θ，则 $\sin\theta=\dfrac{|\overrightarrow{BM}\bullet\vec{v}|}{|\overrightarrow{BM}||\vec{v}|}=\dfrac{(1,0,\dfrac{\sqrt{6}}{2})\bullet(0,-\sqrt{2},1)}{\sqrt{1+\dfrac{3}{2}}\times\sqrt{3}}=\dfrac{\sqrt{5}}{5}$。

所以 BM 与平面 A_1BC 所成角的正弦值为$\dfrac{\sqrt{5}}{5}$。

【变式 4】在直三棱柱 $ABC-A_1B_1C_1$ 中，$\angle ABC=90°$，$CB=1$，$CA=2$，$AA_1=\sqrt{6}$，求二面角 A_1-BC-A 的余弦值。

【解析】由变式 3 的解析知，平面 A_1BC 的一个法向量 $\vec{v}=(0,-\sqrt{2},1)$，又平面 ABC 的一个法向量 $\overrightarrow{BB_1}=(0,0,\sqrt{6})$，则 $\cos<\vec{v},\overrightarrow{BB_1}>=\dfrac{(0,-\sqrt{2},1)\cdot(0,0,\sqrt{6})}{|\vec{v}||\overrightarrow{BB_1}|}=\dfrac{\sqrt{6}}{\sqrt{3}\times\sqrt{6}}=\dfrac{\sqrt{3}}{3}$。

所以二面角 A_1-BC-A 的余弦值为 $\dfrac{\sqrt{3}}{3}$。

【感悟】空间向量是解答立体几何问题的有力工具，它具有快捷有效的特征，是高考中一直考查的重点内容，主要集中在利用空间向量来判断或证明空间线、面的平行和垂直关系以及利用空间向量解决空间角（尤其是线线角和二面角）、距离等问题。

综合法、向量法和坐标法是求解立体几何问题的三驾马车，在历年高考中，立体几何解答题多数呈现出“解法多轨”的格局，即既可以用综合法求解，又可以用向量法或坐标法求解。

【例 6】如下图所示，四棱锥 $P-ABCD$ 中，底面 $ABCD$ 为平行四边形，$\angle DAB=60°$，$AB=2AD$，$PD\perp$ 底面 $ABCD$。

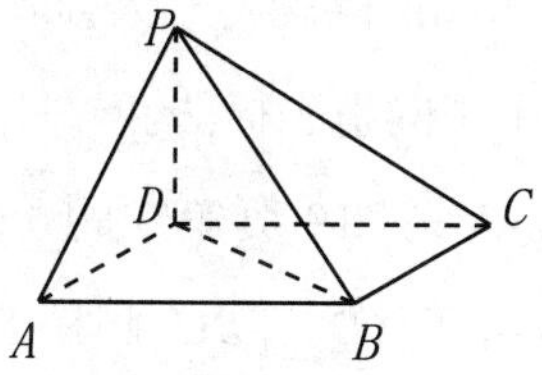

（1）证明：$PA\perp BD$；

（2）若 $PD=AD$，求二面角 $A-PB-C$ 的余弦值。

【解析】（1）证明：因为 $\angle DAB=60°$，$AB=2AD$，由余弦定理得 $BD=\sqrt{3}AD$。

从而 $BD^2+AD^2=AB^2$，故 $BD\perp AD$。

又 $PD\perp$ 底面 $ABCD$，可得 $BD\perp PD$。$AD\cap PD=D$，所以 $BD\perp$ 平面 PAD，故 $PA\perp BD$。

（2）解：如下图所示，以 D 为坐标原点，AD 的长为单位长，射线 DA 为 x 轴的非负半轴，建立空间直角坐标系 $D-xyz$，

则 $A(1,0,0)$，$B(0,\sqrt{3},0)$，$C(-1,\sqrt{3},0)$，$P(0,0,1)$。

所以 $\overrightarrow{AB}=(-1,\sqrt{3},0)$，$\overrightarrow{PB}=(0,\sqrt{3},-1)$，$\overrightarrow{BC}=(-1,0,0)$。

设平面 PAB 的法向量为 $\vec{n}=(x_1,y_1,z_1)$，则 $\begin{cases}\vec{n}\cdot\overrightarrow{AB}=0\\ \vec{n}\cdot\overrightarrow{PB}=0\end{cases}$，即 $\begin{cases}-x_1+\sqrt{3}y_1=0\\ \sqrt{3}y_1-z_1=0\end{cases}$。

因此可取 $\vec{n}=(\sqrt{3},1,\sqrt{3})$。

设平面 PBC 的法向量为 $\vec{m}=(x_1,y_1,z_1)$，则 $\begin{cases}\vec{m}\cdot\overrightarrow{PB}=\sqrt{3}y_2-z_2=0\\ \vec{m}\cdot\overrightarrow{BC}=-x_2=0\end{cases}$。

可取 $\vec{m}=(0,-1,-\sqrt{3})$，$\cos<\vec{m},\vec{n}>=\dfrac{-4}{2\sqrt{7}}=-\dfrac{2\sqrt{7}}{7}$。

故二面角 $A-PB-C$ 的余弦值为 $-\dfrac{2\sqrt{7}}{7}$。

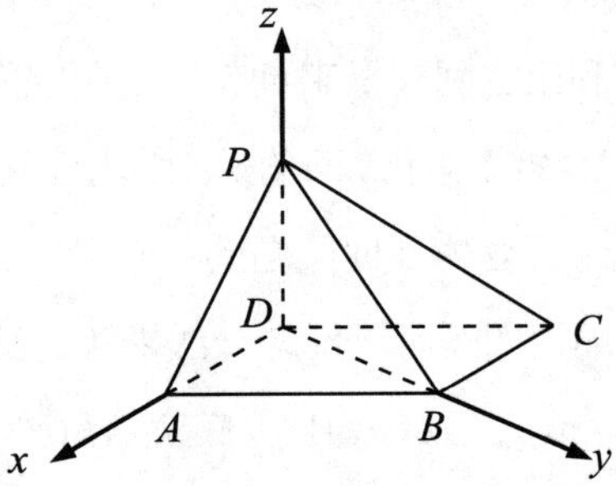

【点评】多法并用是解答高考立体几何问题的一大显著特点。本题中第（1）小题是运用综合法求解的，而第（2）小题则是运用了向量坐标法。

课本原型（人教版A版选修2-1第119页第3题）：如下图所示，在四棱锥 $S-ABCD$ 中，底面 $ABCD$ 是直角梯形，AB 垂直于 AD 和 BC，侧棱 $SA\perp$ 底面 $ABCD$，且 $SA=AB=BC=1$，$AD=0.5$。

（1）求四棱锥 $S-ABCD$ 的体积；

（2）求面 SCD 与面 SAB 所成二面角的大小。

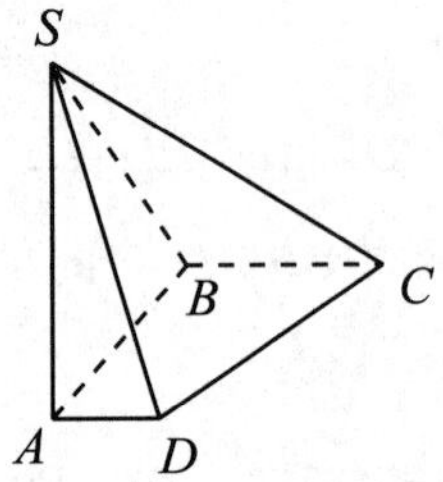

【变式1】如下图所示，已知四棱锥 $P-ABCD$ 的底面 $ABCD$ 为等腰梯形，$AB\,/\!/\,DC$，$AC\perp BD$，AC 与 BD 相交于点 O，且顶点 P 在底面上的射影恰为 O 点，$BO=2$，$PO=\sqrt{2}$，$PB\perp PD$。若平面 PAB 的一个法向量为 $\vec{v}=(x,y,z)$，求 $x:y:z$ 的值。

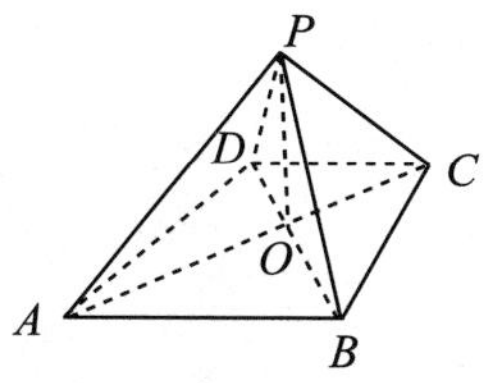

【解析】由 $PO\perp$ 平面 $ABCD$，得 $PO\perp BD$。

又 $PB\perp PD$，$BO=2$，$PO=\sqrt{2}$，由平面几何知识得 $OD=OC=1$，$BO=AO=2$。

以 O 为原点，OA、OB、OP 分别为 x 轴、y 轴、z 轴建立如下图所示的空间直角坐标系，则 $A(2，0，0)$，$B(0，2，0)$，$P(0，0，\sqrt{2})$。

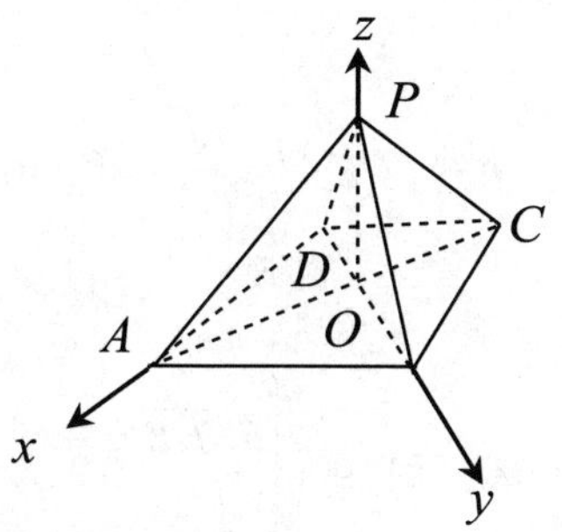

设平面 PAB 的一个法向量为 $\vec{v}=(x，y，z)$，

则 $\overrightarrow{AB}=(-2，2，0)$，$\overrightarrow{AP}=\left(-2,0,\sqrt{2}\right)$，又 $\vec{v}=(x，y，z)$，

所以由 $\begin{cases}\vec{v}\cdot\overrightarrow{AB}=-2x+2y=0\\ \vec{v}\cdot\overrightarrow{AP}=-2x+\sqrt{2}z=0\end{cases}$ 得 $\begin{cases}x=y\\ z=\sqrt{2}x\end{cases}$。

所以 $x∶y∶z=x∶x∶\sqrt{2}x=1∶1∶\sqrt{2}$。

【变式2】已知四棱锥 $P-ABCD$ 的底面为等腰梯形，$AB\parallel CD$，$AC\perp BD$，垂足为 H，PH 是四棱锥的高，E 为 AD 中点。

（1）证明: $PE\perp BC$；

（2）若 $\angle APB=\angle ADB=60°$，求直线 PA 与平面 PEH 所成角的正弦值。

【解析】以 H 为原点，HA、HB、HP 分别为 x，y，z 轴，线段 HA 的长为单位长，建立空间直角坐标系如下图所示，则 $A(1，0，0)$，$B(0，1，0)$。

（1）设 $C(m，0，0)$，$P(0，0，n)$ $(m<0，n>0)$，则 $D(0，m，0)$，$E(\frac{1}{2}，\frac{m}{2}，0)$. 可得 $\overrightarrow{PE}=(\frac{1}{2}，\frac{m}{2}，-n)$，$\overrightarrow{BC}=(m，-1，0)$。

因为 $\overrightarrow{PE}\cdot\overrightarrow{BC}=\frac{m}{2}-\frac{m}{2}+0=0$。所以 $PE\perp BC$。

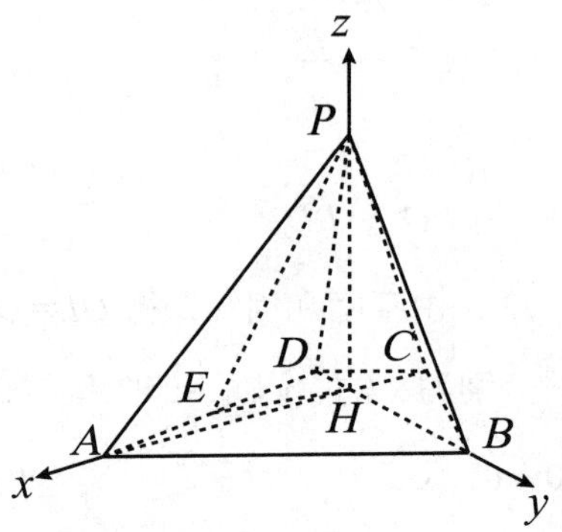

（2）由已知条件可得 $m=-\frac{\sqrt{3}}{3}$，$n=1$，故 $C(-\frac{\sqrt{3}}{3}，0，0)$，$D(0，-\frac{\sqrt{3}}{3}，0)$，$E(\frac{1}{2}，-\frac{\sqrt{3}}{6}，0)$，$P(0，0，1)$。

设 $\vec{n}=(x，y，z)$ 为平面 PEH 的法向量，则 $\begin{cases}\vec{n}\cdot\overrightarrow{HE}=\frac{1}{2}x-\frac{\sqrt{3}}{6}y=0\\ \vec{n}\cdot\overrightarrow{HP}=z=0\end{cases}$。

因此可以取 $\vec{n}=(1，\sqrt{3}，0)$，因为 $\overrightarrow{PA}=(1，0，-1)$，所以 $\cos\theta=\frac{|\vec{n}\cdot\overrightarrow{PA}|}{|\vec{n}||\overrightarrow{PA}|}=\frac{|(1,\sqrt{3},0)\cdot(1,0,-1)|}{2\times\sqrt{2}}$

$=\frac{\sqrt{2}}{4}$。

所以直线 PA 与平面 PEH 所成角的正弦值为 $\frac{\sqrt{2}}{4}$。

【感悟】综合法以逻辑推理作为工具解决问题，有利于培养学生的逻辑推理能力，且适用于每个立体几何问题，但其逻辑思维量大；向量、坐标法是通过构建基向量或通过构建空间直角坐标系，将几何问题代数化，利用向量的概念及其运算来解决问题，可以避开纷繁复杂的逻辑推理，使解题过程变得明快。因此，解决立体几何问题一般遵循的原则：以综合法为基础，以向量法为主导，以坐标法为中心。

【例 7】（人教版 A 版选修 2-1 第 118 页第 12 题）如下图所示，把正方形纸片 $ABCD$ 沿对角线 AC 折成直二面角，点 E，F 分别为 AD，BC 的中点，点 O 是原正方形 $ABCD$ 的中心，求折纸后的∠ EOF 的大小。

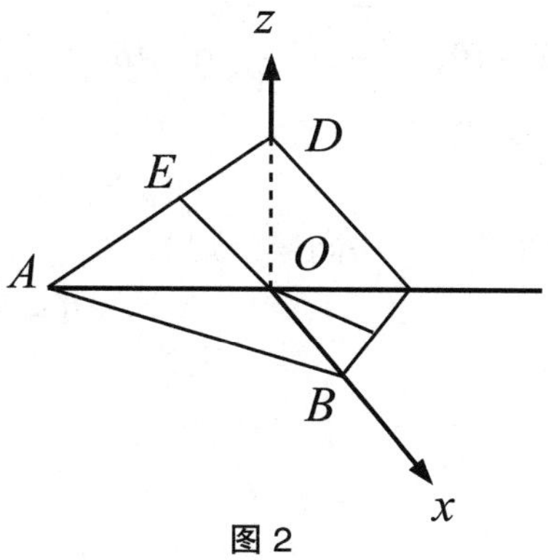

图 2

【解析】以点 O 为原点，分别以 OB、OC、OD 所在的直线为 x、y、z 轴，建立如上图所示的空间直角坐标系。设原正方形的边长为 1，则 $O(0,0,0)$、$A(0,-\frac{\sqrt{2}}{2},0)$、$B(\frac{\sqrt{2}}{2},0,0)$、$C(0,\frac{\sqrt{2}}{2},0)$、$D(0,0,\frac{\sqrt{2}}{2})$、$E(0,-\frac{\sqrt{2}}{4},\frac{\sqrt{2}}{4})$、$F(\frac{\sqrt{2}}{4},\frac{\sqrt{2}}{4},0)$。

所以 $\overrightarrow{OE}=(0,-\frac{\sqrt{2}}{4},\frac{\sqrt{2}}{4})$, $\overrightarrow{OF}=(\frac{\sqrt{2}}{4},\frac{\sqrt{2}}{4},0)$,

则 $\cos\angle EOF=\dfrac{\overrightarrow{OE}\cdot\overrightarrow{OF}}{|\overrightarrow{OE}||\overrightarrow{OF}|}=\dfrac{-\frac{1}{8}}{\frac{1}{2}\times\frac{1}{2}}=-\dfrac{1}{2}$,

所以 $\angle EOF=120°$。

【变式 1】把正方形纸片 $ABCD$ 沿对角线 AC 折成直二面角，点 E，F 分别为 AD，BC 的中点，点 O 是原正方形 $ABCD$ 的中心，求直线 BE 与平面 ACD 所成角 θ 的正弦值。

【解析】由例 7 解析知，$\overrightarrow{BE}=(-\frac{\sqrt{2}}{2},-\frac{\sqrt{2}}{4},\frac{\sqrt{2}}{4})$，又 $\overrightarrow{OB}=(\frac{\sqrt{2}}{2},0,0)$ 是平面 ACD 的一个法向量，所以 $\sin\theta=\dfrac{|\overrightarrow{BE}\cdot\overrightarrow{OB}|}{|\overrightarrow{BE}||\overrightarrow{OB}|}=\dfrac{\frac{\sqrt{2}}{2}\times\frac{\sqrt{2}}{2}}{\frac{\sqrt{3}}{2}\times\frac{\sqrt{2}}{2}}=\dfrac{\sqrt{6}}{3}$。

故直线 BE 与平面 ACD 所成角 θ 的正弦值为 $\dfrac{\sqrt{6}}{3}$。

【变式 2】把正方形纸片 $ABCD$ 沿对角线 AC 折成直二面角，点 E，F 分别为 AD，BC 的中点，点 O 是原正方形 $ABCD$ 的中心，求二面角 $E-AB-C$ 的余弦值。

【解析】由例 7 解析知，$\overrightarrow{AE}=(0,\ \frac{\sqrt{2}}{4},\ \frac{\sqrt{2}}{4})$，$\overrightarrow{AB}=(\frac{\sqrt{2}}{2},\ \frac{\sqrt{2}}{2},\ 0)$。

设 $\vec{v}=(x,\ y,\ z)$ 是平面 EAB 的一个法向量，则 $\begin{cases}\vec{v}\cdot\overrightarrow{AE}=\frac{\sqrt{2}}{4}y+\frac{\sqrt{2}}{4}z=0\\ \vec{v}\cdot\overrightarrow{AB}=\frac{\sqrt{2}}{2}x+\frac{\sqrt{2}}{2}y=0\end{cases}$，

所以 $\begin{cases}y+z=0\\ x+y=0\end{cases}$。

令 $y=-1$，则 $x=1$，$z=1$，所以 $\vec{v}=(1,\ -1,\ 1)$。

又平面 ABC 的一个法向量为 $\overrightarrow{OD}=(0,\ 0,\ \frac{\sqrt{2}}{2})$，设二面角 $E-AB-C$ 的平面角为 θ，则

$\cos\theta=\frac{\vec{v}\bullet\overrightarrow{OD}}{|\vec{v}||\overrightarrow{OD}|}=\frac{\frac{\sqrt{2}}{2}}{\sqrt{3}\times\frac{\sqrt{2}}{2}}=\frac{\sqrt{3}}{3}$，所以二面角 $E-AB-C$ 的余弦值为 $\frac{\sqrt{3}}{3}$。

【变式3】如下图所示，在矩形纸片 $ABCD$ 中，$AB=2$，$AD=1$，E 为 CD 的中点。将 $\triangle ADE$ 沿 AE 折起，使平面 $ADE\perp$ 平面 $ABCE$，得到几何体 $D-ABCE$。

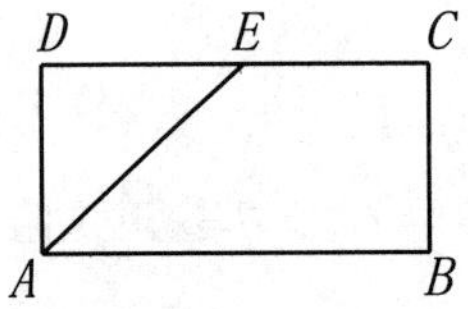

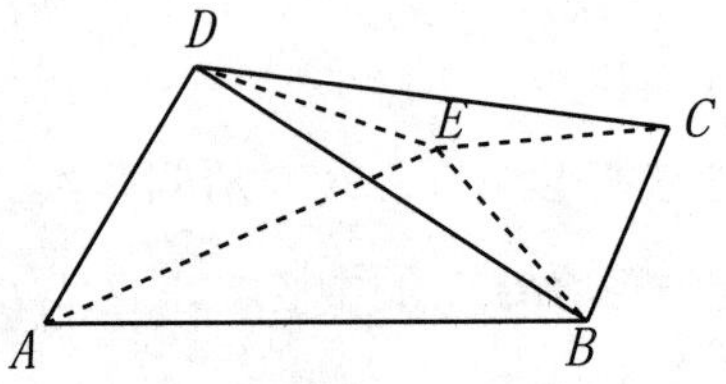

（1）求证: $BE\perp$ 平面 ADE；

（2）求 BD 与平面 CDE 所成角的正弦值；

（3）求二面角 $D-EC-B$ 的余弦值。

【解析】如下图所示，以点 B 为坐标原点，以 BC，BA 分别为 x 轴和 y 轴，以过点 B 与平面 $ABCE$ 垂直的直线为 z 轴，建立空间直角坐标系。

则 $B(0,\ 0,\ 0)$、$C(1,\ 0,\ 0)$、$A(0,\ 2,\ 0)$、$E(1,\ 1,\ 0)$、$D(\frac{1}{2},\ \frac{3}{2},\ \frac{\sqrt{2}}{2})$。

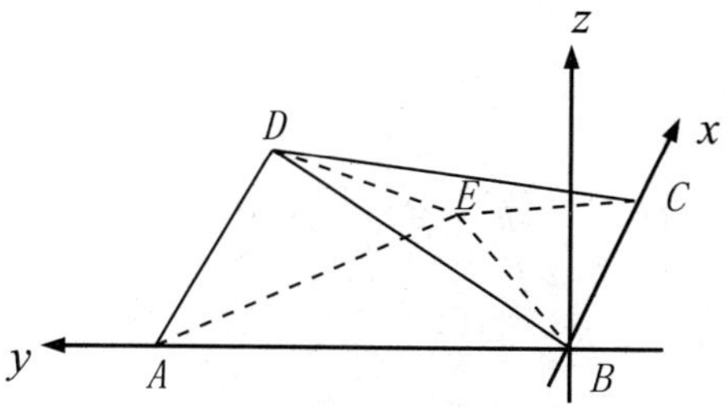

（1）$\overrightarrow{BE}=(1,1,0)$，$\overrightarrow{AE}=(1,-1,0)$，$\overrightarrow{AD}=(\frac{1}{2},-\frac{1}{2},\frac{\sqrt{2}}{2})$，

因为 $\overrightarrow{BE}\cdot\overrightarrow{AE}=0$，$\overrightarrow{BE}\cdot\overrightarrow{AD}=0$，

所以 $BE\perp AE$，$BE\perp AD$。

又 $AE\cap AD=A$，所以 $BE\perp$ 平面 ADE。

（2）设向量 $\vec{n}=(x,y,1)$ 为平面 CDE 的一个法向量，

则 $\vec{n}\perp\overrightarrow{CE}$，$\vec{n}\perp\overrightarrow{DE}$，即 $\vec{n}\cdot\overrightarrow{CE}=0$，$\vec{n}\cdot\overrightarrow{DE}=0$。

因为 $\overrightarrow{CE}=(0,1,0)$，$\overrightarrow{DE}=(\frac{1}{2},-\frac{1}{2},-\frac{\sqrt{2}}{2})$，所以 $x=\sqrt{2}$，$y=0$，即 $\vec{n}=(\sqrt{2},0,1)$。

设直线 BD 和平面 CDE 所成的角为 θ，因为 $\overrightarrow{BD}=(\frac{1}{2},\frac{3}{2},\frac{\sqrt{2}}{2})$，

所以 $\sin\theta=\frac{|\overrightarrow{BD}\cdot\vec{n}|}{|\overrightarrow{BD}||\vec{n}|}=\frac{\sqrt{2}}{3}$。

所以 BD 和平面 CDE 所成角的正弦值为 $\frac{\sqrt{2}}{3}$。

（3）由（2）知平面 CDE 的一个法向量为 $\vec{n}=(\sqrt{2},0,1)$，又平面 CBE 的一个法向量为 $\overrightarrow{BZ}=(0,0,1)$，设二面角 $D-EC-B$ 的平面角为 δ，则 $\cos\delta=\frac{\vec{n}\cdot\overrightarrow{BZ}}{|\vec{n}||\overrightarrow{BZ}|}=\frac{1}{\sqrt{3}\times1}=\frac{\sqrt{3}}{3}$。

故二面角 $D-EC-B$ 的余弦值为 $\frac{\sqrt{3}}{3}$。

【感悟】在立体几何中，折叠问题是一类重要题型。求解这类问题的关键，一是要分析清楚折叠前后图形中元素的变与不变；二是要抓住折叠后的几何体中的垂直关系建立空间直角坐标系，利用空间向量求解。

【例 8】如下图所示，正方形 $ABCD$ 和四边 $ACEF$ 所在的平面互相垂直，$CE\perp AC$，$EF\parallel AC$，$AB=\sqrt{2}$，$CE=EF=1$。

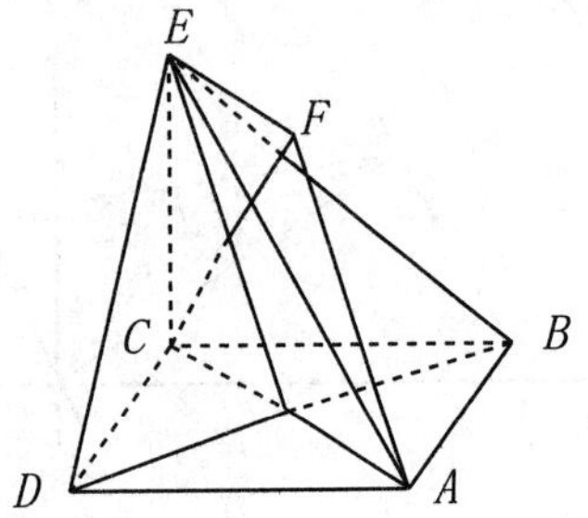

（1）求证：AF ∥平面 BDE；

（2）求证：$CF \perp$ 平面 BDE；

（3）求二面角 $A-BE-D$ 的大小。

【解析】（1）证明设 AC 与 BD 的交于点 G，

因为 $EF \parallel AG$，且 $EF=1$，$AG=\dfrac{1}{2}AC=1$，所以四边形 $AGEF$ 为平行四边形．所以 $AF \parallel EG$。

因为 $EG \subset$ 平面 BDE，$AF \not\subset$ 平面 BDE，所以 AF ∥平面 BDE。

（2）证明因为正方形 $ABCD$ 和四边 $ACEF$ 所在的平面互相垂直，且 $CE \perp AC$，

所以 $CE \perp$ 平面 $ABCD$。

如下图所示，以 C 为原点，建立空间直角坐标系 $C-xyz$。

则 $C(0, 0, 0)$，$A(\sqrt{2}, \sqrt{2}, 0)$，$B(0, \sqrt{2}, 0)$，$D(\sqrt{2}, 0, 0)$，$E(0, 0, 1)$，$F(\dfrac{\sqrt{2}}{2}, \dfrac{\sqrt{2}}{2}, 1)$。

所以 $\overrightarrow{CF}=(\dfrac{\sqrt{2}}{2}, \dfrac{\sqrt{2}}{2}, 1)$，$\overrightarrow{BE}=(0, -\sqrt{2}, 1)$，$\overrightarrow{DE}=(-\sqrt{2}, 0, 1)$。

所以 $\overrightarrow{CF}\cdot\overrightarrow{BE}=0-1+1=0$，$\overrightarrow{CF}\cdot\overrightarrow{DE}=-1+0+1=0$。

所以 $CF \perp BE$，$CF \perp DE$，又 $BE \cap DE=E$，所以 $CF \perp$ 平面 BDE。

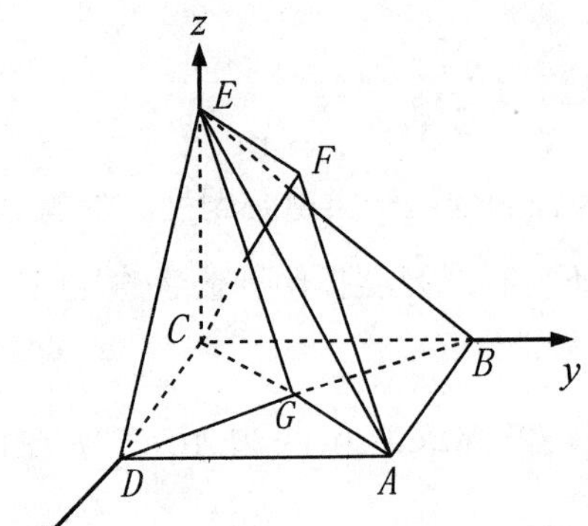

（3）由（2）知，$\overrightarrow{CF}=(\frac{\sqrt{2}}{2},\frac{\sqrt{2}}{2},1)$是平面 BDE 的一个法向量。

设平面 ABE 的法向量$\vec{n}=(x,y,z)$，则$\vec{n}\cdot\overrightarrow{BA}=0$，$\vec{n}\cdot\overrightarrow{BE}=0$，又$\overrightarrow{BA}=(\sqrt{2},0,0)$，$\overrightarrow{BE}=(0,-\sqrt{2},1)$，故$\begin{cases}(x,y,z)\cdot(\sqrt{2},0,0)=0\\(x,y,z)\cdot(0,-\sqrt{2},0)=0\end{cases}$。所以 $x=0$，且 $z=\sqrt{2}y$。

令 $y=1$，则 $z=\sqrt{2}$。所以$\vec{n}=(0,1,\sqrt{2})$，从而 $\cos<\vec{n},\overrightarrow{CF}>=\frac{\vec{n}\cdot\overrightarrow{CF}}{|\vec{n}||\overrightarrow{CF}|}=\frac{\sqrt{3}}{2}$，

因为二面角 $A-BE-D$ 为锐角，所以二面角 $A-BE-D$ 的大小为$\frac{\pi}{6}$。

【点评】空间向量是解答立体几何问题的有力工具，它具有快捷有效的特点，是高考中考查的重点内容。在解决立体几何问题时，依据图形的特点，通过建立适当的空间直角坐标系，把“定性”问题转化为“定量”问题来研究，可以避免综合法中一些纷繁复杂的几何性质的论证，其优势明显。通常情况下，对于出现垂直关系的特殊几何体，通过构建空间直角坐标系，利用坐标法解决比较方便。本题考查了运用向量的坐标运算证明空间线面平行、垂直的位置关系和求解二面角，体现了向量坐标运算解决立体几何问题的优越性。

课本原型（人教版 A 版选修 2-1 第 109 页例 4）：如下图所示，在四棱锥 $P-ABCD$ 中，底面 $ABCD$ 是正方形，侧棱 $PD\perp$底面 $ABCD$，$PD=DC$，点 E 是 PC 的中点，作 $EF\perp PB$ 交 PB 于点 F。

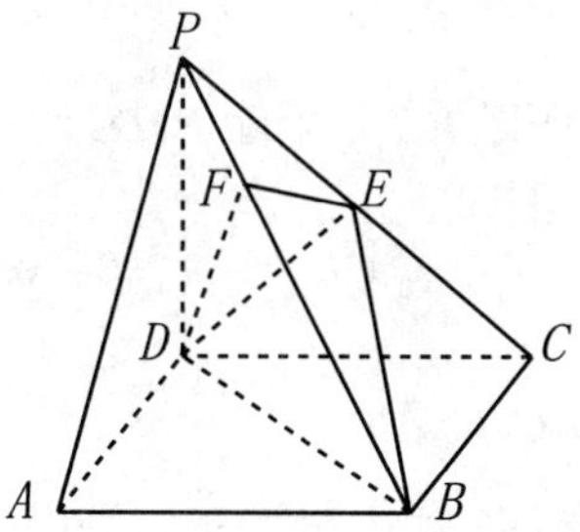

（1）求证：PA // 平面 EDB；

（2）求证：$PB\perp$平面 EFD；

（3）求二面角 $C-PB-D$ 的大小。

【变式 1】已知四棱锥 $P-ABCD$ 的底面 $ABCD$ 是边长为 1 的正方形，$PD\perp$底面 $ABCD$，且 $PD=AD$。

（1）求证：BC // 平面 PAD；

（2）若 E、F 分别为 PB、AD 的中点，求证：$EF \perp BC$；

（3）求二面角 $C-PA-D$ 的余弦值。

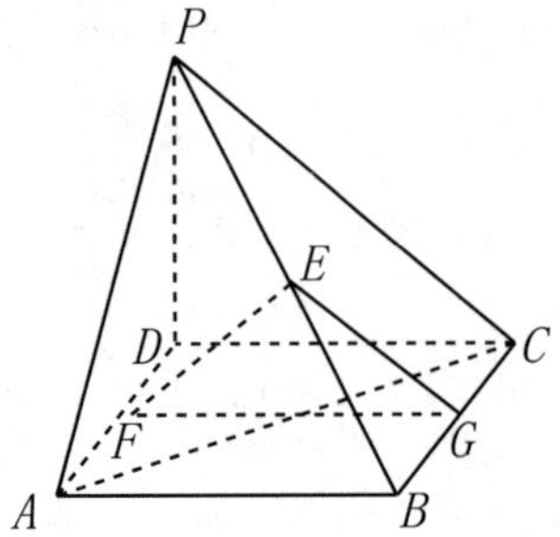

【解析】如下图所示，以点 D 为原点 O，有向直线 OA、OC、OP 分别为 x、y、z 轴建立空间直角坐标系，则 $D(0,0,0)$，$A(1,0,0)$，$B(0,1,0)$，$P(0,0,1)$，$F(\frac{1}{2},0,0)$，$E(\frac{1}{2},\frac{1}{2},\frac{1}{2})$，$G(\frac{1}{2},1,0)$。

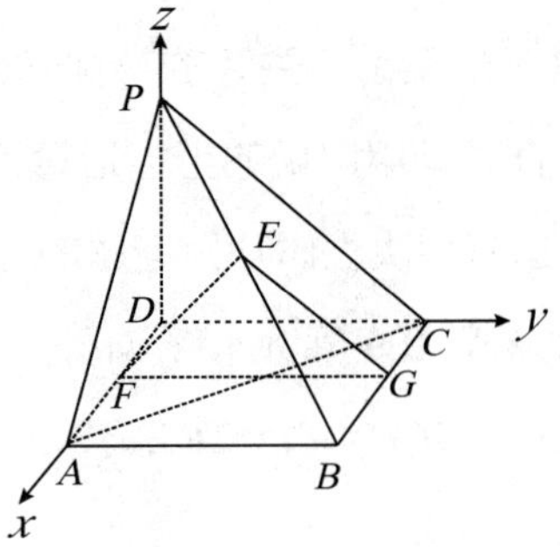

（1）证明：因为 $\overrightarrow{CB}=(1,0,0)$，平面 PAD 的一个法向量为 $\vec{n}=(0,1,0)$。

由 $\overrightarrow{CB}\perp\vec{n}=0$，可得 $\overrightarrow{CB}\perp\vec{n}$，所以 BC // 平面 PAD。

（2）证明：$\overrightarrow{EF}=(0,-\frac{1}{2},-\frac{1}{2})$，$\overrightarrow{CB}=(1,0,0)$，

因为 $\overrightarrow{EF}\cdot\overrightarrow{CB}=0$，所以 $EF\perp BC$。

（3）解：容易求出平面 PAD 的一个法向量为 $\vec{n}=(0,1,0)$，以及平面 PAC 的一个法向量 $\vec{m}=(1,1,1)$，因为 $\vec{n}\cdot\vec{m}=1$，$|\vec{n}|=1$，$|\vec{m}|=\sqrt{3}$，所以 $\cos<\vec{n},\vec{m}>=\frac{1}{1\times\sqrt{3}}=\frac{\sqrt{3}}{3}$，

即所求二面角的余弦值是 $\frac{\sqrt{3}}{3}$。

【点评】用坐标法解答立体几何问题的关键是合理建立坐标系和准确求解点的坐标及向量的坐标。

【变式 2】如下图所示，已知正方形 $ABCD$ 和矩形 $ACEF$ 所在的平面互相垂直，$AB=\sqrt{2}$，$AF=1$，M 是线段 EF 的中点，AM // 平面 BDE。

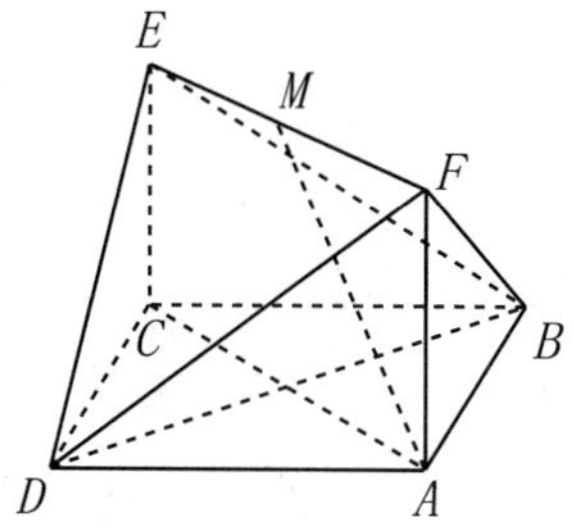

（1）求二面角 $A-DF-B$ 的大小；

（2）试在线段 AC 上确定一点 P，使得 PF 与 BC 所成角是 60°。

【解析】（1）建立如下图所示的空间直角坐标系，

由已知，得 A（$\sqrt{2}$，$\sqrt{2}$，0），B（0，$\sqrt{2}$，0），D（$\sqrt{2}$，0，0），F（$\sqrt{2}$，$\sqrt{2}$，1）。

所以 $\overrightarrow{BD}=(\sqrt{2},-\sqrt{2},0)$，$\overrightarrow{BF}=(\sqrt{2},0,1)$。

因为 $CD\perp$ 平面 ADF，$\overrightarrow{CD}=(\sqrt{2},0,0)$，所以平面 ADF 的法向量可取 $\vec{n}=(1,0,0)$。

设平面 BDF 的法向量为 $\vec{m}=(x,y,z)$，则 $\begin{cases}\vec{m}\cdot\overrightarrow{BD}=\sqrt{2}x-\sqrt{2}y=0\\ \vec{m}\cdot\overrightarrow{BF}=\sqrt{2}x+z=0\end{cases}$。

所以可取 $\vec{m}=(1,1,-\sqrt{2})$。

所以 $\cos<\vec{m},\vec{n}>=\dfrac{\vec{m}\cdot\vec{n}}{|\vec{m}||\vec{n}|}=\dfrac{1}{2}$. 所以 $<\vec{m},\vec{n}>=60°$，

所以二面角 $A-DF-B$ 的大小为 60°。

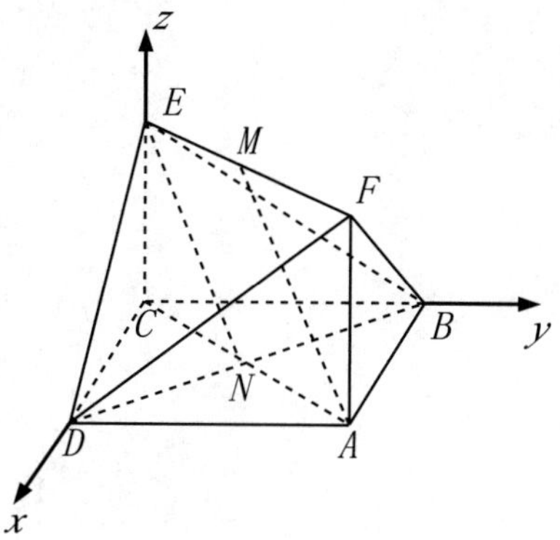

（2）设 P（t，t，0）（$0<t<\sqrt{2}$）。

因为$\overrightarrow{PF}=(\sqrt{2}-t,\ \sqrt{2}-t,\ 1)$，$\overrightarrow{BC}=(0,\ -\sqrt{2},\ 0)$，

所以$|\overrightarrow{PF}\cdot\overrightarrow{BC}|=|\overrightarrow{PF}||\overrightarrow{BC}|\cos 60°$，即$\sqrt{2}(\sqrt{2}-t)=\frac{1}{2}\cdot\sqrt{2}\cdot\sqrt{2(\sqrt{2}-t)^2+1}$，解得$t=\frac{\sqrt{2}}{2}$。

所以P是AC中点时，DF与BC所成角是60°。

【点评】（1）本题中易知平面ADF的法向量，关键是求出平面BDF的法向量；（2）逆向应用两直线的方向向量的夹角公式建立方程关系求得t的值后进而求角。

【感悟】空间向量是解答立体几何问题的有力工具，它具有快捷有效的特征，是高考中考查的重点内容。向量法解决立体几何问题的“三部曲”可以简记为“化归—运算—翻译”，它实质上是数形结合思想与等价转化思想的运用，按照“形—数—形”的转化链进行两次等价转化。

第八讲　概率与统计

【例 1】(人教 A 版必修 3 第 124 页第 5 题) 某人捡到不规则形状的五面体石块，他在每个面上做了记号，投掷了 100 次，并且记录了每个面落在桌面上的次数（见下表）。如果再投掷一次，请估计石块的第 4 面落在桌面上的概率是多少？

石块的面	1	2	3	4	5
频数	32	18	15	13	22

【解析】依据概率的统计定义，可以用事件发生的频率去“测量”概率。

由 $P=\dfrac{m}{n}$，可得出这 100 次试验中“石块的第 4 面落在桌面上”这一事件出现的频率为 $\dfrac{13}{100}=0.13$。由概率的统计定义可得，“石块的第 4 面落在桌面上”的概率为 0.13。

【点评】频率虽然随着试验次数变化，但具有一定的规律性，频率是概率的近似值，概率是频率的稳定值。概率实际上是频率的科学抽象，在实际问题中，当随机事件的概率未知时，常用频率作为它的估计值。概率体现了随机事件的可能性。

【变式 1】某人捡到不规则形状的五面体石块，他在每个面上做了记号，投掷了 100 次，并且记录了每个面落在桌面上的次数（见下表）。如果再投掷一次，石块的第 4 面落在桌面上的概率是 0.13，这是指（　　）。

石块的面	1	2	3	4	5
频数	32	18	15	13	22

A. 这个人投 100 次，必有 13 次石块的第 4 面落在桌面上

B. 这个人投 100 次，必有 13 次石块的第 4 面不落在桌面上

C. 这个人投 1 次，石块的第 4 面落在桌面上的可能性是 0.13

D. 以上说法都不正确

【解析】这个人每投 1 次，相当于做一次试验。石块的第 4 面落在桌面上的概率是 0.13，只能说明这个人投一次，石块的第 4 面落在桌面上的可能性是 0.13，而不是有 13 次石块的第 4 面落在桌面上或不落在桌面上，故选 C。

【点评】本题是根据概率的意义进行判断选择的。概率是从统计的角度通过大量的重复试验得到的关于某个事件发生的频率的稳定性的一个描述，反映了某个事件发生的可能性的大小。

【变式 2】某人捡到不规则形状的五面体石块，他在每个面上做了记号，投掷了 100 次，并且记录了每个面落在桌面上的次数（见下表）。如果再投掷一次，请估计石块的第 2 面或第 4 面落在桌面上的概率是多少？

石块的面	1	2	3	4	5
频数	32	18	15	13	22

【解析】由 $P=\frac{m}{n}$，可得出这 100 次试验中“石块的第 2 面落在桌面上”这一事件出现的频率为 $\frac{18}{100}=0.18$，所以由概率的统计定义可得，“石块的第 2 面落在桌面上”的概率为 0.18；“石块的第 4 面落在桌面上”这一事件出现的频率为 $\frac{13}{100}=0.13$，由概率的统计定义可得，“石块的第 4 面落在桌面上”的概率为 0.13。

因为“石块的第 2 面落在桌面上”与“石块的第 4 面落在桌面上”是互斥事件，所以“石块的第 2 面或第 4 面落在桌面上”的概率是 0.18+0.13=0.31。

【点评】若一个较复杂事件可以分解成几个彼此互斥的基本事件，则这个事件的概率就是这些基本事件的概率的和，利用互斥事件的概率加法公式即可求得。解题的关键在于确定这些基本事件是否互斥。

【变式 3】某人捡到不规则形状的五面体石块，他在每个面上做了记号，投掷了 100 次，并且记录了每个面落在桌面上的次数（见下表）。如果再投掷一次，请估计不是石块的第 4 面落在桌面上的概率是多少？

石块的面	1	2	3	4	5
频数	32	18	15	13	22

【解析】由 $P=\frac{m}{n}$，可得出这 100 次试验中“石块的第 4 面落在桌面上”这一事件出现的频率为 $\frac{13}{100}=0.13$，由概率的统计定义可得，“石块的第 4 面落在桌面上”的概率为 0.13。

因为“不是石块的第 4 面落在桌面上”与“石块的第 4 面落在桌面上”是对立事件，所以“不是石块的第 4 面落在桌面上”的概率是 1−0.13=0.87。

【点评】对于用直接法难以解决的事件的概率问题，如“不是”“至少”“至多”等，可先求对立事件的概率，进而再求所求事件的概率。这样能够降低难度，迅速求解。

【感悟】“频率”与“概率”是两个基本的概念，概率是从统计的角度，通过大量的重复试验得到的关于某个事件发生的频率的稳定性的一个描述，反映了某个事件发生的可能性的大小。概率的基本性质是研究概率问题的基础。

要正确理解概率的意义和基本性质。概率是用来度量事件发生可能性大小的量，是客观存在的，与试验次数无关。任何事件的概率都是区间 [0，1] 内的一个确定的数。互斥事件和对立事件都是针对两个事件而言的，它们之间既有区别又有联系，即两个事件互斥，它们未必对立；反之，两个事件对立，它们一定互斥。

【例 2】某保险公司利用简单随机抽样方法，对投保车辆进行抽样，样本车辆中每辆车的赔付结果统计见下表。

赔付金额（元）	0	1 000	2 000	3 000	4 000
车辆数（辆）	500	130	100	150	120

（1）若每辆车的投保金额均为 2 800 元，估计赔付金额大于投保金额的概率；

（2）在样本车辆中，车主是新司机的占 10%，在赔付金额为 4 000 元的样本车辆中，车主是新司机的占 20%，估计在已投保车辆中，新司机获赔金额为 4 000 元的概率。

【解析】（1）设 A 表示事件“赔付金额为 3 000 元”，B 表示事件“赔付金额为 4 000 元”，以频率估计概率得

$P(A)=\dfrac{150}{1\,000}=0.15$，$P(B)=\dfrac{120}{1\,000}=0.12$。

因为投保金额为 2 800 元，所以赔付金额大于投保金额的概率为

$P(A)+P(B)=0.15+0.12=0.27$。

(2) 设 C 表示事件“投保车辆中新司机获赔 4 000 元”，由已知得样本车辆中车主为新司机的有 $10\%\times1\,000=100$（辆），而赔付金额为 4 000 元的车辆中，车主为新司机的有 $20\%\times120=24$（辆），所以样本车辆中新司机车主获赔金额为 4 000 元的频率为 $\dfrac{24}{100}=0.24$。由频率估计概率得 $P(C)=0.24$。

【点评】本题考查了随机事件的概率求法、互斥事件的概率加法公式的应用及用频率估计

概率。解答本题的关键在于根据实际问题建立互斥事件的概率模型等。

【变式 1】若某公司从五位大学毕业生甲、乙、丙、丁、戊中录用三人，这五人被录用的机会均等，则甲或乙被录用的概率为（　　）。

A. $\frac{2}{3}$　　B. $\frac{2}{5}$　　C. $\frac{3}{5}$　　D. $\frac{9}{10}$

【解析】总的可能性有 10 种，甲被录用乙没被录用的可能性 3 种，乙被录用甲没被录用的可能性 3 种，甲乙都被录用的可能性 3 种，故所求的概率为 $P=\frac{3}{10}+\frac{3}{10}+\frac{3}{10}=\frac{9}{10}$，故选 D。

【变式 2】假设向三个相邻的军火库投掷一个炸弹，炸中第一个军火库的概率为 0.025，其余两个各为 0.1，只要炸中一个，另两个也要发生爆炸，求投掷一个炸弹，军火库发生爆炸的概率。

【解析】军火库要发生爆炸，只要炸弹炸中一个军火库即可，因为只投掷了一个炸弹，故炸中第一、第二、第三个军火库的事件是彼此互斥的。

令 A、B、C 分别表示炸中第一、第二、第三个军火库，则 $P(A)=0.025$, $P(B)=P(C)=0.1$。

令 D 表示军火库爆炸这个事件，则有 $D=A\cup B\cup C$。

又因为 A、B、C 是两两互斥事件，故所求概率为 $P(D)=P(A)+P(B)+P(C)=0.025+0.1+0.1=0.225$。

【变式 3】袋中有 12 个小球，分别为红球、黑球、黄球、绿球. 从中任取一球，得到红球的概率是 $\frac{1}{3}$，得到黑球或黄球的概率为 $\frac{5}{12}$，得到黄球或绿球的概率也为 $\frac{5}{12}$。任取一球，得到黑球、得到黄球、得到绿球的概率分别是多少？

【解析】从袋中任取一球，记事件“取得红球”“取得黑球”“取得黄球”“取得绿球”分别为 A、B、C、D，因为任取一球，故 A、B、C、D 为互斥事件。

由概率的加法公式列出关系，得 $\begin{cases} P(A)=\frac{1}{3} \\ P(B\cup C)=P(B)+P(C)=\frac{5}{12} \\ P(C\cup D)=P(C)+P(D)=\frac{5}{12} \\ P(B\cup C\cup D)=P(B)+P(C)+P(D)=1-P(A)=\frac{2}{3} \end{cases}$，

可求得 $P(B)=\frac{1}{4},P(C)=\frac{1}{6},P(D)=\frac{1}{4}$。

【感悟】概率问题应用广泛，贴近生活，与统计内容密切联系，能很好地考查学生分析问

题和解决问题的能力，是近年高考命题的热点内容。对于互斥事件概率的计算问题，要熟练应用概率的加法公式：若事件 A 与事件 B 互斥，则 $P(A\cup B)=P(A)+P(B)$。利用这一公式解题体现了化整为零、化难为易的思想。

对于一个较复杂的事件，一般将其分解成几个简单的事件，当这些事件彼此互斥时，原事件的概率就是这些简单事件的概率和。解此类题的关键是首先要判断事件是否互斥，如果事件不互斥，就不能用此公式。对于用直接法难以解决的问题，如“至少”“至多”等事件的概率问题，常先求对立事件的概率，进而再求所求事件的概率，这样可以降低难度，迅速求解。本题考查了互斥事件的概率的性质及互斥事件的概率加法公式的应用，解题的关键在于根据实际问题建立互斥事件的概率模型。

【例 3】甲，乙两位同学现在做一个摸球游戏：现场有一个袋子，袋中共有 6 个除了颜色外完全相同的球，其中 1 个红球、2 个白球和 3 个黑球，要求甲，乙两人各摸两个球。游戏开始：甲先来，摸完后球放回，再由乙摸球。甲采用的是一次从袋中取两球，乙采用的是先取一个球，不放回，再取一个球。

（1）求甲摸球结果是两个黑球的概率；

（2）若甲，乙两位同学取得的都是一白一黑两球（说明：假设乙取得的是先白后黑），则他们的机会均等吗？若不等，则谁的机会更大？请说明理由。

【解析】若将 1 个红球，2 个白球和 3 个黑球分别记为 a_1,b_1,b_2,c_1,c_2,c_3，

（1）甲从袋中任取两球，共有 a_1，b_1；a_1，b_2；a_1，c_1；a_1，c_2；a_1，c_3；b_1，b_2；b_1，c_1；b_1，c_2；b_1，c_3；b_2，c_1；b_2，c_2；b_2，c_3；c_1，c_2；c_1，c_3；c_2，$c_3$15 种结果，满足两球颜色都为黑的有 3 种，则所求概率 $P=\dfrac{3}{15}=\dfrac{1}{5}$。

（2）甲从袋中任取两球，共有 a_1，b_1；a_1，b_2；a_1，c_1；a_1，c_2；a_1，c_3；b_1，b_2；b_1，c_1；b_1，c_2；b_1，c_3；b_2，c_1；b_2，c_2；b_2，c_3；c_1,c_2；c_1，c_3；c_2，c_3 共 15 种结果，满足两球颜色为一白一黑的有 6 种，则概率 $P_{甲}=\dfrac{6}{15}=\dfrac{2}{5}$。

对乙：先从袋中取出一个白球，不放回，再取一个球共有 b_1，b_2；b_1，c_1；b_1，c_2），（b_1，c_3；b_1，a_1；b_2，b_1；b_2，c_1；b_2，c_2；b_2，c_3；b_2，a_1 共 10 种，满足两球颜色为一白一黑的共有 6 种，则概率 $P_{乙}=\dfrac{6}{10}=\dfrac{3}{5}$，故乙的机会更大。

【点评】求古典概型概率的基本方法是枚举法，即由题意把试验所包含的所有基本事件

一一列举出来，从中找出事件 A 包含的基本事件，数清个数后用古典概型的概率计算公式进行计算。运用枚举法列举基本事件时，要做到既不重复又不遗漏。

【变式 1】袋中共有 6 个除了颜色外完全相同的球，其中有 1 个红球，2 个白球和 3 个黑球，从袋中任取两球，两球颜色为一白一黑的概率等于（　　）。

A. $\frac{1}{5}$　　B. $\frac{2}{5}$　　C. $\frac{3}{5}$　　D. $\frac{4}{5}$

【解析】1 个红球，2 个白球和 3 个黑球分别记为 a_1，b_1，b_2，c_1，c_2，c_3，从袋中任取两球共有 a_1，b_1；a_1，b_2；a_1，c_1；a_1，c_2；a_1，c_3；b_1，b_2；b_1，c_1；b_1，c_2；b_1，c_3；b_2，c_1；b_2，c_2；b_2，c_3；c_1，c_2；c_1，c_3；c_2，$c_3$15 种结果。

满足两球颜色为一白一黑有 6 种，概率等于 $\frac{6}{15}=\frac{2}{5}$，故选 B。

【变式 2】袋中有红、黄、白球各 2 只，且各有不同编号，从袋中有放回地摸出一球，共摸 3 次，求：

（1）三次颜色各不相同的概率；

（2）三次颜色不全相同的概率。

【解析】注意是有放回：基本事件总数有 6^3 种.

（1）设“三次颜色各不相同”的事件为 A，则 A 包含 6×4×2 个基本事件，

$P(A)=\frac{6\times4\times2}{6^3}=\frac{2}{9}$；

（2）设“三次颜色不全相同”的事件为 B，全相同的基本事件数有 6×2×2 种，则 B 包含 $6^3-6\times2\times2=192$ 个基本事件，$P(B)=\frac{192}{6^3}=\frac{8}{9}$。

【变式 3】甲、乙两人玩一种游戏，每人有 5 个分别写有数字 1,2,3,4,5 的小球，每次甲、乙各摸出一个小球，若小球上数字的和为偶数算甲赢，否则算乙赢。

（1）若以 A 表示和为 6 的事件，求 $P(A)$；

（2）现连玩三次，若以 B 表示甲至少赢一次的事件，C 表示乙至少赢两次的事件，试问 B 与 C 是否为互斥事件？为什么？

【解析】（1）甲、乙各摸出一个小球，共有 25 种可能结果，分别是 1，1；1，2；1，3；1，4；1，5；2，1；2，2；2，3；2，4；2，5；3，1；3，2；3，3；3，4；3，5；4，1；4，2；4，3；4，4；4，5；5，1；5，2；5，3；5，4；5，5 和为 6 结果有 5 种，所以 $P(A)=\frac{5}{25}=\frac{1}{5}$。

（2）B 与 C 不是互斥事件。因为 B 与 C 都包含“甲赢一次，乙赢两次”，事件 B 与事件 C 可能同时发生，所以不是互斥事件。

【感悟】古典概型作为一种重要的概率模型，具有等可能性和有限性的特点。古典概型的概率计算公式只适用古典概型问题，在应用前必须判断问题是否为古典概型问题。在解决古典概型问题时，怎样把一个事件划分为基本事件的和的形式是解决相关问题的关键。其中枚举法是求解古典概型问题的基本方法。在分析计算某些古典概型问题的基本事件时，要注意区分：（1）有序还是无序。有的问题其基本事件“有序”，有的“无序”，有的兼可，解题中要认真区分。而对于可有可无的“序”，计算时要注意前后标准一致。（2）有放回还是无放回。“有放回”相当于做两次重复的试验，其条件完全相同；而“不放回”则是做了两个不同的试验，即后次试验与前次试验的条件不同，是在新的条件下进行的。

【例 4】（人教版 A 版选修 2-3 第 10 页第 2 题）某电话局管辖范围内的电话号码由 8 位数字组成，其中前四位的数字是不变的，后四位数字都是 0 ～ 9 中的一个数字，那么这个电话局不同的电话号码最多有多少个？

【解析】要完成的“一件事情”是“确定一个电话号码的后四位”。分四步完成，每一步都是从 0 ～ 9 这 10 个数字中取一个，根据分步乘法计数原理得，共有 $10\times10\times10\times10=10\,000$（个）。

【点评】本题是一类典型的计数问题，正确运用分步乘法计数原理是解题的关键。运用分步计数原理时，要确定好次序，并且每一步都是独立、互不干扰的，还要注意元素是否可以重复选取。对于像本题这样元素重复的计数问题，往往运用分步乘法计数原理来求解，但要做到“不重、不漏”。

【变式 1】某电话局管辖范围内的电话号码由 8 位数字组成，那么这个电话局不同的电话号码（0 不能打头）最多有（　　）。

A.9^8 个　　B.8^9 个　　C.10^7 个　　D.9×10^7 个

【解析】要完成的“一件事情”是“确定由 8 位数字组成的电话号码（0 不能打头）”，分 8 步完成。由于 0 不能打头，所以第 1 步是从 1 ～ 9 这 9 个数字中取一个放在打头的位置，其他 7 步都是从 0 ～ 9 这 10 个数字中取一个，根据分步乘法计数原理得，共有 $9\times10\times10\times10\times10\times10\times10\times10=9\times10^7$（个），故选 D。

【点评】本题提出了“0 不能打头”的要求，所以打头位置的数字是优先安排的，这样就保证了“不重、不漏”。在以后涉及有数位要求的数字问题时，一定要注意“0”的位置。

【变式 2】某通信公司推出一款 4G 手机，其卡号的前 7 位数字固定，从“×××××××0000”到“×××××××9999”共 10 000 个号码。公司规定：凡卡号的后四位带有数字“4”或“7”的一律作为“优惠卡”，则这组号码中“优惠卡”的个数为（　　）。

A.8 320　　B.5 904　　C.4 096　　D.2 000

【解析】卡号的后 4 位中每一位数字都是 0，1，…，9 这 10 个数字中的任意一个，后 4 位不带有数字“4”或“7”的卡号共有 $8\times8\times8\times8=4\ 096$ 个，则这组号码中“优惠卡”的个数为 $100\ 00-4\ 096=5\ 904$，故选 B。

【点评】本题先求出了后 4 位不带有数字“4”或“7”的卡的个数，再由间接法得出结论. 在直接分类解决很可能较为麻烦的时候，要有“正难则反”的思想意识。

【变式 3】某城市的电话号码由 7 位升为 8 位（首位数字不为 0），则该城市可增加的电话部数是（　　）。

A. $9\times8\times7\times6\times5\times4\times3\times2$　　B. 9×9^7　　C. 9×10^7　　D. 81×10^6

【解析】升位前由 7 位数字组成的电话号码（0 不能打头）的电话部数是 9×10^6，升位后由 8 位数字组成的电话号码（0 不能打头）的电话部数是 9×10^7。由七位升为八位（首位数字不为 0），则该城市可增加的电话部数是 $9\times10^7-9\times10^6=81\times10^6$，故选 D。

【点评】本题是运用“间接排除法”求解的。

【变式 4】甲、乙、丙 3 人站到共有 7 级的台阶上，若每级台阶最多站 2 人，同一级台阶上的人不区分站的位置，则不同的站法种数是______（用数字作答）。

【解析】甲有 7 种站法，乙也有 7 种站法，丙也有 7 种站法，故不考虑限制的不同的站法共有 $7\times7\times7=343$ 种，其中三个人站在同一级台阶上有 7 种站法，故符合本题要求的不同站法有 $343-7=336$ 种。

【点评】分步乘法计数原理和分类加法计数原理多与实际生活相联系，是历年高考必考的热点，主要以新颖的情境在选择题、填空题中出现。

【感悟】对于涉及两个计数原理综合应用的计数问题，首先要弄清是先“分类”还是先“分步”，其次要清楚“分类”和“分步”的具体标准。在“分类”时，要遵循“不重、不漏”的原则；在“分步”时，要正确设计“分步”程序，注意“步”与“步”之间的连续性。

两个计数原理综合应用的方法策略：（1）合理分类，准确分步；（2）枚举试验，探索规律；（3）元素位置，特殊优先；（4）直接间接，灵活选择；（5）综合问题，分清层次；（6）一题多解，相互验证。

【例 5】回文数是指从左到右读与从右到左读都一样的正整数，如 2，121，3 443，94 249

等。显然 2 位回文数有 9 个：1，2，3，…，9；3 位回文数有 90 个：101，111,121，…，191，202，…，999，则

（1）4 位回文数有______个；

（2）$2n+1$（$(n\in\mathbf{N}^*)$）位回文数有______个。

【解析】从左右对称入手考虑。

（1）4 位回文数第 1、4 位取同一个非零数字有 $C_9^1=9$ 种选法，第 2、3 位可取 0，有 10 种选法。故有 $9\times10=90$（个），即 4 位回文数有 90 个。

（2）首位和末位不能取 0，有 9 种选法，其余各位关于中间数对称，每两数都有 10 种选法，中间数也有 10 种选法。故 $2n+1(n\in\mathbf{N}^*)$ 位回文数有 9×10^n 个。

【点评】本题以回文数为背景，既考查组合数公式的应用，又考查学生的知识和信息的迁移能力，考查学生的自主探究、合情推理能力，还能使学生领略到数学美和数学文化。

【变式 1】回文数是指从左到右读与从右到左读都一样的正整数，如 2,121,3 443，94 249 等，则 6 位回文数中各位的数字都相同的回文数有（　　）。

A.6 个　　B.9 个　　C. 9×10^5 个　　D. 10^6 个

【解析】有 111 111，222 222，333 333，…，999 999 共 9 个。故选 B。

【变式 2】回文数是指从左到右读与从右到左读都一样的正整数，如 2,121,3 443,94 249 等，则 6 位回文数中，首位数字为 9 的回文数有（　　）。

A.5 个　　B.6 个　　C.100 个　　D.10^5 个

【解析】首、尾数字均为 9，其余 4 位有 $10\times10=100$ 个，故选 C。

【变式 3】回文数是指从左到右读与从右到左读都一样的正整数，如 2，121，3 443，94 249 等，则 $2n+1(n\in\mathbf{N}^*)$ 位回文数中，中间一位数字为 9 的回文数有（　　）。

A.n 个　　B.$2n$ 个　　C. $9\times10^{n-1}$ 个　　D. $9\times10^{2n-1}$ 个

【解析】$2n+1(n\in\mathbf{N}^*)$ 回文数首、尾数字取同一个非零数字，有 $C_9^1=9$ 种选法，其余各位有 10^{n-1} 选法；所以共有 $9\times10^{n-1}$ 个，故选 C。

【感悟】我国古代有一种回文诗，倒念顺念都有意思。例如，“人过大佛寺”，倒读起来便是“寺佛大过人”，还有经典的对联“客上天然居，居然天上客”，此种例子举不胜举。

“回文”是指正读反读都能读通的句子，它是古今中外都有的一种修辞方式和文字游戏。在数学中也有这样一类数字有这样的特征，称为回文数（palindrome number）。设 n 是任意自然数，若将 n 的各位数字反向排列所得自然数 n_1 与 n 相等，则称 n 为一回文数。例如，若 $n=1$

234 321，则称 n 为回文数；但若 n=1 234 567，则 n 不是回文数。

在自然数中也有类似情形，比如 1 991 就是一个很特殊的四位数，从左向右读与从右向左读竟是完全一样的，这样的数称为“回文数”。这样的年份数字在 20 世纪是绝无仅有的。过了 1991 年，需要再过 11 年，才能遇到第二个回文数 2 002。人们认为，回文数中存在无穷多个素数 11，101，131，151，191，…除了像 11 这样的偶数位的数字以外，绝大多数的回文素数的位数都是奇数。道理很简单：如果一个回文素数的位数是偶数，则它的奇数位上的数字和与偶数位上的数字和必然相等；根据数的整除性理论，容易判断这样的数肯定能被 11 整除，所以它就不可能是素数。当然，小数没有回文数。

【例 6】(2018·浙江卷)从 1，3，5，7，9 中任取 2 个数字，从 0，2，4，6 中任取 2 个数字，一共可以组成______个没有重复数字的四位数。(用数字作答)

【解析】该题既取数字又排数，是一道典型的排列、组合混合应用题。下面先给出该题的两种解法，以提升学生思维的条理性、深刻性和灵活性。

解法 1：按是否取 0 分类求解。

(1)若不取 0，则从 1, 3, 5, 7, 9 中取 2 个数字，有 C_5^2 种取法，从 2，4，6 中取 2 个数字，有 C_3^2 种取法，然后将取出的 4 个数字全排列，可以组成 $C_5^2C_3^2A_4^4$ 个没有重复数字的四位数。

(2)若取 0，则从 1，3，5，7，9 中取 2 个数字，有 C_5^2 种取法，从 2，4，6 中取 1 个数字，有 C_3^1 种取法，然后将取出的 3 个数字再取出一个放在四位数的最高位，0 和另两个数字进行全排列，可以组成 $C_5^2C_3^1C_3^1A_3^3$ 个没有重复数字的四位数。

所以由加法分类计数原理，可知共组成 $C_5^2C_3^2A_4^4+C_5^2C_3^1C_3^1A_3^3=720+540=1\ 260$ 个没有重复数字的四位数。

解法 2：按间接排除求解。

从 1, 3, 5, 7, 9 中取 2 个数字，有 C_5^2 种取法，从 0, 2, 4, 6 中取 2 个数字，有 C_4^2 种取法，然后将取出的 4 个数字全排列，可得 $C_5^2C_4^2A_4^4$，其中 0 在最高位的有 $C_5^2C_3^1A_3^3$。

所以，可共组成 $C_5^2C_4^2A_4^4-C_5^2C_3^1A_3^3=1\ 440-180=1\ 260$ 个没有重复数字的四位数。

【点评】一般情况下，有大小要求的数字问题要注意首位数字，有奇偶、倍数要求或整除的数字问题要注意个位数字，有数位要求的数字问题要注意 0 的位置，有重复多减的要将多减的部分补算回来。

课本原型(人教版 A 版选修 2-3 第 28 页第 3 题)从 1，3，5，7，9 中任取 3 个数字，从 2，

4，6，8 中任取 2 个数字，一共可以组成多少个没有重复数字的五位数？

解法 1：先取数字，后排位置。从 1，3，5，7，9 中取 3 个数字，从 2，4，6，8 中取 2 个数字，取法有 $C_5^3C_4^2$ 种；将取出的这 5 个数字放在个位、十位、百位、千位、万位上，有 A_5^5 种放法。由分步乘法计数原理知，可组成没有重复数字的五位数 $C_5^3C_4^2A_5^5=7\ 200$ 个。

解法 2：按位置分别取数字进行排列。先从个位、十位、百位、千位、万位这 5 个位置中任定 3 个位置放奇数字，其方法有 C_5^3 种，从 1，3，5，7，9 中取 3 个数字排列有 A_5^3 种排法；剩下两个位置放偶数字，从 2，4，6，8 中取出 2 个数字排列有 A_4^2 种排法。由分步乘法计数原理知，可组成没有重复数字的五位数共有 $C_5^3A_5^3A_4^2=7\ 200$ 个。

【变式 1】从 1，3，5，7，9 中任取 2 个数字，从 2，4，6，8 中任取 2 个数字，一共可以组成多少个无重复数字的四位偶数？

【解析】第一步从 5 个奇数中取 2 个，从 4 个偶数中取 2 个，共有 $C_5^2C_4^2$ 种方法；第二步将取出的两个偶数随意放在个位上一个，有 A_2^1 种方法；第三步对余下的 3 个数字随意排在前 3 位，有 A_3^3 种方法。

故所求四位偶数共有 $C_5^2C_4^2A_2^1A_3^3=720$ 个。

【变式 2】从 1，3，5，7，9 中任取 2 个数字，从 0，2，4，6 中任取 2 个数字，一共可以组成多少个无重复数字的四位偶数？

【解析】按是否取 0 分类求解。

（1）若不取 0，第一步从 1，3，5，7，9 中取 2 个数字，有 C_5^2 种取法，从 2，4，6 中取 2 个数字，有 C_3^2 种取法；第二步将取出的两个偶数随意放在个位上一个，有 A_2^1 种方法；第三步对余下的 3 个数字随意排在前 3 位，有 A_3^3 种方法。所求四位偶数有 $C_5^2C_3^2A_2^1A_3^3$ 个。

（2）若取 0，第一步从 1,3,5,7,9 中取 2 个数字，有 C_5^2 种取法，从 2,4,6 中取 1 个数字，有 C_3^1 种取法；第二步又分两类：① 0 在个位，则其余的 3 个数字随意排在前 3 位，有 A_3^3 种方法，此时有 $C_5^2C_3^1A_3^3$ 个；② 0 不在个位，则从 2，4，6 中取出的那个数字放在个位，再从十位或百位选一个位置排上 0，有 A_2^1 种方法，另两个奇数字随意排在其他的两个位置，有 A_2^2 种方法，此时有 $C_5^2C_3^2A_2^1A_2^2$ 个四位偶数。

综上可知，所求的四位偶数共有 $C_5^2C_3^2A_2^1A_3^3+C_5^2C_3^1A_3^3+C_5^2C_3^2A_2^1A_2^2=660$ 个。

【点评】由此可以看出，对于数字问题，是否有“0”其求解难度大不相同。

【变式3】从1，3，5，7，9中任取2个数字，从2，4，6，8中任取2个数字，要求取出的4个数字奇偶相隔，求这样的4位数的个数。

【解析】因要求奇、偶数字相隔，故最好插空排。先从5个奇数字中取出2个做排列，有A_5^2种排法；再从4个偶数中任取2个，或插进左边和中间两个空位，或插进中间和右边两个空位，有2 A_4^2种插法。

故所求四位数共有2 $A_5^2A_4^2$ =480个。

【点评】不相邻的数字问题使用"插空法"排列。对于某几个数字不相邻的排列问题，可将其他数字排好，然后再将不相邻数字在已排好的数字之间及两端的空隙处插入。这类问题也可以通过考虑所有数字的全排列后，减去不符合条件的相邻排法来求解。

【变式4】从1，3，5，7，9中任取2个数字，从2，4，6，8中任取2个数字，一共可以组成多少个能被5整除的无重复数字的四位数？

【解析】能被5整除的整数的特征是个位数字是0或5，所以必须取5而且放在个位，这样从1，3，7，9中取1个数字，有C_4^1种取法，从2，4，6，8中取2个数字，有C_4^2种取法，然后将这3个数字进行全排列，则所求的能被5整除的无重复数字的四位数有$C_4^1C_4^2A_3^3$ =144个。

【点评】被5整除（或5的倍数）的整数的特征是：个位数字是0或5。

【变式5】从1，3，5，7，9中任取2个数字，从2，4，6，8中任取2个数字，一共可以组成多少个无重复数字且大于7 000的四位数？

【解析】无重复数字且大于7 000的四位数分三类：

最高位的数字是7，则从1，3，5，9中取1个数字，有C_4^1种取法，从2，4，6，8中取2个数字，有C_4^2种取法，然后将这3个数字进行全排列，则所求的无重复数字且大于7 000的四位数有$C_4^1C_4^2A_3^3$ =144。

最高位的数字是8，则从1，3，5，7，9中取2个数字，有C_5^2种取法，从2，4，6中取1个数字，有C_3^1种取法，然后将这3个数字进行全排列，则所求的无重复数字且大于7 000的四位数有$C_5^2C_3^1A_3^3$ =180个。

最高位的数字是9，则从1，3，5，7中取1个数字，有C_4^1种取法，从2，4，6，8中取2个数字，有C_4^2种取法，然后将这3个数字进行全排列，则所求的无重复数字且大于7 000的四位数有$C_4^1C_4^2C_3^3$ =144个。

故根据分类加法计数原理可得，一共可以组成无重复数字且大于 7 000 的四位数 144+180+144=468 个。

【点评】本变式的数字问题其本质是“元素”占“位子”问题，主要表现为某元素在某位子或某位子排某元素。这类问题的方法按“优先”原则求解，并且做到合理分类、准确分步，且不重不漏。

【感悟】数字问题是排列、组合应用中的一类重点和热点问题。一般情况下，有大小要求的数字问题要注意首位数字，有奇偶、倍数要求或整除的数字问题要注意个位数字，有数位要求的数字问题要注意 0 的位置，有重复多减的要将多减的部分补算回来。

【例 7】（人教版 A 版选修 2−3 第 41 页 B 组 2 题）用数字 0，1，2，3，4，5 组成没有重复数字的数：

（1）能够组成多少个六位奇数？

（2）能够组成多少个大于 201 345 的正整数？

【解析】（1）先从 1，3，5 中选 1 个数放在末位，有 A_3^1 种情况；再从除 0 以外的 4 个数中选 1 个数放在首位 A_4^1 种情况；然后将剩余的数进行全排列，有 A_4^4 种情况；所以能组成的六位奇数个数为 $A_3^1A_4^1A_4^4=288$。

（2）解法 1：由 0，1，2，3，4，5 组成的所有没有重复数字的正整数的个数是 $A_5^1A_5^5$，其中不大于 201 345 的正整数，当首位数字是 2 时，只有 201 345 这 1 个；当首位数字是 1 时，有 $A_5^1A_5^5$ 个。因此，所求的正整数的个数是 $A_5^1A_5^5-(1+A_5^5)=479$。

解法 2：由 0，1，2，3，4，5 组成的没有重复数字的正整数中，大于 201 345 的正整数分为以下几种情况。

①前 4 位数字为与 201 345 前四位相同的，只有 201 354，个数为 1；

②同理，前 3 位数字为 201，个数为 $A_2^1A_2^2$；

③前 2 位数字为 20，个数为 $A_3^1A_3^3$；

④首位数字为 2，个数为 $A_4^1A_4^4$；

⑤首位数字为 3，4，5 中的一个，个数为 $A_3^1A_5^5$。

根据分类计数原理，所求的正整数的个数是：$1+A_2^1A_2^2+A_3^1A_3^3+A_4^1A_4^4+A_3^1A_5^5=479$。

【点评】本题给出了两类数字问题：①简单的奇偶数问题，解题时要注意奇偶数的特征。奇数的特征是个位数字是 1，3，5，7，9 等奇数；偶数的特征是个位数字是 0，2，4，6，8 等偶数。②所有组成数中某数在这些数中从小到大排是第几个数的问题．求解这类问题，常用间接剔除或直接分类的方法，需要注意的是分类时标准要明确，做到既不重复又不遗漏，保证求解的准确性。

【变式 1】用 0，1，2，3，4 五个数字组成没有重复数字的四位数，若按从小到大排列，其中 3 204 是第几个数？

【解析】解法 1：分类法。由高位到低位逐级分为：①千位是 1 或 2 时，有 $A_2^1A_4^3$ 个；②千位是 3 时，百位可排 0，1，2。当百位排 0、1 时，有 $A_2^1A_3^2$ 个；当百位排 2 时，比 3 204 小的仅有 3 201 一个。

故比 3 204 小的四位数共有：$A_2^1A_4^3+A_2^1A_3^2+1=61$ 个，所以 3 204 是第 62 个数。

解法 2：间接法。$A_4^1A_4^3-(A_4^3+A_3^2+A_2^1A_2^1)=62$ 个。

【点评】本题仍是所有组成数中某数在这些数中从小到大排是第几个数的问题。求解时往往是按最高位的数字进行分类，当最高位的数字就是该数的最高位数字时，再依次往下分，直至逼近并找到该数为止。

【变式 2】从 1，2，3，4，5，6 中任取 3 个数字组成无重复数字的三位数，其中若有 1 和 3 时，3 必须排在 1 的前面；若只有 1 和 3 其中一个时，它们应排在其他数字的前面，这样不同的三位数共有______个。(用数字作答)

【解析】分三种情形：

(1) 没有 1 和 3，共 $A_4^3=24$（种）；

(2) 只有 1 和 3 其中一个时，有 $2A_4^2=24$（种）；

(3) 1 和 3 同时有时，“3 在 1 的前面”和“3 在 1 的后面”机会均等。如不考虑“3 在 1 的前面”的限制，则有 $A_4^1A_3^3$ 种排法，此时排法有 $\frac{1}{2}A_4^1A_3^3=12$(种)。

所以满足要求的不同的三位数共有 24+24+12=60（个）。

【点评】本题考查的也是“顺序固定”的数字问题。

【变式 3】用数字 0，1，2，3，4，5 组成没有重复数字的数，若 3 必须排在 1 的前面，能够组成多少个不同的六位数？

【解析】由 0，1，2，3，4，5 组成的所有没有重复数字的正整数的个数是 $A_5^1A_5^5$，因为“3 在 1 的前面”和“3 在 1 的后面”机会均等，此时排法有 $\frac{1}{2}A_5^1A_5^5=300$（个）。

所以满足要求的不同的六位数共有 300 个。

【点评】本题解答中的（2）（3）属顺序固定的数字问题，这类问题一般用“除法”解决，即对于某几个数字按一定顺序的问题，可先不考虑顺序，然后用总数除以这几个数字的全排列数。

【变式 4】由 1，2，3，…，9 这九个数字能组成多少个：

（1）没有重复数字的四位偶数；

（2）是 5 的倍数且没有重复数字的三位数；

（3）被 9 整除且没有重复数字的三位数；

（4）被 25 整除且没有重复数字的五位数；

（5）被 125 整除且没有重复数字的五位数。

【解析】（1）没有重复数字的四位偶数的个位是 2,4,6,8，所以有 $A_4^1A_8^3$ =1 344 个。

故符合题意的四位偶数共有 1 344 个。

（2）是 5 的倍数的三位数个位只能是 5，有 A_8^2 =56 个。

故符合题意的三位数共有 56 个。

（3）能被 9 整除的整数其各位数字的和能被 9 整除，所以有 1，2，6；1，3，5；2，3，4；…共有 18 个。

（4）能被 25 整除的整数其末两位数能被 25 整除，共有 2 A_7^3 =420（个）。

（5）能被 125 整除的整数其末三位能被 125 整除，末三位数有 125、375、625、875，共有 4 A_6^2 =120（个）。

【点评】倍数及被整除等数字问题是一类重要题型。对于这类问题，需掌握以下结论。

（1）被 3 整除（或 3 的倍数）的整数的特征是：各位数字的和能被 3 整除；

（2）被 4 整除（或 4 的倍数）的整数的特征是：末两位数能被 4 整除；

（3）被 5 整除（或 5 的倍数）的整数的特征是：个位数字是 0 或 5；

（4）被 8 整除（或 8 的倍数）的整数的特征是：末三位数能被 8 整除；

（5）被 9 整除（或 8 的倍数）的整数的特征是：各位数字的和能被 9 整除；

（6）被 11 整除（或 11 的倍数）的整数的特征是：奇位数字的和与偶位数字的和之差能被 11 整除；

（7）被 25 整除（或 25 的倍数）的整数的特征是：末两位数能被 25 整除；

（8）被 125 整除（或 125 的倍数）的整数的特征是：末三位数能被 125 整除。

【感悟】处理排列组合综合性问题，一般是先选元素（组合），后排列，按元素的性质“分类”和按事件发生的连续过程“分步”，这始终是处理排列组合问题的基本方法和原理。

在解决排列组合综合性问题时，必须深刻理解排列与组合的概念，能够熟练确定一个问题是排列问题还是组合问题，牢记排列数、组合数计算公式与组合数性质。容易产生的错误是重复和遗漏计数。

【例 8】一排 9 个座位坐了 3 个三口之家，若每家人坐在一起，则不同的坐法种数为(　　)。

A.3×3!　　B.3×（3!）^{3}　　C.（3!）^{4}　　D.9!

【解析】把一家三口“捆绑”看作一个排列，然后再排列这 3 家，所以不同的坐法种数有 $A_3^3A_3^3A_3^3A_3^3=(3!)^4$（种），故选 C。

【点评】排列实际应用问题是高考考查的重点内容，本题主要考查学生运用排列知识解决实际问题的能力。

课本原型（人教版 A 版选修 2-3 第 40 页第 7 题）：书架上有 4 本不同的数学书、5 本不同的物理书、3 本不同的化学书，全部排在同一层，如果不使同类的书分开，一共有多少种不同的排法？

【解析】数学书的排法有 A_4^4 种，物理书的排法有 A_5^5 种，化学书的排法有 A_3^3 种。因要求不使同类书分开，须将数学书、物理书、化学书视为 3 个整体元素，其全排列共有 A_3^3 种。

故总的排法种数为 $A_4^4A_5^5A_3^3A_3^3=103\,680$（种）。

【点评】上述高考题和课本题同属“元素相邻”问题，是排列实际应用中的一类典型问题，运用了“捆绑”的方法来求解。对于含有某几个元素相邻的排列问题，可将相邻元素“捆绑”起来视为一个元素，与其他元素一起进行全排列，同时注意捆绑元素内部的排列，这就是处理相邻问题的“捆绑法”。

【变式 1】书架上有 4 本不同的数学书、5 本不同的物理书、3 本不同的化学书，全部排在同一层，如果不使同类的书分开，且数学书排在物理书和化学书之间，一共有多少种不同的放排法?

【解析】数学书的排法有 A_4^4 种，物理书的排法有 A_5^5 种，化学书的排法有 A_3^3 种．因要求不使同类书分开，须将数学书、物理书、化学书视为 3 个整体元素，先安排数学书在物理书和化学书之间，物理书和化学书的排列有 A_2^2 种。

故总的排法种数为 $A_4^4A_5^5A_3^3A_2^2=34\,560$（种）。

【点评】本变式属特殊元素优先排列问题，即特殊元素优先排列，特殊位置优先填充。在某些位置限制某些数字的问题中，一般优先考虑受限位置或受限数字的排法，再考虑其他数字的排法，如果反面的情况比较简单，也可以使用间接法排除后求解。

【变式 2】书架上有 4 本不同的数学书、5 本不同的物理书、3 本不同的化学书，全部排在同一层，如果每两本物理书都不相邻，一共有多少种不同的放排法？

【解析】先排数学书和化学书，有 A_7^7 种排法；再在这 7 本书中间和两端的 8 个空排上物理书，有 A_8^5 种排法。

故总的排法种数为 $A_7^7A_8^5$ =33 868 800（种）。

【点评】本变式属互不相邻排列计算问题。对于要求其中某几个元素互不相邻的排列问题，可先将其他元素排成一排，然后将不相邻的元素插入这些排好元素之间及两端的空隙中，这就是解决互不相邻问题的最为奏效的“插空法”。

【变式 3】书架上有 4 本不同的数学书、5 本不同的物理书、3 本不同的化学书，全部排在同一层，如果不使同类的书分开，且数学书排在物理书的左边，一共有多少种不同的排法？

【解析】数学书的排法有 A_4^4 种，物理书的排法有 A_5^5 种，化学书的排法有 A_3^3 种。因要求不使同类书分开，须将数学书、物理书、化学书视为 3 个整体元素，其全排列共有 A_3^3 种。又数学书排在物理书的左边，所以需再除以 A_2^2。

故总的排法种数为 $\dfrac{A_4^4A_5^5A_3^3A_3^3}{A_2^2}$ = 51 840（种）。

【点评】本题考查的也是“顺序固定”排列问题。

【变式 4】书架上有 4 本相同的数学书、5 本相同的物理书、3 本相同的化学书，全部排在同一层，如果不使同类的书分开，一共有多少种不同的排法？

【解析】先将相同的数按各自不同的书排列：数学书的排法有 A_4^4 种，物理书的排法有 A_5^5 种，化学书的排法有 A_3^3 种。因要求不使同类书分开，须将数学书、物理书、化学书视为 3 个整体元素，其全排列共有 A_3^3 种；然后再除以它们各自的全排列数。

故总的排法种数为 $\dfrac{A_4^4A_5^5A_3^3A_3^3}{A_4^4A_5^5A_3^3}$ = 6（种）。

【点评】本变式属同元排列问题。这类问题一般先按不同元素进行排列，然后再除以其全排列数。

【感悟】解排列组合应用问题有如下策略和方法：

（1）对于无限制条件的问题——直接法。

（2）对于有限制条件的问题 $\begin{cases}\text{直接法}\\ \text{间接法}\end{cases}$。

具体主要有以下题型和方法：

（1）优先排列问题：当排列中有特殊元素或特殊位置时，采用“优先安排”的策略。以元素为主时，先满足特殊元素的要求；以位置为主时，先满足特殊位置的要求。

（2）相邻排列计算问题：对于要求其中某几个元素相邻的排列问题，可先将相邻元素“捆绑”起来视为一个元素，与其他元素一起进行全排列，然后再对相邻元素内部进行全排列，这就是处理相邻问题的“捆绑法”。

（3）互不相邻排列计算问题：对于要求某几个元素互不相邻的排列问题，可先将其他元素排成一排，然后将不相邻的元素插入到这些排好元素之间及两端的空隙中，这就是解决互不相邻问题的最为奏效的“插空法”。

（4）排列、组合混合计算问题：对于排列、组合混合应用问题，常采用“先取后排”的策略求解。

（5）分组分配问题：无次序分组问题常有“均匀分组、部分均匀分组、非均匀分组”三种类型。计数时常用下面结论：对于其中的“均匀分组”和“部分均匀分组”问题，只需按“非均匀分组”列式后，再除以均匀分组数的全排列数。

【例 9】$(x+\frac{a}{x})(2x-\frac{1}{x})^5$ 的展开式中各项系数的和为 2，则展开式中的常数项为（　　）。

A.-40　　B.-20　　C.20　　D.40

【解析】在 $(x+\frac{a}{x})(2x-\frac{1}{x})^5$ 中，令 $x=1$，得 $(1+a)\times 1=2$，解得 $a=1$。

所以 $(x+\frac{1}{x})(2x-\frac{1}{x})^5$ 展开式中的常数项为 $1\times(2^3C_5^2)-1\times 2^2C_5^3=40$，故选 D。

【点评】二项式定理基本上是每年的必考内容，但属于容易题，主要以选择、填空题形式考查展开式、通项公式、二项式系数（或项系数）、赋值法、杨辉三角的应用与研究等方面；同时关注二项式定理与方程、不等式证明结合、杨辉三角的研究等。本考题是求二项展开式中与系数相关的参数问题，主要考查了二项式定理与方程思想的应用。运用展开式的通项公式写出指定项，建立等式关系求解方程即可。

课本原型（人教版 A 版选修 2−3 第 31 页例 2（2））：求 $(x-\frac{1}{x})^9$ 的展开式中 x^3 的系数。

【变式 1】求 $(x-\frac{1}{x})^9$ 的展开式中含 x^3 的项。

【解析】$(x-\frac{1}{x})^9$ 的展开式的通项是 $C_9^r x^{9-r}(-\frac{1}{x})^r=(-1)^r C_9^r x^{9-2r}$。

根据题意，得 $9-2r=5$，所以 $r=2$。

因此含 x^5 的项为 $(-1)^2 C_9^2 x^5=36x^5$。

若从“求二项展开式中二项式系数的和及各项系数的和”考虑，则有：

【变式 2】在 $(x-\frac{1}{x})^9$ 的展开式中，二项式系数的和为______；各项系数的和为______。（用式子表示即可）

【解析】由二项式系数的性质可知，在 $(x-\frac{1}{x})^9$ 的展开式中，二项式系数的和为 2^9。

对于 $(x-\frac{1}{x})^9$，令 $x=1$，则得 $(x-\frac{1}{x})^9$ 的展开式中各项系数的和为 0。

若从“求二项式的指数”考虑，可有：

【变式 3】若 $(x-\frac{1}{x})^n$ 展开式的第 4 项是含 x^3 的项，则 $n=$______。

【解析】由变式 1 的解析知 $(x-\frac{1}{x})^n$ 的展开式的通项为 $C_n^r x^{n-r}(-\frac{1}{x})^r=(-1)^r C_n^r x^{n-2r}$。

因为第 4 项是含 x^3 的项，所以 $r=3$。

令 $n-2\times3=3$，解得 $n=9$。

若改变题目的设问情境，将课本题变为一道“是否存在型”探索性问题，可有：

【变式 4】已知 n 为等差数列 1，5，9，…中的任一项，则 $(x-\frac{1}{x})^n$ 的展开式中是否存在含 x^3 的项？若存在，求出该项；若不存在，请说明理由。

【解析】由题设知 n 可表示为 $n=1+4(k-1)=4k-3(k\in\mathbf{N}^*)$。

二项展开式的通项为 $T_{r+1}=(-1)^r C_n^r x^{n-2r}=(-1)^r C_{4k-3}^r x^{4k-3-2r}$，

若 $(x-\frac{1}{x})^n$ 的展开式中存在含 x^3 的项，则存在正整数 k 和自然数 r 满足 $4k-3-2r=3$，即 $2k-r=3$，此时 $k=3$，$r=3$ 满足。因此 $n=4\times3-3=9$。

所以当 $n=9$ 时，$(x-\frac{1}{x})^n$ 的展开式中存在含 x^3 的项。

【感悟】解决二项式有关问题的方法有：

（1）求二项展开式中的特定项，一般用通项公式、待定系数法。

（2）求解二项展开式系数和等问题，一般用赋值法。

（3）证明某些组合恒等式（或求和问题）常用构造法，构造一个生成相应二项式系数的函数或构造同一问题的不同解法，通过研究函数关系或变更命题来解决。

（4）证明不等式，通过二项式展开，根据命题形式对展开式中的若干项进行放缩。

（5）证明整除问题或求余数，应先构造二项式后再展开研究。

注意点：

（1）应用两个计数原理处理具体问题时，首先要分清是“分类”还是“分步”问题，其次要清楚“分类”和“分步”的具体标准。在“分类”时，要遵循“不重、不漏”的原则；在“分步”时，要正确设计“分步”程序，注意“步”与“步”之间的连续性。

（2）排列组合的区别在于是否与顺序有关。在实际应用中，能熟练确定一个问题是排列问题还是组合问题。处理排列组合综合性问题，一般是先选元素（组合），后排列，按元素的性质“分类”和按事件发生的连续过程“分步”，始终是处理排列组合问题的基本方法和原理。

（3）运用二项式定理一定要牢记通项公式 $T_{r+1}=C_n^r\cdot a^{n-r}b^r$，注意 $(a+b)^n$ 与 $(b+a)^n$ 虽然相同，但具体到它们展开式的某一项时是不相同的，我们一定要注意顺序问题。另外二项展开式的二项式系数与该项的（字母）系数是两个不同概念，前者只指 C_n^r，而后者是字母外的部分。

【例 10】（人教 A 版版选修 2-3 第 49 页第 4 题）某同学求得一离散型随机变量的分布列见下表。

X	0	1	2	3
P	0.2	0.3	0.15	0.45

试说明该同学的计算结果是否正确。

【解析】不正确。因为 $0.2+0.3+0.15+0.45\neq 1$，即取所有值的概率之和不等于 1。

【点评】本题实际上是用离散型随机变量的分布列的性质进行判断，是分布列性质的最直接的应用。

【变式 1】已知离散型随机变量的分布列见下表。

X	0	1	2	3
P	m	0.3	$\frac{3}{2}m$	0.45

则 m 的值为______。

【解析】由分布列的性质（2），可得 $m+0.3+\frac{3}{2}m+0.45=1$，解得 $m=0.1$。

【点评】根据概率分布列求参数（范围）是离散型随机变量的分布列性质的重要应用之一，主要是根据分布列的性质列出方程，通过解方程求出参数。

【变式 2】已知离散型随机变量的分布列见下表。

X	0	1	2	3
P	0.1	0.3	0.15	0.45

$P(X\leqslant 2)=$______。

【解析】由分布列知 $P(X\leqslant 2)=0.1+0.3+0.15=0.55$。

【点评】计算随机变量在某一范围内的概率的关键是看它所包含的基本事件的数目，然后将各基本事件发生的概率相加就得到随机变量在这一范围内的概率。

【变式 3】已知离散型随机变量的分布列见下表。

X	0	1	2	3
P	0.1	0.□0	0.15	0.4□

其中，□为丢失的数据，则丢失的数据分别为（　　）。

A.2，0　　B.2，5　　C.3，0　　D.3，5

【解析】由题知，随机变量取所有值的概率之和等于 1，可以得到应填的数据分别为 3，5，故选 D。

【点评】本题是一道残缺型问题。解答它应着眼于分析和识别图表，并充分利用分布列的性质求解。

【变式 4】已知离散型随机变量的分布列见下表。

X	0	1	2	3
P	0.1	0.3	0.15	0.45

分别求 $Y_1=3X-1$ 与 $Y_2=X^2$ 的分布列。

【解析】因为 $Y_1=3X-1$，所以当 X 取 0，1，2，3 时，Y_1 相应的取 −1，2，5，8，其概率不变。故 $Y_1=3X-1$ 的分布列见下表。

Y_1	−1	2	5	8
P	0.1	0.3	0.15	0.45

因为 $Y_2=X^2$，所以当 X 取 0，1，2，3 时，Y_2 相应的取 0，1，4，9，其概率不变。故 $Y_2=X^2$ 的分布列见下表。

Y_2	0	1	4	9
P	0.1	0.3	0.15	0.45

【点评】随机变量 Y_1 与 Y_2 是随机变量 X 的函数，X 取值发生变化时，Y_1 与 Y_2 的取值也发生变化，并不影响相应的概率。但要注意的是，随机变量取的值变化后若出现重复，必须合并，相应的概率应该相加，且始终保持 $\sum_{i=1}^{n} p_i = 1$。

【变式 5】已知离散型随机变量的分布列见下表。

X	0	1	2	3
P	0.1	a	b	c

其中，a 是 b、c 的等差中项，且 $c=3b$，则 $b+c=$______。

【解析】由题意得 $\begin{cases} b+c=2a \\ c=3b \end{cases}$，所以 $a=2b$。

又由分布列的性质（2）得 $0.1+a+b+c=1$，即 $0.1+6b=1$。

所以 $b=0.15$，$a=0.3$，$c=0.45$. 故 $b+c=0.6$。

【点评】本题将分布列性质的应用与数列知识结合，体现了知识间的交汇。

【变式 6】已知离散型随机变量的分布列见下表。

X	0	1	2	3
P	0.1	0.3	a	b

则 ab 的最大值为______。

【解析】由分布列的性质（2）得 $0.1+0.3+a+b=1$，即 $a+b=0.6$。

所以由基本不等式得 $ab \leqslant \left(\frac{a+b}{2}\right)^2=\left(\frac{0.6}{2}\right)^2=0.09$，即 ab 的最大值为 0.09。

【点评】本题将分布列性质的应用与利用基本不等式求最值结合，体现了知识间的相互渗透与紧密联系。

【感悟】离散型随机变量的分布列具有如下性质：

（1）$p_i \geqslant 0$，$(i=1, 2, \cdots, n)$；

（2）$\sum_{i=1}^{n} p_i = 1$。

这两条性质在解决有关分布列问题中有着广泛的应用。

【例 11】（人教版 A 版选修 2-3 第 75 页第 2 题）若 $X \sim N(5, 1)$，求 $P(6<X<7)$。

【解析】由 $X\sim N(5，1)$ 知，正态分布密度函数的两个参数为 $\mu=5$，$\sigma=1$。因为该正态曲线关于 $x=5$ 对称，所以 $P(5<X<7)=\frac{1}{2}P(3<X<7)=\frac{1}{2}\times 0.954\ 4=0.477\ 2$；$P(5<X<6)=\frac{1}{2}P(4<X<6)=\frac{1}{2}\times 0.6826=0.341\ 3$；$P(6<X<7)=P(5<X<7)-P(5<X<6)=0.135\ 9$。

【变式 1】若 $X\sim N(5，1)$，求 $P(7<X<8)$。

【解析】由 $X\sim N(5,1)$ 知，正态分布密度函数的两个参数为因为该正态曲线关于 $x=5$ 对称，所以 $P(5<X<8)=\frac{1}{2}P(2<X<8)=\frac{1}{2}\times 0.997\ 4=0.498\ 7$。又由例 11 的解析知 $P(5<X<7)=0.477\ 2$，所以 $P(7<X<8)=P(5<X<8)-P(5<X<7)=0.498\ 7-0.477\ 2=0.021\ 5$。

【变式 2】若 $X\sim N(5，1)$，求 $P(X\leqslant 6$ 或 $X\geqslant 7)$。

【解析】由例 11 的解析和正态曲线的性质易知 $P(X\leqslant 6$ 或 $X\geqslant 7)=1-P(6<X<7)=1-0.135\ 9=0.864\ 1$。

【变式 3】某中学高二期中考试的数学成绩 X 服从正态分布 $N(110，15^2)$，若规定成绩在 140 分以上为优秀，这次考试的优秀率大约是多少？

【解析】因为 $X\sim N(110，15^2)$，所以 $\mu=110$，$\sigma=15$，则 $\mu-2\sigma=80$，$\mu+2\sigma=140$。

因为 $P(\mu-2\sigma<X\leqslant\mu+2\sigma)=0.954\ 4$，故 $P(80<X\leqslant 140)=0.954\ 4$。

由正态曲线的对称性，得 $P(110<X\leqslant 140)=\frac{1}{2}\times 0.954\ 4=0.477\ 2$。

又 $P(X>110)=\frac{1}{2}\times 1=0.5$，所以 $P(X>140)=0.5-P(110<X\leqslant 140)=0.022\ 8$，即本次考试的优秀率大约是 2.3%。

【变式 4】已知随机变量 $X\sim N(5，1)$，试求 $E(2X-1)$、$D(\frac{1}{4}X)$ 的值。

【解析】由 $X\sim N(5，1)$ 知 $\mu=5$，$\sigma=1$，所以 $E(X)=5$，$D(X)=1$。

所以 $E(2X-1)=2E(X)-1=2\times 5-1=9$，$D(\frac{1}{4}X)=\frac{1}{16}D(X)=\frac{1}{16}\times 1=\frac{1}{16}$。

【变式 5】已知随机变量 ξ 服从正态分布 $N(0，e^2)$，若 $P(\xi>2)=0.023$，则 $P(-2\leqslant\xi\leqslant 2)=$（　　）。

A.0.477　　B.0.625　　C.0.954　　D.0.977

【解析】由题意可知随机变量 ξ 服从正态分布 $N(0，e^2)$，所以图像关于 y 轴对称。又知 $P(\xi>2)=0.023$，所以 $P(-2\leqslant\xi\leqslant 2)=1-P(\xi>2)-P(\xi<-2)=1-2P(\xi>2)=0.954$，故选 C。

【变式 6】已知随机变量 X 服从正态分布 $N(3,1)$，且 $P(2 \leqslant X \leqslant 4)=0.682\ 6$，则 $P(X>4)=$（　　）。

A.0.158 8　　B.0.158 7　　C.0.158 6　　D.0.158 5

【解析】$P(X>4)=\dfrac{1}{2}[1-p(2 \leqslant X \leqslant 4)]=\dfrac{1}{2}(1-0.682\ 6)=0.158\ 7$，故选 B。

【感悟】对于正态分布问题，一般是数形结合，利用正态曲线的性质（尤其是对称性）来求解。

（1）μ 和 σ 的含义：μ 是任意实数，$\sigma>0$。在不同的正态分布中，μ 和 σ 的取值是不同的。

参数 μ 是反映随机变量取值的平均水平的特征数，可用样本均值去估计。在正态曲线中，μ 恰好是曲线最高点的横坐标，直线 $x=\mu$ 就是曲线的对称轴。可见，μ 决定了正态曲线的位置。

参数 σ 是衡量随机变量总体波动大小的特征数，可用样本标准差去估计。正态曲线的形状由 σ 确定。当 μ 一定时，σ 越小，峰值越大，曲线越“瘦高”，表示总体的分布越集中；σ 越大，峰值越小，曲线越“矮胖”，表示总体的分布越分散。

（2）“3σ 原则”：若 $X \sim N(\mu,\sigma^2)$，则 $P(\mu-\sigma<X \leqslant \mu+\sigma) \approx 0.682\ 6$，$P(\mu-2\sigma<X \leqslant \mu+2\sigma) \approx 0.954\ 4$，$P(\mu-3\sigma<X \leqslant \mu+3\sigma) \approx 0.997\ 4$。利用这些基本数据，结合正态曲线的对称性，可以求解有关正态分布的一些数值计算问题。